TOUS DIFFÉRENTS

Éditions d'Organisation
Groupe Eyrolles
61, bd Saint-Germain
75240 Paris cedex 05

Consultez notre site :
www.editions-organisation.com
www.eyrolles.com

© Groupe Eyrolles, 2007
ISBN 10 : 2-7081-3759-X
ISBN 13 : 978-2-7081-3759-2

TOUS DIFFÉRENTS

Gérer la diversité dans l'entreprise

Ouvrage dirigé par Jean-Marie PERETTI

Les auteurs

ABORD DE CHATILLON Emmanuel, ALIS David, AUGER Alain,
BACHELARD Olivier, BACHIRI Mohamed, BERNARD Pascal,
BERTHELEME Gwénaël, BESSEYRE DES HORTS Charles Henri,
BOURNOIS Frank, CERDIN Jean-Luc, CHOUARD Catherine,
COLLE Rodolphe, COMBENALE Martine, COSTA Giovanni,
COULATY Bernard, DARDELET Chantal, de BRY Françoise,
DURANTON Damien, FERON Michel, FESSER Mireille,
FORASACCO Corinne, FORGET Louis, FRIMOUSSE Soufyane,
GAVAND Alain, GHIULAMILA Juliette, GIANECCHINI Martina,
GIAOUI Franck, HERMONT Roger-Pierre, IGALENS Jacques,
JENNANE Abdel-Ilah, JORAS Michel, LEVET Pascale,
MANCY François, MARBOT Eléonore, MERCIER Samuel,
McCABE Michele, MONTIGNOT Perrine, PATUREL Dominique,
PERETTI Jean-Marie, PRUDHOMME Lionel, SALLE Philippe,
SAÜT Anne, SIBIEUDE Thierry, SILVA François,
SPINETTA Jean-Cyril, THEVENET Maurice, VENET Raphaël,
VOYNNET FOURBOUL Catherine.

EYROLLES

Éditions d'Organisation

Les coauteurs

ABORD DE CHATILLON Emmanuel, maître de conférences HDR à l'IUT d'Annecy. Responsable équipe IREGE Management, Université de Savoie. Ancien élève de l'École normale supérieure de Cachan. Coordinateur du groupe Santé et sécurité au travail de l'Association francophone de gestion des ressources humaines. Publications : *Management de la santé et de la sécurité au travail : un champ de recherche à défricher*, L'Harmattan (avec O. Bachelard, coord.), *Mobiliser les ressources humaines* (avec C. Desmarais et M. Meunier, Foucher, 2003), « DRH : les nouveaux managers de la santé et la sécurité au travail ? » (revue *Management et Avenir*, 2005), « L'audit de stress au travail : un audit de santé de l'organisation ? »(revue *Performances*, 2003).

ALIS David, diplômé Sup de Co, docteur en sciences de gestion, professeur des Universités, directeur de l'Institut de gestion de Rennes (IAE de Rennes), chercheur au CREM. Auteur de *Gestion des ressources humaines* (en collaboration avec L. Sekiou, L. Blondin, M. Bayad, J.-M. Peretti et F. Chevallier), et de nombreux ouvrages et articles sur l'aménagement du temps de travail et le développement de la flexibilité.

AUGER Alain, diplômé de l'université de Bordeaux (maîtrise ès sciences économiques), ancien élève de l'École nationale supérieure de la Sécurité sociale (EN3S). Directeur général de la Caisse d'allocations familiales (Caf) de Seine-Saint-Denis et du centre informatique des Caf d'Île-de-France. Son projet peut se résumer ainsi : « mettre les plus hautes technologies au service des familles et des populations démunies » ; pour tenir cette gageure, il apporte un soin particulier aux ressources humaines de l'entreprise. Il intervient fréquemment au Moyen-Orient et en Afrique pour aider à la reconfiguration des services publics locaux… et bénéficier de l'apport inestimable d'autres cultures.

BACHELARD Olivier, enseignant chercheur, responsable du département RH et coordinateur de la recherche du groupe ESC Saint-Étienne, coresponsable du groupe de recherche thématique « Santé et sécurité au travail » de l'Association francophone de gestion des ressources humaines (A.G.R.H.) avec Emmanuel Abord de Chatillon. Auteur de *Management de la santé au travail*, L'Harmattan (avec Emmanuel Abord de Chatillon, coord., 2005) ; *Réussir son parcours des stages, l'emploi pour les étudiants en sciences de gestion* (avec Nicole Segaud, Éditions l'Étudiant, 2005).

BACHIRI Mohamed, DESS en ingénierie de l'éducation, doctorant en sciences de gestion, est responsable du département des Relations sociales au niveau de Lafarge Maroc. Il est président de l'Association nationale des gestionnaires et formateurs des ressources humaines « AGEF » du Maroc.

BERNARD Pascal, DRH de la Société des Eaux de Paris, est par ailleurs vice-président de l'ANDCP.

BERTHELEME Gwénaël, directrice de l'agence Entreprises et Handicap. Juriste de formation, Paris-II Assas et titulaire d'un DESS Développement des systèmes d'organisation du CNAM Paris. Après avoir développé et organisé une activité de librairie électronique spécialisée, pour les professionnels européens du livre ancien et de collection, elle élabore des stratégies de développement pour les PME dans ses fonctions de conseil en RH et organisation, et se spécialise sur les possibilités qu'offrent, au monde économique, le développement durable, et plus particulièrement le mouvement de la RSE. En 2004, Marie-Anne Montchamp, secrétaire d'État aux Personnes handicapées, lui propose de rejoindre son équipe pour développer et animer un Club de présidents d'entreprises autour d'une approche par l'économique de la problématique du handicap, inspirée de la « responsabilité sociale des entreprises ».

BESSEYRE DES HORTS Charles Henri, docteur en sciences de gestion et PhD (UCLA), est professeur associé dans le département Management & Ressources humaines du groupe HEC depuis 1990. Il est le titulaire depuis décembre 2003 de la chaire de recherche HEC Toshiba « mobilité et organisation ». Directeur scientifique du MS part-time Management stratégique des ressources humaines pour cadres de la fonction RH. Ses recherches portent sur les relations entre la gestion des ressources humaines et la stratégie d'entreprise, les stratégies internationales RH et le développement des processus de changement et d'innovation dans les organisations. Il a publié plusieurs ouvrages et de nombreux articles dans des revues françaises et internationales.

BOURNOIS Frank, co-directeur du CIFFOP, est professeur à l'Université Panthéon-Assas (Paris 2) et à ESCP-EAP où il anime la chaire « Dirigeance d'entreprise », professeur visitant à la Cranfield School of Management (UK). Membre du comité de rédaction de revues françaises et étrangères dont *Journal of Managerial Psychology, Human Resource Management Journal, Journal of Management, Spirituality and Religion.* Passionné par le management général, il conseille les directions générales de grands groupes en matière de préparation de leurs futurs dirigeants. www.frankbournois.com

CERDIN Jean-Luc, professeur à l'ESSEC, docteur habilité sciences de gestion, est professeur à l'ESSEC. Il a été professeur visitant à Wharton, Rutgers University et University of Missouri Saint Louis, États-Unis. Ses recherches sur l'expatriation et la gestion des carrières sont publiées dans des revues scientifiques françaises et internationales. Il a contribué à de nombreux ouvrages collectifs. Il est aussi l'auteur de plusieurs ouvrages dont *L'Expatriation* aux Éditions d'Organisation et *Gérer les carrières* aux Éditions EMS.

CHOUARD Catherine, a rejoint en janvier 2001, Elior, n° 3 en Europe de la restauration sous contrat pour y créer la fonction de directrice des Ressources humaines groupe. Économiste, diplômée de l'INSEAD et d'un DESS de management avancé des ressources humaines à l'IAE de Paris, elle a travaillé successivement : à la délégation à l'Emploi au sein du ministère du Travail et de l'Emploi, à EDF-GDF, chez DHL International en tant que DRH, et responsable national du centre d'appels clients chez GrandVision (GrandOptical-Photo Service) pour y créer, en 1995, la fonction de DRH Groupe et accompagner l'internationalisation des activités en séjournant quelques années au Royaume-Uni. En 2005-2006, elle a co-conduit la négociation interprofessionnelle du Médef sur la diversité.

COLLE Rodolphe, doctorant à l'IAE d'Aix-en-Provence (CEROG) et ATER à l'IAE de Grenoble. Ses principaux domaines de recherches sont la personnalisation de la gestion des ressources humaines (« GRH à la carte »), la fidélisation des salariés et l'articulation vie privée/ vie professionnelle. Il enseigne la gestion des ressources humaines à l'ESSEC, IAE de Grenoble et l'IUT d'Aix-Marseille-II. Il a publié notamment « La fidélisation des salariés par l'entreprise à la carte », en collaboration avec Jean-Luc Cerdin et Jean-Marie Peretti, *Revue de gestion des ressources humaines*, n° 55, 2005.

COMBEMALE Martine a travaillé comme directrice de l'Audit de l'IIECL (Internal Initiative to End Child Labor) et est maintenant auditeur chez Vigeo. Titulaire d'un DESS en audit social et de diplômes en droits humains et de l'enfance, elle a une expérience de plus de 20 ans dans la conduite d'audits sociaux, le développement et l'évaluation des méthodes et systèmes de monitoring en Afrique, Asie, Amérique latine et Europe. Elle est co-auteure du Que Sais-Je ? sur l'audit social, paru fin 2005, est également vice-présidente de l'IAS (Institut des auditeurs sociaux) et présidente de l'Association « Ressources humaines sans frontières ».

COSTA Giovanni, professeur d'organisation et stratégie d'entreprise à l'Université de Padoue (faculté d'économie), membre du Comité scientifique de la société de conseil « Entreprise et personnel » (Paris). Auteur de nombreux ouvrages de référence en gestion des ressources humaines.

COULATY Bernard, DRH de Pernod Ricard Europe. Diplômé de l'ESC Toulouse, titulaire d'un Bachelor of Arts European Business et d'un DESS de ressources humaines de l'IAE d'Aix-en-Provence, il a exercé pendant 10 ans au sein du groupe Danone des fonctions de responsable des ressources humaines sur plusieurs sites industriels, puis de responsable de recrutement à l'échelle de l'Europe. Il a créé en 1999 la fonction de DRH pour une société de services informatiques avant de rejoindre le groupe Pernod Ricard en 2001 en qualité de DRH de Pernod France. Enfin en 2004 il est nommé DRH de Pernod Ricard Europe. Auteur d'un article « Du DRH au Business Partner » dans la revue *Ressources humaines & management,* de juillet 2002.

DARDELET Chantal, diplômée Centrale Lille. Après une expérience industrielle de chef de projet en R&D, un travail de terrain en politique de la ville et un engagement associatif dans le champ de l'éducation populaire, elle assure actuellement la coordination du programme « Une grande école : pourquoi pas moi ? » de l'ESSEC, la coanimation du groupe de travail « Ouverture sociale » de la CGE, et la responsabilité du pôle ressource « Ouverture sociale » de la CGE.

De BRY Françoise, maître de conférences HDR en sciences de gestion, chercheuse au laboratoire GREGOR (Groupe de recherche sur la gestion des organisations), IAE de Paris, Université de Paris-1, Panthéon, Sorbonne. Directrice de la rédaction de la revue *Entreprise éthique.* Présidente de RIODD (Réseau international de recherche sur les organisations et le développement durable). Co-auteure d'un ouvrage *L'Entreprise et l'éthique,* Le Seuil (2001), auteure de différents articles et communications sur la responsabilité sociale des entreprises, l'égalité professionnelle femmes-hommes et la diversité.

DURANTON Damien, ESSEC 2003, spécialisation en marketing, Président de DiverCity, responsable Marketing dans le secteur bancaire. DiverCity est l'association des gays, lesbiennes et gay friendly diplômés ou étudiants du Groupe ESSEC (contact@club-divercity.com).

FERON Michel, diplômé de la Sorbonne (DEA en économie) et de Sup de Co Reims, est professeur à Reims Management School. Il est actuellement responsable du département Hommes et organisations, et directeur des mastères spécialisés dans le domaine de la protection sociale. Ses recherches portent sur la contribution des ressources humaines à la performance des organisations et sur la déclinaison de la RSE (responsabilité sociale de l'entreprise) dans la stratégie et les pratiques managériales. Il est membre actif de diverses associations académiques (AGRH, IAS, ADERSE) et de l'ANDCP.

FESSER Mireille, docteur en sciences de gestion, est dans la fonction RH depuis 1984 successivement en gestion de personnel (84-90), développement emplois et rémunérations (90-97), directeur des ressources humaines depuis 1997. Intervenante à l'ESSEC Management Education, au CNAM et à l'Université de Rennes. Vice-présidente du mouvement Génération RH, elle est spécialisée dans le management, la mise en œuvre de stratégies RH, l'évaluation et la gestion des dirigeants de demain, la dimension internationale des ressources humaines. Elle a participé à plusieurs ouvrages et publié des articles sur ces thèmes.

FORASACCO Corinne, directeur de la formation du groupe Caisse d'épargne, diplômée de l'Executive MBA de l'ESSEC et titulaire d'un DESS de GRH, elle a occupé précédemment différentes fonctions opérationnelles en ressources humaines, principalement dans le secteur des services.

FORGET Louis, ingénieur de l'École des hautes études d'ingénieur de Lille, consultant. Conseil en gestion des ressources humaines, secrétaire général de l'Institut international de l'audit social (IAS). Professeur de gestion des ressources humaines et de management des emplois et compétences à l'ESSEC Management Education, à l'École de psychologues praticiens (Institut catholique de Paris) et à l'ESCOM Cergy, coauteur (2001, 2006) de *Tous DRH*, aux Éditions d'Organisation, et également (2005) de *Tous reconnus*, Éditions d'Organisation (dir. J.-M. Peretti). A occupé précédemment différentes fonctions opérationnelles et de direction des ressources humaines dans un grand groupe international.

FRIMOUSSE Soufyane, doctorant en sciences de gestion à l'IAE de Corse et ATER à l'Université de Corse. Il travaille sur la gestion des ressources humaines et l'audit social au Maghreb, l'hybridation et l'internationalisation des entreprises. Auteur d'articles dans la revue *Management et Avenir* (n° 5, 2005) et la revue *Sciences de gestion* (juin 2006) (en collaboration notamment avec le professeur Jean-Marie Peretti). Il a également rédigé avec le professeur Peretti un chapitre dans l'ouvrage collectif consacré aux perspectives sur la GRH au Maghreb (coordonné par Zahir Yanat et Aline Scouarnec).

GAVAND Alain, psychologue de formation, est président-directeur général du Cabinet conseil en ressources humaines Alain Gavand Consultants et auteur de deux ouvrages sur le recrutement et l'éthique (*Le Recrutement dans tous ses états*, édition LPM, 2002, et *Le Recrutement, les nouvelles règles du jeu*, paru aux Éditions d'Organisation en avril 2005). Il a structuré durant trois ans, le projet du Centre des jeunes dirigeants d'entreprise (CJD) sur le développement durable et la performance globale (*CJD, le guide de la performance globale*, Éditions d'Organisation, 2004).

GHIULAMILA Juliette, diplômée de Sciences-Po Paris, a été journaliste en presse économique et management pendant une quinzaine d'années. En 2003, elle a rejoint le Lab'Ho, Observatoire des hommes et des organisations du groupe Adecco, en tant que consultante chercheuse. Elle travaille notamment sur l'égalité professionnelle entre les hommes et les femmes, l'engagement et le retrait des salariés. Elle a publié en 2006 avec Pascale Levet *De l'égalité à la diversité : les hommes, les femmes et les entreprises.*

GIANECCHINI Martina, docteur en sciences de gestion (Université d'Udine, 2003), est chargée de cours en GRH à l'Université de Padoue, faculté de science de la formation.

GIAOUI Franck, ESSEC 1986, spécialisation en finance, président fondateur de DiverCity, chef d'entreprise, professeur visitant à l'ESSEC.

HERMONT Roger-Pierre, diplômé de l'ESSEC, directeur ressources humaines adjoint d'une grande entreprise française, professeur associé à l'Université de Paris-XII, administrateur de l'Institut international de l'audit social (IAS). Il intervient dans de nombreuses manifestations professionnelles sur le management, la gestion des ressources humaines et la formation, et est l'auteur de plusieurs publications en ces domaines.

IGALENS Jacques (ESSEC, IEP, docteur en gestion) est professeur des Universités, il dirige le département GRH de l'IAE de Toulouse. Il est également président de l'AGRH et président d'honneur de l'IAS. Il est rédacteur en chef de la *Revue de l'organisation responsable.* Il a récemment coordonné *Tous responsables ?* aux Éditions d'Organisation. Il conseille de grandes entreprises dans leur démarche de gestion et de reddition de comptes à l'égard de leurs parties prenantes.

JENNANE Abdel-Ilah, docteur en sciences économiques, diplômé ESSEC (doctorat). Directeur de l'IRH (Institut des ressources humaines) à Casablanca (Maroc), il a une expérience de consultant et de responsable pédagogique en France et au Maroc.

JORAS Michel, docteur ès sciences de gestion, HDR, ESCP Paris, professeur ESCE (chaire d'Études et recherches en éthique des affaires), enseignant ESSEC/EME. Co-auteur de : *Audit de l'aménagement du temps de travail,* Éditions d'Organisation, 1986 ; *Comprendre le bilan de compétences,* Éditions Liaisons, 1993. Auteur de : *Réussir la qualité de vie au travail,* ESF/EME, 1990 ; *Le Bilan de compétences,* PUF, collection Que sais-je ?, 1995 ; *Les Fondements de l'audit,* Éditions Préventiques, Bordeaux, 2000.

LEVET Pascale, diplômée ICN et titulaire d'un DEA en sciences de gestion (Lyon 3), elle est directrice du Lab'Ho, observatoire du groupe Adecco, qui a pour vocation de stimuler la réflexion l'évolution des rapports entre les hommes et les organisations. Elle a publié plusieurs ouvrages, dont *Poivre et* sel, les entreprises et les quinquas : regards croisés, Un travail au bout du fil : la gestion des ressources humaines dans les centres d'appel, et, avec Juliette Ghiulamila, De l'égalité à la diversité : les hommes, les femmes et les entreprises.

MANCY François est directeur des ressources humaines du GIE Agirc-Arrco depuis le 1er décembre 2002. Il a été président de l'ANDCP en 2001 et 2002. Il est aujourd'hui vice-président de l'Aferp (Association française pour l'étude des relations professionnelles) et de l'IAS (Institut international de l'audit social).

MARBOT Éléonore maître de conférences au CNAM et intervient à l'ESSEC Management Education en gestion des ressources humaines. Elle intervient dans les différentes enseignes du groupe PPR dans le cadre de sa politique de gestion de la diversité. Diplômée d'un doctorat en sciences de gestion de l'IAE d'Aix-en-Provence et de l'ESSEC, ses recherches et ses publications portent sur la gestion des carrières et plus particulièrement sur le sentiment de fin de vie professionnelle. Les DRH face au choc démographique – 20,40, 60 comment les faire travailler ensemble, Éditions d'Organisation, collection de l'Institut de Manpower, février 2005 ; « La place des seniors dans l'entreprise : une comparaison internationale », note de benchmarking international, Institut de l'entreprise, mai 2005 ; Les Seniors dans l'entreprise, co-auteur, Villages mondiales, octobre 2004 ; « Seniors en entreprise, victimes de valeurs obsolètes », Le Monde Initiative, n° 32, juillet-août 2004, p. 30.

McCABE Michele, Senior Manager, Deloitte Human Capital Advisory Services, Luxembourg, a une expertise dans le développement du talent et de la performance et le changement stratégique, notamment la transformation et l'efficacité de la fonction RH. Elle intervient régulièrement pour des projets de mixité et diversité. Avec plus de 15 ans dans le conseil, elle mène des projets en Europe et aux États-Unis.

MERCIER Samuel, professeur des Universités en sciences de gestion à l'Université de Bourgogne et responsable du master Gestion des ressources humaines. Ancien élève de l'ENS Cachan et docteur en sciences de gestion de l'Université Paris Dauphine (1997), ses recherches visent à décrire et analyser les modalités par lesquelles les préoccupations éthiques sont intégrées dans la gouvernance des grandes entreprises. Ces travaux ont donné lieu à plusieurs publications dans des revues académiques (Finance-Contrôle-Stratégie, Revue de gestion des ressources humaines, Revue française de gestion…), dans des ouvrages collectifs, ainsi qu'à un ouvrage paru en 2004 (1re édition en 1999) dans la collection Repères (Éditions La Découverte) : L'Éthique dans les entreprises.

MONTIGNOT Perrine, ESSEC 2005, présidente de DiverCity campus, contrôleur de gestion junior chez un équipementier automobile.

PATUREL Dominique, doctorante en sciences de gestion. Assistante de service social du travail. Participante au groupe Santé et sécurité au travail de l'Association francophone de gestion des ressources humaines.

PERETTI Jean-Marie (ESSEC, IEP, docteur en sciences de gestion) est professeur des Universités. Il dirige l'IAE de Corse et est professeur à l'ESSEC. Président de l'IAS, Past président de l'AGRH, il a publié récemment *Les Clés de l'équité* (2004), *Les Seniors dans l'entreprise* (2006) et *Ressources humaines* (2006). Il est consultant d'entreprises et d'organisations françaises et étrangères dans le domaine des ressources humaines et de l'audit social et sociétal.

PRUDHOMME Lionel, diplômé Sciences-Po, MBA EM LYON, est VP HR EMEA pour Carlson WagonLit, le leader mondial du voyage d'affaires, depuis le 1er janvier 2005. Auparavant, il a travaillé à différents postes dans la fonction RH, et aussi finances, pour de grandes entreprises internationales : Hewlett-Packard, Motorola, Suez et Alstom, mais également comme consultant. Il a publié un ouvrage pour aider les jeunes à trouver un premier job et participé à la rédaction de quelques autres.

SALLE Philippe, chevalier dans l'ordre national du mérite, président du groupe Vedior France. Membre du directoire de Vedior NV et South European Zone Manager. Ingénieur civil des mines de Paris et titulaire d'un MBA de la Kellogg Business School (Northwestern University de Chicago), il a commencé sa carrière en 1988 chez Total en Indonésie. Il entre ensuite chez Accenture et mène des missions de conseil dans l'élaboration et la mise en place de systèmes d'information et d'évaluation de politiques d'outsourcing. En 1995, il rejoint le cabinet McKinsey & Co et est nommé directeur de projets en 1998. En 1999, il prend la tête de la direction des activités spécialisées France du groupe Vedior pour fédérer et développer les marques spécialisées du numéro 3 mondial du recrutement, et devient en France président-directeur général du groupe Expectra. En décembre 2002, nommé président-directeur général de Vediorbis, principal filiale française du groupe Vedior, il conserve ses fonctions au sein du groupe Expectra, et regroupe ses activités sous la présidence commune du groupe Vedior France. De plus, il entre en 2003 au directoire du groupe Vedior au niveau mondial ; depuis mai 2006, il a la responsabilité des activités du groupe sur l'Europe du Sud.

SAÜT Anne, diplômée Sup de Co, master ESSEC en gestion des ressources humaines internationales. Elle a occupé pendant 10 ans des fonctions opérationnelles à l'international en vente et en marketing. Depuis 8 ans dans le conseil RH (formation, recrutement, coaching), elle s'est spécialisée sur la problématique de la diversité et a créé, suite à une thèse professionnelle « Diversité et performance », le cabinet Diversity Conseil.

SIBIEUDE Thierry est professeur titulaire de la chaire Entrepreneuriat Social à l'ESSEC, responsable du programme « Une prépa, une grande école : pourquoi pas moi ? ». Il est titulaire d'une licence en droit (Paris X Nanterre) et d'une maîtrise de gestion (Paris IX Dauphine). Il est docteur en géographie et gestion de l'environnement de l'Université de Cergy-Pontoise. Il est conseiller général de Cergy, vice-président du Conseil général du Val-d'Oise, président de la Commission environnement. Il est président de l'association « La clé pour l'autisme » et administrateur de la FEGAPEI. Il est membre du Conseil national du développement durable.

SILVA François, docteur en sociologie, HDR, professeur en ressources humaines, directeur de la Recherche d'Euromed-Marseille, École de management, professeur associé au CNAM. Il a écrit *Devenir e-DRH*, Éditions Liaisons 2001 (réédition en novembre 2006). Il a écrit de nombreux articles sur ses champs de recherche qui concernent : les NTIC et la fonction RH, la place de la culture dans cette fonction, la responsabilité sociale de l'entreprise, la question de la diversité dans l'entreprise. Il dirige un projet européen de recherche sur la dimension sociale dans les relations entre l'Europe et les pays du sud de la Méditerranée.

SPINETTA Jean-Cyril, P.-D.G du groupe Air France-KLM.

THEVENET Maurice, professeur au CNAM et à l'ESSEC, il a publié de nombreux articles et ouvrages sur le management des personnes.

VENET Raphaël, titulaire d'un DESS de management de l'IAE de Nice, est chargé de mission Handicap du Medef Loire. Il anime le Club Handi-Loire Entreprises.

VOYNNET FOURBOUL Catherine, docteur en gestion, maître de conférences à l'Université Paris 2 Panthéon-Assas, responsable pédagogique du CIFFOP master 2 professionnel gestion des ressources humaines et des relations du travail.

Sommaire

Partie 3 : Les politiques de diversité

Conclusion

Avant-propos

Tous différents et/ou tous les mêmes ? Les entreprises sont aujourd'hui invitées avec insistance à prendre en compte la diversité de la population en âge de travailler en assurant à tous, candidats et salariés, un traitement équitable, exempt de toute discrimination directe et indirecte. Les discours managériaux recourent massivement à ce terme. Les entreprises créent des services dédiés, signent des chartes et des accords, prennent des initiatives, développent des outils de mesure et de suivi, forment leurs managers. Toutes ces actions traduisent une vigoureuse prise de conscience des enjeux de la diversité, de ses risques et de ses avantages, et de l'absolue diversité d'adopter et mettre en œuvre une politique actualisée de gestion de la diversité.

Les entreprises sont en effet de plus en plus confrontées aux défis de la diversité. La diversité des salariés est à la fois une source de richesses et de difficultés. Les formes en sont multiples : diversité des âges, des genres, des qualifications, des origines, des physiques, des cultures, des engagements politiques, syndicaux, religieux…

Cet ouvrage réunit les contributions et témoignages de dirigeants, de praticiens, d'experts et d'enseignants-chercheurs passionnés par l'ampleur du défi à relever dans ces prochaines années. Il présente les expériences françaises et étrangères susceptibles d'alimenter la réflexion et l'action des dirigeants.

« Tous différents » est rédigé par 48 coauteurs fonctionnant en binômes ou trinômes :

- dirigeants d'entreprises engagées dans la gestion de la diversité ;
- enseignants-chercheurs ayant travaillé sur l'une ou l'autre source de diversité ;
- DRH, auditeurs sociaux et consultants impliqués dans des pratiques innovantes.

Les vingt-six chapitres rassemblent les regards croisés de ces acteurs du management de la diversité répartis en trois parties.

Une première partie présente la diversité croissante de la population active. L'âge, le sexe, la formation initiale, la qualification, les origines, le handicap, l'orientation sexuelle, créent des différences qui se conjuguent pour créer une mosaïque. Un précédent ouvrage de cette collection avait mis en évidence la grande diversité des attentes de reconnaissance au sein des multiples groupes qui composent une entreprise (*Tous reconnus*, 2005). Cette diversité de la population active se retrouve de façon croissante au sein de chaque entreprise.

La deuxième partie est consacrée à l'entreprise face à cette diversité. L'entreprise doit assumer des obligations légales ou conventionnelles en matière de diversité, éviter toute discrimination dans le recrutement et dans le déroulement de la vie professionnelle, et mettre en œuvre des politiques adaptées à certains groupes. Les défis de la diversité concernent les entreprises partout dans le monde. Deux chapitres sont consacrés aux pratiques à l'étranger.

La troisième partie examine les politiques mises en œuvre par les entreprises. Les politiques de diversion, où un discours de façade est complété par quelques recrutements alibis, ont été exclues, de même que les approches communautaristes privilégiant la juxtaposition de groupes différents. Les politiques spécifiques à l'égard de certaines catégories de salariés sont présentées. Certains thèmes actuels sont étudiés : l'action en amont pour susciter l'ambition de réussir en entreprise de milieux défavorisés, la cohérence entre diversité des populations dans l'entreprise et dans son environnement, la sous-traitance face à la diversité. Les démarches et outils de l'audit de la diversité sont ensuite décrits. En conclusion, le chapitre « Tous les mêmes » du professeur Maurice Thévenet nous invite à approfondir notre réflexion.

Fruit d'une collaboration entre responsables d'entreprises et universitaires, cet ouvrage a pour ambition d'aider les acteurs concernés à penser *différemment la différence et la pluralité*, à identifier et maîtriser les risques encourus et les gains espérés, et à faire de la diversité une source de richesse.

Au-delà de la gestion de la diversité, « Tous différents » propose une réflexion sur le management par la diversité.

Cet ouvrage n'aurait pas pu voir le jour sans les rencontres entre les coauteurs et les différents acteurs du débat sur la diversité dans le cadre des premières rencontres internationales de Corte en octobre 2005, des université d'été et de printemps de l'IAS, du congrès AGRH et de l'agence Entreprise et Handicap. Que Christiane Deshais, assistante du département Management de l'ESSEC, qui a assumé le suivi de l'élaboration et la mise en forme de cet ouvrage trouve ici l'expression de la reconnaissance des auteurs.

Jean-Marie Peretti
Professeur à l'Université de Corse et à l'ESSEC
Président de l'IAS (Institut international de l'audit social)

Chapitre 1

Richesses de la diversité des salariés pour l'entreprise

Jean-Marie PERETTI

Les raisons généralement mises en avant pour expliquer l'intérêt des entreprises pour la diversité sont nombreuses. Notamment, la pénurie de talents conduirait à élargir les viviers de recrutement en s'ouvrant à de nouveaux profils aux caractéristiques plus variées ; le besoin de proximité avec des clients de plus en plus divers nécessiterait de recruter des salariés qui leur ressemblent ; la diversité des équipes serait source de créativité ; ne pas répondre aux attentes des parties prenantes exigeant une entreprise socialement responsable en matière de diversité serait source de risque en termes d'image et/ou de notation sociale ; les exigences des normes internationales s'imposeraient plus fortement…

Ces différentes justifications des politiques de diversité ont fait l'objet de tentatives de validation. Les atouts de la diversité sont présentés, à partir des travaux et témoignages disponibles, dans une première partie. Les principales sources de diversité étudiées par les chercheurs sont le sexe, l'âge, le handicap, l'origine ethnique et l'orientation sexuelle. Progressivement, d'autres facteurs de différence retiennent l'attention de l'opinion, des praticiens et des chercheurs. La recherche sur la diversité et sur sa contribution à la performance de l'organisation se développe en Europe et dans le monde.

L'entreprise qui choisit d'employer des personnes d'origines et de caractéristiques diverses doit faire évoluer ses pratiques managériales. Faire de la diversité une richesse nécessite un management adapté. Les spécificités du management de la diversité sont analysées dans une deuxième partie.

1. Les atouts de la diversité

« Une plus grande diversité des salariés accroît la performance de l'organisation. » Cette conviction est mise en avant par les partisans de la diversité. « La diversité et la mixité du corps social constituent pour l'entreprise un levier de modernité, d'ouverture et d'innovation », affirme le préambule de l'accord du 8 mai 2006 de la SNCF. « La diversité des salariés représente un atout pour l'innovation, la créativité et l'accompagnement du changement », déclare également le préambule de l'accord PSA sur « la diversité et la cohésion sociale dans l'entreprise » du 9 septembre 2004. Les partisans de la discrimination positive en font un argument de poids. L'absence d'égalité des chances entre les composantes de la population en âge de travailler priverait les entreprises d'un avantage compétitif (Sabeg, 2004). Il existerait une relation entre performance de l'organisation et diversité au travail. La pluralité des profils, la variété des expériences, l'hétérogénéité des compétences, contribuent à créer de la valeur. « S'entourer de profils variés reflétant la diversité de la société, comme celle de nos clients, est une source d'efficacité, d'équilibre et de créativité » affirme Jean-Luc Vergne, DRH de PSA.

Le courant académique regroupant les travaux sur le management de la diversité dans les années 1990 et 2000 a mis l'accent sur le lien entre diversité sur le lieu de travail et la performance de l'organisation (Habib, 2006). Entre 1997 et 2003, une équipe transdisciplinaire de recherche, à l'initiative d'un groupe de chefs d'entreprises et de DRH du BOLD (Business Opportunities for Leadership Diversity) Initiative, a travaillé sur la diversité culturelle comme avantage compétitif. Les recherches ont porté sur le lien entre performance économique et la diversité des sexes et des origines (Kochan *et al.*, 2003). Toutes les hypothèses sur les atouts de la diversité n'ont pas été validées. D'autres recherches portant sur des expériences d'élargissement de la diversité doivent être menées pour étayer le discours volontariste des chantres de la diversité. Plusieurs niveaux d'impact sont généralement soulignés.

Diversité et performance commerciale

Les stratégies de la diversité développées dans les forces de vente et les réseaux de distribution reposent sur deux hypothèses. La proximité avec les clients ou la proximité avec le produit sont source d'efficacité accrue (Barth, 2006).

La proximité avec le client est un premier argument pour la diversité. Il y a quelques années, une étude menée dans une chaîne de distribution de vêtements disposant pour une part importante de son chiffre d'affaires d'informations sur l'acheteur (grâce à l'utilisation d'une carte de fidélité) et le vendeur (du fait de l'utilisation d'un code pour calculer sa commission) constatait une forte corrélation entre l'âge du vendeur et de l'acheteur. Pour les costumes en particuliers, les clients, souvent âgés de quarante ans et plus, achetaient essentiellement à des vendeurs de plus de quarante ans. Dans certains réseaux bancaires, on a pu constater qu'un rajeunissement des chargés de clientèle avait des conséquences négatives sur la clientèle des seniors.

Les Assises 2006 de la vente ont choisi comme thème : « Le management de la diversité : au-delà du discours, un pari gagnant ? », et rassemblé divers témoignages et communications montrant l'apport de la diversité. « La diversité de notre personnel doit refléter celle de nos clients », estiment les entreprises soucieuses d'une intégration dans leur environnement. Ces constats ont conduit certaines entreprises à recruter des quinquagénaires. « Les magasins sur lesquels nous avions déjà des collaborateurs quinquagénaires avaient une proportion de clients seniors et des tickets moyens supérieurs aux autres », note le directeur du développement RH d'une chaîne d'opticiens (Latournerie, 2006) qui rajoute « les quinquas ont une expérience professionnelle forte, des compétences avérées en particulier relationnelles ». L'exemple de Grand Optical illustre à la fois la diversité au « nom de la proximité au produit » et de « la proximité avec le client » (Barth, 2006).

La proximité avec le produit part du principe que la cohérence d'image entre vendeur et produit peut être source de performance. Des coiffeurs présentant une belle chevelure, bien coiffée, seront plus convaincants que des chauves. Des sportifs seront mieux à même de vendre des articles de sport. Des vendeurs élégants réussiront mieux dans le monde du luxe. Un personnel de contact appartenant à une minorité visible conviendrait pour certains produits ethniques ou communautaires. Les risques afférents (frustration d'un personnel recruté non sur sa compétence mais sur un aspect visible de son profil par exemple) sont cependant réels.

Diversité et innovation

Les travaux sur la diversité font ressortir les retombées positives de la diversité des équipes de travail : créativité et innovation, résolution des problèmes et flexibilité (Cox, Blake, 1991). La diversité des personnes et des compétences est un facteur d'innovation. La diversité sous toutes ses formes s'apparente à un moteur central de la créativité et de l'innovation (Habib, 2006). En favorisant des incompréhensions, des tensions, des comportements déviants, la diversité stimule l'apprentissage et la créativité. Les interactions entre des membres différents sont source de tension créatrice et conduisent à explorer des possibilités nouvelles.

Les chercheurs se sont attachés à établir un lien direct et positif entre diversité et innovation (Bassett-Jones, 2005). Les collectifs de travail hétérogènes recèlent des gisements considérables d'innovation. La diversité des équipes favorise le renouvellement des pratiques. Elle apporte diversité des connaissances et des approches, accès à des réseaux plus diversifiés favorisant la veille stratégique et capacité d'approches multiples. Cependant : « La relation diversité/ innovation ne peut être assimilée à une relation causale et linéaire mais davantage à une relation complexe et paradoxale » et la diversité « doit être managée de façon appropriée pour éviter d'éventuelles difficultés liées à cette hétérogénéité » (Habib, 2006).

Le Japon semble toutefois apporter un témoignage contradictoire. La société et les entreprises japonaises sont peu ouvertes aux étrangers, tout en étant en pointe en matière de recherches et d'innovation.

Diversité et performance financière

Des études ont porté sur les liens entre performance financière et différentes formes de diversité. Selon Boyer et Scotto (2006), les études réalisées dans différents pays montrent une corrélation entre la mixité des équipes dirigeantes et les performances financières des entreprises. Cette corrélation ne signifie pas causalité. Aucune recherche n'a fait ressortir la mixité comme déterminant la performance financière. De même, les recherches font parfois ressortir des corrélations entre performance financière et l'importance d'une des autres formes de diversités sans pour autant valider les hypothèses de causalité.

Diversité et climat social

Pour les consultants, les projets « diversité » « sont une formidable opportunité de mobiliser les salariés » (Hislaire, 2006). Les démarches volontaristes ont un impact interne favorable. C'est l'occasion de réduire cette cécité à autrui qui gène la qualité de vie au travail, rend l'environnement professionnel moins convivial et chaleureux. Intégrer la possibilité que d'autres salariés pensent, vivent et ressentent différemment améliore l'ouverture, la communication et la coopération interne.

Les projets « diversité » sont aussi une opportunité pour nourrir le dialogue social. Les accords sur la diversité et l'égalité des chances se développent. Leurs préambules mettent en avant un consensus fort. Ainsi le préambule de l'accord du 21 novembre 2005 du groupe Total précise : « Conscients de la nécessité de privilégier, de développer et de garantir la diversité et l'égalité de traitement, la direction générale du groupe Total et les fédérations syndicales européennes réaffirment leur attachement aux principes généraux de non-discrimination et d'égalité des chances, depuis le recrutement jusqu'au terme de la vie professionnelle des salariés... » L'accord SNCF du 8 mars 2006 stipule « cette volonté s'appuie sur des convictions partagées : la diversité et la mixité du corps social constituent pour l'entreprise un levier de modernité, d'ouverture et d'innovation... ».

Les négociations d'accord sur la diversité permettent de dégager des consensus et, au-delà des valeurs et des principes réaffirmés, d'adopter des dispositifs concrets.

La hiérarchie des atouts

Les atouts de la diversité peuvent s'inscrire dans différentes logiques. Cornet et Delhaye y voient « un mariage forcé entre éthique et efficacité » (2005). Opportunité, la diversité présente en effet aussi des dangers. L'existence de groupes sociaux fortement typés du point de vue ethnique, sociologique ou professionnel peut être source de risque si la diversité n'est pas convenablement gérée (Landier, Labbe, 2004). La diversité doit être gérée de façon appropriée pour devenir une source de richesses. La diversité entraîne des défis managériaux à relever.

2. Le management de la diversité

Dans *Regards sur le monde actuel* (p. 256, 1931), Paul Valéry disait de la France : « Sa terre qui est diverse comme le peuple qui l'habite, est une par l'heureux assemblage de sa diversité. » Réussir cet « assemblage » est l'objectif du management de la diversité.

La diversité doit être managée de façon appropriée. Le management de la diversité nécessite une transformation des politiques et pratiques « Ressources humaines » conçues pour une population homogène. La réticence des managers à recruter des profils atypiques s'explique par les difficultés et les risques qu'ils anticipent. Au contraire, l'intégration d'un clone est aisée.

Manager la diversité culturelle

Les recherches sur le management interculturel ont tenté d'identifier les principales caractéristiques des cultures de différentes nationalités. Elles ont abordé tardivement le fonctionnement concret des équipes interculturelles de travail (Loth, 2006). Des auteurs proposent des méthodologies permettant de repérer et gérer les sources possibles de conflit culturel par la compréhension des systèmes de sens en présence (Chevrier, 2003). La compréhension des systèmes de sens permet de construire un fonctionnement efficace d'une équipe interculturelle. L'entreprise sensibilise à l'interculturel les salariés concernés puis met en place des dispositifs pour établir des modes de coopération qui résultent d'un compromis bien accepté par tous (Loth, 2006).

Assurer l'égalité des chances

L'application de la loi du 31 mars 2006 pour l'égalité des chances et des textes antérieurs nécessite une attention très forte dans tous les domaines de la gestion des ressources humaines (GRH). Les trente-trois contributions rassemblées dans le dossier spécial publié par *La Revue parlementaire* (2006) sur « l'égalité des chances : quelles solutions ? », reflètent les multiples dimensions de la question : éducation, parité, handicap, dialogue, initiatives et emploi, institutions...

L'Insee dans son recueil triennal d'informations sociales souligne l'influence des origines socioculturelles sur l'insertion des jeunes (2006). L'insertion est plus problématique pour les enfants d'ouvriers, notamment ceux dont le père est issu d'un pays extra-européen. Le niveau de formation initiale moins élevé explique en partie ces différences. Le Cereq observe cependant que, pour la génération ayant quitté le système éducatif en 1998, la « pénalité ethnique » perdure (2006).

Compte tenu de l'importance de l'éducation, l'entreprise peut intervenir très en amont, favorisant les initiatives d'accompagnement des lycéens défavorisés par exemple. Un partenariat avec les grandes écoles qui ont signé la « charte pour l'égalité des chances dans l'accès aux formations d'excellence » peut y contribuer. De même, à travers les politiques d'apprentissage et de professionnalisation, l'entreprise peut favoriser l'intégration de publics dont l'employabilité initiale est faible. Enfin, en éliminant des pratiques de recrutement celles qui sont susceptibles de favoriser les profils les plus conformes (les clones) au détriment de la diversité, l'entreprise renforce l'égalité d'accès.

« Arrêtons le gâchis : laissons leurs chances aux compétences ». La campagne de publicité de la société d'intérim Adia présentant quatre personnages refusés pour un poste de jardinier malgré leur compétence illustre avec humour le danger du recrutement à l'identique. Les dispositifs doivent permettre d'éviter toute discrimination directe ou indirecte.

Éliminer les discriminations directes

Les discriminations directes consistent à prendre de façon délibérée une mesure alors que les raisons qui la motivent sont interdites par la loi. Le code du travail précise qu'aucun salarié ne peut être écarté d'un recrutement, d'une formation, ou voir son déroulement de carrière compromis, en fonction de critères discriminatoires. La loi du 16 novembre 2001 a élargi les critères de discrimination. Elle aménage la charge de la preuve et impose à l'employeur de prouver que les décisions contestées ne reposent pas sur des motifs discriminatoires. Elle protège le salarié qui est amené à témoigner contre d'éventuelles mesures de représailles. La loi du 30 décembre 2004 a créé la Haute Autorité de lutte contre les discriminations et pour l'égalité des chances (HALDE). La loi du 1er avril 2006 a renforcé le dispositif de lutte contre toute discrimination. Les sanctions pénales sont dissuasives (3 ans d'emprisonnement et 45 000 euros d'amende).

L'entreprise, respectueuse de la loi, doit veiller à éliminer les principaux risques de pratiques discriminatoires. Elle doit contrôler l'ensemble des dispositifs de prise de décision concernant l'emploi, la carrière, la rémunération et la formation des salariés afin de déceler les risques de discrimination par l'un ou l'autre des décideurs. La discrimination s'exerce particulièrement au moment du recrutement.

La pression sociale et l'argument économique sont souvent à l'origine de discriminations. L'individualisation et le partage de la GRH sont source de risque accru. La formation des décideurs sur les risques de discrimination est essentielle.

Le développement des tests de discrimination (« testing ») se révèle une incitation forte à agir. Des entreprises ont choisi de réaliser des « auto-testing » pour vérifier la fiabilité de leur processus. Une recherche récente à partir de « testing » menés sur des postes commerciaux a validé les hypothèses de comportements discriminatoires, « certaines variables, obésité, origine ethnique et âge limitant l'accès à l'emploi plus que d'autres » (Hennequin, Karakas, 2006).

Identifier et réduire la discrimination indirecte

Il existe une discrimination indirecte lorsque des mesures apparemment neutres ont des conséquences négatives pour certaines catégories de salariés. Les exemples sont nombreux. Ainsi, mettre en place un dispositif de détection des hauts potentiels pour les 30-35 ans pénalise indirectement les femmes puisque un certain nombre d'entre elles sont moins disponibles pour leur entreprise à cet âge du fait des maternités et des jeunes enfants. De même, valoriser la possession de certains diplômes à des fins de promotion peut pénaliser indirectement certaines catégories moins représentées dans ces formations ; offrir aux salariés à temps partiel moins de perspectives pénalise les femmes plus nombreuses à bénéficier de tels horaires.

Mesurer et auditer la diversité

Mesurer la diversité est une tâche délicate. La Cnil veille à ce que certaines informations ne soient pas disponibles. Trouver des indicateurs de la diversité n'est possible en France que pour certaines caractéristiques (âge, sexe, handicap reconnu, nationalité) mesurées dans le bilan social et dans les systèmes d'information RH. Des entreprises comme L'Oréal ont, dès 2005, en collaboration avec Entreprise & Personnel, construit des indicateurs plausibles de diversité. Le rapport sur « La lutte contre les discriminations ethniques dans le domaine de l'emploi » (Fauroux, 2005) préconisait de développer les audits des services de GRH pour « mieux détecter les pratiques de discrimination indirecte ou systématique ». Compte tenu des difficultés de la mesure ethnique, le rapport propose de développer des expérimentations dans le strict respect des préconisations de la CNIL.

L'utilité des audits est d'autant plus perçue que les risques sont grands. En matière de discriminations, il existe un triple risque : social, judiciaire et commercial. Sur le plan social, l'entreprise est interpellée en interne sur l'attention qu'elle porte à la diversité et à la non-discrimination.

Sur le plan judiciaire, le risque de contentieux se développe. L'analyse de 588 décisions de justice dans le cadre de la loi 2001, ayant élargi la liste des motifs de discriminations et aménagé la charge de la preuve dans un sens plus favorable au salarié, montre la prépondérance des contentieux pour discrimination syndicale (Lanquetin, Grevy, 2006). Le contentieux en raison « de la race, de l'origine ethnique ou du sexe » est rare. Aucune affaire n'a été engagée en matière de discrimination indirecte. La méthode comparative consistant à établir une différence de traitement par comparaison avec des salariés se trouvant dans une situation identique s'est développée et enrichie (discrimination dans la rémunération, la carrière et la promotion). La loi du 31 mars 2006 sur l'égalité des chances légalise la pratique du testing comme moyen de preuve peut accroître les risques de contentieux.

Sur le plan commercial, le risque en termes d'image existe. Ainsi en mai 2006 le procès mettant en cause des filiales d'Adecco et de L'Oréal pour des « embauches au faciès » a été largement médiatisé. L'enquête de l'inspection du travail reposant sur le comptage des animatrices retenues selon leur patronyme avait montré un taux de non « BBR » (le sigle signifie « Bleu, blanc, rouge » et qualifie les Français de souche) de seulement 2,9 % pour une campagne de promotion d'un shampoing.

Les entreprises doivent mettre en place des outils de suivi statistique de différentes décisions pour certaines catégories de salariés dans la mesure des informations disponibles. Des études qualitatives peuvent permettre de suivre les pratiques pour certaines caractéristiques que la CNIL interdit de saisir. Les audits portent sur l'ensemble des dispositifs pour lesquels l'entreprise doit garantir l'égalité de traitement.

Faire vivre la diversité

La création de délégation « Intégration et diversité » (France Télévision), de direction « Recrutement et diversité » (L'Oréal), de direction « Citoyenneté » (SFR), d'« Observatoire paritaire de la diversité et de l'égalité » (PSA) traduit la volonté de faire vivre la diversité, de piloter et contrôler la bonne application des obligations et des engagements. Quelques exemples illustrent les actions envisagées.

Des formations à la diversité ont été mises en place dès 1999 au sein d'Adecco. En 2003, un module de formation est destiné à « faire face à la discrimination dans la relation commerciale » pour les permanents désarmés face aux demandes discriminatoires. En septembre 2006, L'Oréal lance un programme de formation à la diversité pour 7 500 managers de 25 pays européens. Selon le Directeur mondial du recrutement et de la diversité, il s'agit de « favoriser encore plus l'ouverture du groupe aux minorités visibles [...] nous allons expliquer aux managers les raisons et les outils de notre politique » (*La Tribune*, 18 mai 2006). PSA forme ses managers de proximité à « gérer les différences », entre autres sur « les nouvelles problématiques de la jeunesse ouvrière ».

Faire cohabiter des populations différentes implique de former la hiérarchie pour animer la relation intergroupe et favoriser les rencontres au sein de l'entreprise. Le tutorat, le mentoring, le coaching, peuvent contribuer à réduire les antagonismes et pacifier les relations entre populations différentes.

Pascal Bernard (2006) a élaboré 10 pistes d'action pour « assurer la cohérence entre les discours et les actes ». Outre la sensibilisation de l'ensemble du personnel et un recrutement dans la diversité, il propose d'évaluer l'encadrement sur ses actions dans ce domaine, d'introduire des épreuves de management éthique dans les processus de promotion, de mesurer l'équité en fonction de caractéristiques et de fixer des objectifs de promotion, mais aussi de négocier chaque année sur la diversité, communiquer en interne, engager des partenariat en amont et briser les « plafonds de verre » (sur cette métaphore, voir notamment chapitre 3).

Il est également nécessaire de ne pas cristalliser les facteurs de diversité en considérant que chaque personne est plurielle et que chaque groupe, défini par l'une des vingt caractéristiques identifiées par la loi de 2001 comme source de discrimination, est lui-même divers.

Vers une labellisation de la diversité ?

L'entreprise qui assume de façon exemplaire toutes ses obligations légales et ses engagements volontaires peut souhaiter être reconnue et pouvoir mettre en avant cette reconnaissance. Trois raisons sont avancées pour justifier l'intérêt d'obtenir un label : les retombées en termes d'image et leur éventuel impact commercial ; les retombées sur l'image employeur et leur impact en termes d'attractivité de l'entreprise et de fidélisation des salariés ; enfin, la dynamique interne développée dans le processus de labellisation.

Comment évaluer une démarche en faveur de la diversité ? Les difficultés sont nombreuses tant pour une approche globale (toutes les formes de diversité) que pour un seul thème (Broussillon, Seurat, 2006). L'ANDCP a défini les six domaines suivants : le niveau d'engagement de l'entreprise, l'implication des partenaires sociaux, la sensibilisation, la formation et la communication interne, les processus RH, l'entreprise et son environnement, et enfin les actions pour l'égalité des chances. Les indicateurs peuvent être quantitatifs ou qualitatifs. La construction et la validation de ces indicateurs constituent pour les chercheurs en RH un terrain d'étude difficile et passionnant.

Réussir la diversité

Les appels au respect de sa singularité – ou de celle du groupe auquel on a le sentiment d'appartenir – se multiplient dans l'entreprise comme dans la société. La demande de respect se fait pressante au quotidien dans l'entreprise. Ces appels constituent autant de demandes de valorisation destinées à nourrir l'estime de soi, et le niveau d'exigence ne cesse de monter (André,

2006). Chacun, indépendamment de ses différences, souhaite avoir une situation enviable (emploi, salaire, carrière…) et un meilleur statut. L'entreprise est confrontée à la diversité des attentes de reconnaissance (Peretti, 2005).

L'entreprise a de multiples raisons pour décider de s'engager dans une politique volontariste de développement maîtrisée de la diversité. La conviction que la diversité est source réelle de richesse en est sans doute la raison la plus stimulante. Elle conduit à élaborer une stratégie pour devenir une organisation plus diversifiée.

Réussir la diversité ne se résume pas à mettre en œuvre un répertoire de bonnes pratiques de non-discrimination, d'instaurer des quotas et d'élaborer des tableaux de bords avec des indicateurs statistiques d'égalité. La diffusion des « bonnes pratiques » leur donne une visibilité qui favorise leur duplication. Elle ne garantit pas la réussite. Il est nécessaire de créer un climat d'ouverture et de tolérance. Il faut faire évoluer les représentations et les comportements qui font obstacle à une diversité source de performance durable.

L'entreprise diverse ne doit pas devenir une arche de Noé. Dans une entreprise plurielle, chaque salarié est lui-même pluriel et n'est pas réduit à une ou plusieurs formes de diversité. Il faut éviter les catégorisations fermées qui figent les stéréotypes. Les travailleurs, comme les autres individus, sont traversés d'identités multiples sans cesse brassées. Les différences peuvent être en partie maintenues et reproduites, et en partie abandonnées (Wierviorka, 2001).

Réussir la diversité doit permettre de recréer le lien social au-delà de relations mercenaires. La réussite conduit aussi à dépasser la radicalisation des frontières que la lutte contre les inégalités et les discriminations tracent en même temps qu'elles les mettent à jour.

Les leçons tirées des travaux de recherches, comme de l'analyse des initiatives d'entreprises en matière de diversité, montrent l'intérêt de réfléchir, au-delà de la gestion de la diversité, à la définition d'une véritable gestion par la diversité.

Partie 1

La diversité croissante de la population active et des salariés

Cette première partie est consacrée à la diversité de la population active, sous ses formes le plus fréquemment considérées, à travers huit chapitres. Le chapitre deux, rédigé par le professeur Frank Bournois et par Lionel Prudhomme, vice-président RH d'un grand groupe de services, présente la diversité des *âges* et le choc générationnel. Le chapitre trois, sous la plume de trois chercheuses et expertes, Catherine Voynnet-Fourboul, Juliette Ghiulamila et Pascale Levet, aborde la diversité du *genre* et le problème de l'égalité professionnelle. François Mancy, DRH, et le professeur Jacques Igalens présentent dans le chapitre quatre la diversité des niveaux de *formation*, et dans un chapitre cinq la diversité des *parcours* professionnels de la formation à l'emploi. L'universitaire François Silva et le DRH Pascal Bernard traitent au chapitre six des *minorités visibles*, victimes de discriminations subies. Le chapitre sept rédigé par Jean-Cyril Spinetta, P.-D.G. d'un groupe de transport aérien, et Gwénaël Berteleme, de l'agence Entreprise et Handicap aborde le poids du *handicap* dans l'entreprise. Le chapitre huit sous la plume de Corinne Forasacco, directrice de la formation d'un grand groupe bancaire, et de Catherine Voynnet-Fourboul, chercheuse, traite de la nécessité de cultiver les différences. Dans le chapitre neuf, qui conclut cette première partie, Catherine Chouard, DRH d'un groupe de restauration, fait le point sur « la diversité dans tous ses états ».

Chapitre 2

La diversité des âges
et le choc générationnel

Lionel PRUDHOMME
Frank BOURNOIS

Les transformations économiques et sociales des dernières décennies contribuent à brouiller la cartographie des âges dans nos sociétés. La fragilisation de la relation à l'emploi désorganise les carrières professionnelles, l'allongement des études repousse l'entrée dans la vie active sans la garantir, l'élévation de l'espérance de vie et les progrès de la médecine rendent réelle la perspective de vivre une nouvelle vie après l'âge de la retraite.

D'une part, on assiste à une tendance historique à l'individualisation sur la longue durée. Elle s'explique largement par le déclin des formes traditionnelles de socialisation (l'école, l'église, l'armée, etc.) et l'émergence de nouvelles technologies (notamment celles de l'information et de la communication). Chacun se veut différent des autres. « L'homme est un processus », disait Norbert Elias. En ce sens, l'individu, dans l'affirmation de sa singularité et dans sa relation à autrui, construit son identité à chaque étape de sa vie. L'individu, sans cesse, s'essaie à trouver, à chaque période de son cheminement identitaire, un équilibre entre sphère privée et sphère professionnelle, qui l'amène à faire de moins en moins carrière dans la même entreprise à une époque où la flexibilité et la mobilité sont prônées comme facteurs clés de réussite de l'entreprise.

D'autre part, l'entreprise fait face à l'ouverture grandissante des marchés, à l'émergence permanente de nouveaux concurrents. Autrefois forte sur ses bastions historiques, elle tend désormais à accélérer le redéploiement de ses forces et de ses moyens hors de ses frontières traditionnelles. Ces nouveaux contours l'amènent également à prendre en compte les enjeux de parties prenantes mal connues (cf. l'essor du développement durable). Ce mouvement l'oblige à s'interroger sur ses capacités d'adaptation et de renouvellement, voire sur sa capacité à se réinventer en permanence pour durer. Elle se doit de miser sur la fluidité de sa structure organisationnelle et, avant tout, sur l'anticipation de ses besoins en compétences tant en qualité qu'en nombre.

Tout cela concourt à faire de la diversité des âges au sein de l'entreprise un enjeu majeur pour l'individu et pour l'entreprise, et au-delà pour nos sociétés.

1. La diversité des âges : un choc démographique, une diversité de générations, une diversité de destins

La problématique de la diversité des âges dans l'entreprise prend cours, avant toute autre chose, dans un formidable choc démographique qui va secouer l'ensemble des pays européens.

Un choc démographique

Les seules classes d'âge qui vont augmenter en Europe dans les vingt prochaines années sont celles des individus de plus de 50 ans. De plus, ce mouvement s'accompagne d'une inversion de tendance pour la catégorie des 30-49 ans, cœur de la population active. Dorénavant, celle-ci va diminuer alors qu'elle avait crû au cours de la période précédente. C'est donc bien à un vieillissement général de la population européenne auquel nous sommes confrontés.

Contrairement à l'idée maintes fois exprimée, la France représente une exception. En effet, malgré le vieillissement de sa population qui, en cela ne la distingue pas de la tendance européenne, la diminution des entrées de jeunes sur le marché du travail sera moins importante que dans certains autres pays européens (Kastrissianakis, Dubar, 2003).

La France, en revanche, devra faire face à des départs massifs. La problématique française est davantage celle de l'explosion des départs en retraite. Des départs qu'il faudra évidemment compenser par des recrutements. Certains pronostiquent une guerre des recrutements, d'autres au contraire considèrent que c'est le moyen pour constater des baisses d'effectifs nécessitées par la recherche de productivité. Il est fort possible que nous ayons les deux, selon les secteurs, les fonctions recherchées et les pays concernés.

C'est d'ailleurs pourquoi on assiste en Europe à la mise en place, par les gouvernements des différents pays, de politiques renforcées, tant dans le domaine de la formation que de la législation sur les âges de départ en retraite ou encore de l'immigration régulatrice du niveau d'emploi.

Une diversité de générations

Chaque génération s'est construite à partir des événements historiques, sociaux qui ont façonné son imaginaire, et parfois sa chair. Nous commençons avec la génération des personnes nées entre 1928 et 1943, qui a connu à la fois crise économique et Seconde Guerre mondiale, et qui est aussi la dernière à avoir été socialisée collectivement par sa relation avec les grandes institutions (l'église, l'armée, l'école…). C'est cette « génération civique » que les circonstances ont amené à se « retrousser les manches pour faire le boulot eux-mêmes » (Putnam, 2000).

La génération suivante (née entre 1943 et 1957) s'est rebellée pour « interdire d'interdire » contre un ordre établi qui leur paraissait morne et étriqué. Cette génération a tout connu : l'expansion économique des trente glorieuses, une libération des mœurs et le rêve d'une jeunesse sans fin. Certains l'ont nommée la « génération lyrique » (Ricard, 1992), puisant dans les combats collectifs et la contestation du système l'espoir d'une vie meilleure.

La « génération X » (naissances entre 1958 à 1973) est parvenue à la conscience d'elle-même en pleine crise économique et morale, en pleine crise de la famille, des représentations et des valeurs. Elle a connu un parcours plus difficile que la génération lyrique, une entrée dans le monde du travail qui n'allait plus de soi, une relation à l'amour et à l'autre compliquée dans la phase d'adolescence par l'avènement du sida. Elle s'est construite en prenant ses distances, une distance critique avec le lyrisme précédent, partisans d'un retour à la réalité. Cette génération fait face aux problèmes causés par la génération précédente, par exemple l'endettement national, l'éclatement de la cellule familiale, le *downsizing* des entreprises des années 1990, la précarité des emplois, etc. C'est celle qu'on a baptisé la « génération X » qui a vu ses parents subir des décisions dures d'un monde des entreprises à qui ils s'étaient donnés et dévoués.

Enfin, la génération de ceux qui sont nés de 1974 à 1989, avec la chute du mur de Berlin, a constaté la disparition définitive des « grands récits », l'accélération consécutive du phénomène de la mondialisation, l'émergence des nouvelles technologies, l'Internet et sa bulle, le développement des transports aériens à bas prix, les produits nomades : walkman, téléphone mobile, webcam, etc. C'est une génération, en transition entre deux siècles et, expérience rare, entre deux millénaires, mais également en transition entre deux appartenances géographiques (un rattachement à la France et à l'Europe), transition, enfin, entre deux civilisations : celle du temps pour soi et celle du temps dominant du travail. Elle est la « génération Y ».

Une diversité de destins

Seules les générations « lyrique » et « civique » ont vécu un monde de plein emploi comme une norme de socialisation. L'année 1975 correspond à une rupture. Depuis lors, de 25 % à 33 % des jeunes entrant sur le marché de l'emploi connaissent le chômage. Elle est un marqueur social, un destin des générations (Chauvel, 1998) qui s'articule sur les chances de promotion sociale et la répartition du pouvoir d'achat entre générations.

Les chances de promotion sociale se déduisent par l'écart constaté entre l'espoir mis par les parents dans la réussite au baccalauréat pour leurs enfants et la réalité. Alors qu'en 1962, l'écart tant pour les cadres que pour les ouvriers était minime (respectivement 59 % contre 60 % et 13 % contre 15 %), cet écart s'est considérablement accru en 1981. Seulement 68 % des enfants de cadres l'obtiennent (contre 87 % d'espoirs exprimés) et 17 % pour les enfants d'ouvriers (contre 64 %) (Baudelot, Establet, 2000).

Pour la répartition du pouvoir d'achat, le salaire des jeunes de trente ans, en comparaison de celui des salariés de plus de 50 ans, est aujourd'hui moins favorable qu'il ne l'était dans les années 1970 (Baudelot, Gollac, 1997). Les salariés de cinquante ans gagnaient en moyenne 15 % de plus que les salariés de trente ans en 1975, alors que l'écart est aujourd'hui de 40 %. Les jeunes de 20 ans en 1970 ont bénéficié tout au long de leur vie professionnelle d'une évolution positive et permanente de leurs salaires contrairement à ceux qui les ont suivis.

2. Dans l'entreprise : choc générationnel ou pas ?

Nous allons tâcher de voir si cette situation implique ou non un choc générationnel dans l'entreprise.

Entre individualisation et tribalisation

Nombreux sont les auteurs à avoir pointé la fragmentation croissante des repères sociaux, la décomposition/recomposition des identités sociologiques, l'atténuation, voire la disparition des repères de classe traditionnels. Une large part de la notion de crise est tout autant le produit que la conséquence des mutations de ces représentations. Elle conduit aussi de plus en plus à penser l'individu comme acteur dont la norme tend à célébrer son autonomie croissante. Dans un contexte où la vie de l'individu ne tourne plus autour du travail, s'opère un clivage entre ceux pour qui il est une condition d'épanouissement et ceux pour qui il en est une des composantes (Albert *et al.*, 2003).

Aujourd'hui, l'individu ayant désormais une conscience aiguë de son individualité souhaite être reconnu dans sa singularité. L'individu est un salarié, citoyen, mais aussi un consommateur habitué à des produits de plus en plus fabriqués sur mesure ou à des services individualisés. Un nombre croissant d'entreprises fondent d'ailleurs leurs approches « clients » mais aussi managériales sur des concepts tels que l'unicité (*uniqueness*), l'intimité (*intimacy*), le respect de la singularité... Le bonheur est dans la prestation individuante.

Auparavant, l'entreprise se vivait à travers une catégorisation stable et homogène de ses acteurs (cadres, agents de maîtrise, techniciens, employés, ouvriers). Puis les catégories se sont progressivement affinées (par exemple : cadre moyen, cadre supérieur, cadre dirigeant, cadre exécutif) pour rendre compte d'une distension des identités collectives. Aujourd'hui, dans l'entreprise, et hors de son regard, se constituent de nombreuses tribus : la tribu du club de gym, la tribu du golf, la tribu du modélisme, la tribu des originaires d'une ville, la tribu du café du matin, la tribu des utilisateurs de baladeur MP3, etc. Des liens se tissent, là, entre les différentes générations et les différents collaborateurs, quel que soit leur statut et quelle que soit leur origine. Ce n'est pas un hasard si déjà aux États-Unis certaines entreprises ont remplacé le titre de DRH par celui de « Chef des communautés » (*Head of communities*) chargé de connaître et d'apporter une gestion différenciée mais équitable aux différentes tribus présentes ?

Face aux mêmes réalités, pas de choc générationnel...

D'un côté, les jeunes se fondent dans la masse de l'entreprise. Dans la vie professionnelle, il est difficile de repérer des traits communs entre tous les jeunes de 20 ans. En effet, cette classe d'âge n'est pas homogène. Un diplômé de grande école de 20 ans n'a que peu de points communs avec un jeune de 20 ans qui se débat dans l'échec scolaire. De la même façon qu'il y a peu de points communs entre les jeunes qui trouvent tout de suite un emploi et ceux qui s'abîment dans cette recherche. Enfin, les différences sont réelles entre les jeunes qui entrent dans l'entreprise par le haut de la pyramide et ceux qui y entrent par la plus petite des portes. Il y a autant de différences de situations au sein de cette classe d'âge que de similitudes entre les salariés de toutes les classes d'âge. En effet, il y a aussi de grandes similitudes de situation entre individus de classe d'âge distincte. La difficulté sociale d'un salarié quinquagénaire qui perd son emploi et celle d'un jeune qui n'arrive pas à s'inscrire dans la vie active composent une réalité, source de souffrance sociale.

Quid des effets générationnels ?

Cependant, il est souvent dit que les jeunes ont des attentes spécifiques que leurs aînés n'ont ou n'avaient pas vis-à-vis des entreprises. Par certains aspects, les jeunes de 20 ans se différencient du reste de la population.

Ils ont un autre rapport à l'autorité. Les titres formels ont moins d'importance et ils sont très sensibles à l'autorité naturelle et légitime d'un manager ou d'un responsable hiérarchique qui écoute leurs attentes. Au-delà du contrat juridique, ils sont sensibles à l'établissement d'un vrai contrat psychologique qui intègre leurs attentes et leurs spécificités. Cela ne veut pas dire qu'il s'agit de satisfaire toutes les demandes mais d'en discuter et de les prendre en compte.

Ils ont une autre conception de la réussite où l'alchimie parfaite combine la réussite personnelle/ familiale, la réussite professionnelle et la réussite de projets personnels. La réussite professionnelle ne prévaut pas sur les autres.

Ils ont une féroce envie d'apprendre. L'acquisition de nouvelles compétences constitue le patrimoine monnayable demain sur le marché du travail. En un sens, le manager qui exige des tâches ou des missions répétitives prive le jeune d'opportunités d'apprendre du nouveau. On conçoit alors les incompréhensions qui découlent de ces attitudes différentes face au travail.

Ils sont un peu plus que les autres l'esprit du temps. Ils veulent un peu plus être acteur ou entrepreneur de leur vie. En ce sens, ils décident plus volontairement des étapes de leur vie, ce qui influe sur les comportements en entreprise. Les jeunes de 20 ans portent avec eux l'esprit du temps, ce qui les rend plus explicites sur leurs désirs, sur leurs demandes, sur ce qu'ils veulent faire et ne pas faire ou encore sur ce sur quoi ils sont prêts à passer des compromis dans la perspective de leur propre épanouissement. En cela, ils se différencient de leurs aînés.

3. De l'âge biologique à l'âge complexe

Si l'individu est d'abord un être social, au sens de Mauss, la notion d'âge est tout autant une construction sociale qu'une réalité biologique. La période récente voit un processus en cours, similaire et parallèle entre la représentation des « jeunes » et celle des « vieux ». Ainsi, en début de vie, on demeure « jeune » plus longtemps, dans un lien de dépendance.

L'âge : une construction sociale

Par exemple, pour les « jeunes », le démarrage dans la vie professionnelle se fait de plus en plus tard. Ils ont entre 20 et 35 ans et ils naviguent sans cesse entre l'univers des adultes et celui de l'enfance. Ils travaillent et gagnent leur vie, mais vivent chez papa et maman. Quand ils s'installent, les grands-parents aident de plus en plus à l'acquisition du premier logement (cf. rapport annuel sur les engagements des banques envers les particuliers) avec des durées de prêt (30-35 annuités) jamais égalées en France.

Par exemple, au fil des années, pour les « vieux », la fin de la vie professionnelle arrive de façon précoce, avant la liquidation de la retraite, l'obtention d'une pension, l'incapacité liée à l'âge. Les handicaps liés au vieillissement commencent bien après l'obtention de l'âge de la retraite. Il y a de plus en plus de décalage entre le vieillissement professionnel, le vieillissement social et le vieillissement biologique.

Une chronologie des âges chamboulée

D'un côté, le senior se voit reconnaître un droit au désir et à la vie de couple de plus en plus tard. De la même manière, on assiste aujourd'hui à la naissance d'un nouvel âge. À 50-55 ans débute la deuxième vie adulte, à laquelle il faudra donner un nom, un statut, un contenu. L'inventer est la nouvelle aventure des enfants de 1968, et de ceux qui les suivront. Les « nouveaux vieux » ne veulent pas être « rangés des voitures », de la vie amoureuse, sexuelle (cf. la génération Viagra), professionnelle, sociale.

De l'autre, sous l'effet d'une simultanéité de logiques sociales étroitement imbriquées (habitation plus longue chez les parents, travail pour payer ses études, etc.), un jeune adulte sera confronté dans sa vie alternativement à des demandes d'autonomie puis à des situations de dépendance. Ainsi, il sera considéré et sommé d'être autonome et responsable dans sa situation professionnelle, par exemple, en tant qu'animateur d'un club sportif, mais en tant qu'étudiant, il pourra être perçu et se percevra comme dépendant de ses parents.

Une diversité de représentations

Vieillir, refuser de vieillir, accepter de vieillir, est un processus permanent de renégociation entre soi et autrui, et plus largement de la représentation de chaque âge dans la société (Caradec, 2001). Ce phénomène de cheminement identitaire est un processus identitaire personnel, un mode de transaction de soi à soi et de soi à autrui.

Ainsi, la maturescence (le désir de jeunesse éternelle) ne s'explique pas seulement par des questions d'un rapport au temps ni à l'idée de la mort, elle provient également de la nécessité pour la génération « lyrique » de redéfinir ses positions par rapport aux générations qui lui sont postérieures et antérieures (Attias-Donfut, 1988). De même, l'adolescence (le phénomène « Tanguy ») ne se résume pas à une peur de quitter le monde de l'enfance, à une forme de repli sur soi face à un monde extérieur instable et dangereux. Elle joue également le rôle d'une soupape de sécurité, une manière, par ce retour au monde de l'enfance, de recharger ses accus (Ebguy, 2002).

Aussi, la perspective traditionnelle assignant à chaque âge, dans un ordonnancement chronologique réglé, des statuts et des rôles à la fois stables et exclusifs de ceux des autres âges, est pour le moins bousculée. Les représentations collectives qu'elle suppose, fondées sur des normes sociales partagées et des horizons temporels prévisibles, ne semblent plus correspondre aux logiques plus hétérogènes et incertaines des parcours de vie.

L'idée de cycle de vie est trop linéaire, trop rigide, pour rendre compte de la pluralité des parcours de vie, de leur caractère évolutif et parfois erratique. C'est le passage d'un âge biologique à un âge complexe qui est l'événement majeur de cette dernière décennie (Marbot, 2005).

4. La transmission des savoirs

La diversité des temps dans l'entreprise

L'identité personnelle est orientée par l'expérience subjective, c'est-à-dire la façon dont l'individu perçoit et utilise son expérience passée (professionnelle et extraprofessionnelle), structure son environnement (sphère du travail et du hors travail) et perçoit le temps (son avenir compte tenu de son présent et de son passé). Ces trois dimensions montrent que l'identité, ce que l'on pourrait appeler l'accomplissement de soi, est un processus dynamique qui est négocié tout au long de la vie entre les différentes sphères d'activités et de socialisation.

Le temps de travail n'apparaît plus comme une variable isolée mais il s'entremêle aux autres temps de la vie sociale (vie personnelle et familiale, vie associative, etc.). Tous ces temps sont par ailleurs liés à la diversité des âges de la vie, des genres, des statuts d'emploi (Gauvin, Jacot, 1999).

La gestion des rythmes sociaux

La recherche en gestion a démontré que la durée et une certaine autonomie s'avèrent nécessaires pour que les collectifs de travail puissent développer leur expérience et la transmettre. L'objet des processus de transmission, c'est aussi et avant tout la performance de l'entreprise. Le passé n'a de sens que s'il est traduit en « champ d'expérience » (Koselleck, 1990), comme l'illustre et le reproduit le modèle des compagnons. Tout processus d'apprentissage met en jeu les relations complexes qu'entretient un individu avec son environnement (matériel et social). La question des rythmes sociaux, et plus précisément des rythmes sociaux internes aux mondes de l'entreprise, est cruciale.

L'étymologie du mot grec *rhuthmos* signifie « couler » (comme pour les eaux d'un fleuve). Le sens moderne n'apparaît qu'avec Platon qui définit le rythme comme « la configuration des mouvements ordonnés dans la durée ». La synchronisation des temps dans l'entreprise devient un combat stratégique pour la performance future. C'est allier le temps court, celui de l'urgence et du diktat du marché, des actionnaires, des clients, avec le temps long de la sédimentation, de l'acquisition et de la transmission des connaissances et des savoirs.

L'action de transmettre

L'action de transmission devient un acte de gestion : c'est transmettre une culture de travail qui fait parfois défaut, mais aussi c'est faciliter l'intégration des nouveaux pour éviter les ruptures de connaissance.

Saisir la culture d'une nouvelle organisation n'est pas un exercice simple et peut conduire à de nombreux échecs d'adaptation selon que la culture ambiante est organique ou mécaniste. Il est devenu commun d'opposer les cultures d'entreprise organiques aux cultures mécanistes. Dans une culture « organique », on se trouve dans le monde de l'informel, de la rapidité de circulation des informations par les réseaux sociaux, de la prédominance de l'adaptation sur le respect de la règle écrite et prescrite. Dans les cultures « mécanistes », le souci de la procédure prévaut sur la capacité de l'acteur à innover en permanence, la hiérarchie est porteuse du savoir juste, les descriptions de poste rassurent.

En matière de transmission des valeurs présentes, les plus anciens jouent un rôle fondamental en les rattachant à une histoire et en fournissant des ancrages et des repères. Le jeune a besoin de comprendre où il atterrit. Une recherche conduite chez Volvo-Torslandaverken a bien mis en évidence que les salariés les plus anciens enseignent aux plus jeunes et que la diversité des âges conduit à un plus grand sentiment d'appartenance à l'entreprise ainsi qu'à un plus fort sentiment de bien-être au travail.

5. Tout le monde en parle ?

Une responsabilité sociale

Si la diversité des âges devient une préoccupation en Europe, valoriser une main-d'œuvre diversifiée est un des moyens pour les entreprises de répondre aux attentes éthiques ou de responsabilité sociale dont elles se targuent de plus en plus dans leurs rapports de responsabilité sociale. Pour les grandes entreprises, une des manières de promouvoir la diversité (et la gestion des âges) est de communiquer le plus largement possible sur ce sujet, à travers les rapports annuels (d'activité ou de développement durable) ou encore via leurs sites Internet. Sébastien Point et Val Singh (2003, 2005) ont proposé un décryptage de 241 sites Internet des plus grandes entreprises européennes et donnent un aperçu transnational unique.

Leur comparaison au niveau de huit pays européens (Allemagne, Finlande, France, Grande-Bretagne, Norvège, Pays-Bas, Suède, Suisse) souligne des différences sur la manière de promouvoir la problématique de la gestion des âges. Cette cartographie européenne des différentes dimensions inhérentes aux termes de « diversité des âges » donne le ton : la gestion des âges n'est véritablement au centre des préoccupations managériales que dans cinq pays : l'Allemagne, la Grande-Bretagne, la Norvège, les Pays-Bas et la Suède. Le pourcentage des entreprises mentionnant spontanément dans leurs rapports annuels la diversité des âges oscille entre 30 et 60 %. Cela ne veut pas dire que la gestion des âges est complètement occultée dans les sites Internet des entreprises finlandaises, françaises ou helvétiques ; dans ces pays, le terme de diversité se décline prioritairement en termes de culture, de genre, de race ou de handicap.

La valorisation de l'expérience

Sur leurs sites, les entreprises françaises insistent avant tout sur le bénéfice de l'expérience et valorisent l'apport des seniors dans l'entreprise. Curieusement, ce sont celles qui valorisent le plus la gestion des âges. On retiendra les propos exemplaires d'AGF ou encore de L'Oréal : « une diversité d'âges pour promouvoir l'expérience de chacun » (AGF) et « notre force est la diversité de nos équipes. Les individus de toutes origines et cultures, de tous les âges ou de niveaux d'expérience divers travaillent ensemble quotidiennement » (L'Oréal). Malgré la nouvelle loi contre la discrimination adoptée en 2001, qui, rappelons-le, couvre toutes les étapes d'une carrière et concerne notamment les plus âgés, les entreprises françaises sont parmi les moins communicantes sur ce sujet. Cela peut s'expliquer par le fait que, depuis une vingtaine d'années, la gestion des âges s'est généralement traduite par des actions visant plutôt un objectif conjoncturel : celui de réduire les effectifs en aidant au départ les salariés les plus âgés.

L'âge : un capital social et humain ?

Le modèle scandinave (Suède ou Norvège) s'appuie sur la négociation collective et met l'accent sur la formation ainsi que les conditions du travail tout au long de la vie de l'individu. Dans les discours de ces entreprises, l'âge est un critère de diversité au même titre que la nationalité, l'expérience ou le genre. En Allemagne, la gestion des âges représente aujourd'hui un véritable défi : « La diversité est dans les origines et l'éducation de chacun, le genre et l'âge constituent des avantages exceptionnels et un défi à relever » (pour citer les propos du groupe allemand Infineon). Dans un pays où l'apprentissage et la transmission de savoir-faire entre générations sont de première importance, les entreprises ont longtemps favorisé le départ anticipé des seniors. Mais ces derniers sont aujourd'hui jugés performants dans leur travail. Leur fiabilité ou encore leur fidélité à l'entreprise constituent des atouts indéniables.

Les modèles scandinaves ou allemands sont plus portés à considérer la diversité des âges comme une composante essentielle de la performance collective, une composante clé de leur capital social et humain. La gestion des âges est davantage analysée comme une perspective stratégique, se déclinant comme un atout pour l'entreprise et chaque classe d'âge considérée comme un bassin de talents potentiels.

En France, la loi NRE ou encore la charte de la Diversité signée par plus de 300 entreprises françaises encouragent les entreprises à publier des données sociales sur la gestion des âges. Ainsi dans leur rapport annuel 2005 (d'activité ou de développement durable), les entreprises du CAC 40 ne sont pas encore des plus communicantes sur le sujet (et donc peut-être agissantes ?), au bénéfice des autres dimensions de la diversité (genre, culture ou handicap) plus volontiers déclinées. La gestion des seniors demeure un problème de gestion dans les entreprises, et au-delà un débat qui reste à mener au sein de la société française.

*

L'entreprise participe au processus de construction identitaire des individus, en ouvrant également l'exercice du travail ou des relations au travail à des horizons géographiques de plus en plus étendus. L'entreprise reste l'une des grandes aventures du XXe et du XXIe siècle, car elle reste à conquérir.

Pour les individus, elle demeure un des lieux de socialisation où se forme partiellement ou totalement l'identité de chacun. Ce qui s'avère au fur et à mesure davantage comme le jeu d'une démarche personnelle visant la vraie vie, comme le postulait Aristote.

Pour l'entreprise, le cadre qu'elle offre n'est rien sans la capacité des dirigeants qui la gouvernent à lui fournir un contenu, un sens, un vouloir vivre collectif. Ce qui se révèle un pilotage délicat où il faut pouvoir doser les impulsions entre culte de l'urgence et perspective de longue durée, dans une combinaison mariant efficacité et humanisme.

La diversité des âges est un résumé des arbitrages que l'entreprise doit assumer en permanence entre frictions générationnelles potentielles et recherche constante de la meilleure fluidité organisationnelle possible.

Le destin de chaque classe d'âge est un révélateur puissant des blocages, des peurs, des crispations ou, au contraire, de la confiance, du dynamisme, de la volonté, qui traversent chacune de nos sociétés à chaque période historique. L'âge est un sujet de débats entre les générations, un débat jamais interrompu, parfois vif. Ainsi Balzac considérait que « les vieillards sont assez enclins à doter de leur chagrin l'avenir des jeunes gens ».

L'âge agit aussi comme un marqueur de la mémoire de chacun. Qui ne se souvient de la phrase de Nizan : « J'avais 20 ans, je ne laisserai personne dire que c'est le plus bel âge de la vie. » Elle illustre parfaitement cette individuation. En effet, si elle ne résume pas l'expérience de tous les jeunes de 20 ans, nous pouvons être sûrs, qu'à chaque étape de la vie individuelle, les événements influent pour modifier, orienter le parcours de vie de chacun.

Enfin, l'âge est également la mesure du temps qui passe. En effet, comme le dit Montesquieu pour chacun d'entre nous peut-être, « c'est un malheur qu'il y ait trop peu d'intervalle entre le temps où l'on est trop jeune et le temps où l'on est trop vieux », confirmant ainsi qu'il faut que l'âge se passe pour qu'une vie se remplisse.

Chapitre 3

La diversité du genre et l'égalité professionnelle

Catherine VOYNNET-FOURBOUL
Juliette GHIULAMILA
Pascale LEVET

Alors que les termes mêmes de « diversité du genre » évoquent de prime abord une sorte de diagnostic, de constat d'un fait social, l'égalité professionnelle, pour sa part, fait référence à une ambition plus appliquée et plus active. Pourtant la diversité de genre, qui est en grande partie une initiative managériale, va au-delà d'un simple audit et tend à offrir des réponses au champ de l'égalité professionnelle comme nous allons le voir. L'égalité professionnelle a un long passé historique lié à l'action menée à l'origine par les mouvements féministes dont nous ne retiendrons que les aboutissements récents : une combinaison entre nécessité légale (en France, loi du 9 mai 2001 relative à l'égalité professionnelle, l'accord national interprofessionnel du 1er mars 2004 relatif à la mixité et l'égalité professionnelle), et pression ou aspiration sociale, ce à un niveau européen (traité d'Amsterdam) mais aussi international. De très nombreuses entreprises ces dernières années se sont attelées à l'égalité professionnelle. La majorité de ces travaux a ensuite débouché sur la signature d'une quarantaine d'accords d'égalité en France. Cependant notre expérience nous a toujours appris à examiner avec circonspection les mises en œuvre de procédures, politiques ou pratiques consécutives aux initiatives de l'État, et à nous interroger systématiquement sur l'ampleur de l'écart existant entre d'un côté, les lois, les règlements, et de l'autre l'expérience, les pratiques acceptées, relayées, parfois déformées, par les acteurs en entreprise. Il est donc essentiel de situer dans un premier temps la question de la diversité dans le genre, et les connaissances fondamentales autour de la condition de la femme en rapport à l'homme dans l'entreprise. Dans un second temps, nous développerons le chantier des réalisations de l'égalité professionnelle en montrant les avancées et les écueils de ces projets ; enfin nous ferons état d'une série de propositions.

1. Management de la diversité du genre

Le management de la diversité, et du genre plus précisément, ne s'est pas construit sur un terrain vierge mais il est en passe de succéder, au moins dans les termes, au champ de l'« *Equal Employment Opportunity* » dans les pays anglo-saxons (Sinclair, 2000). En effet il offre une alternative au mouvement de l'« *affirmative action* », mouvement qui, dans sa version haute, prévoit des formules de traitement préférentiel à l'égard des minorités. Ce succès s'explique par la réussite des programmes de management de la diversité qui contribuent à fournir une réponse plus efficace et permettent de réduire les stéréotypes, améliorant les relations et réduisant le turnover.

Pour comprendre cette tendance, il faut interroger les fondements de ce nouveau paradigme. Le cadre de la diversité suppose que les individus sont uniques et que leurs différences constituent un bien précieux pour les organisations, que celles-ci ont intérêt à inclure. L'avantage en est de dépasser les conflits, tensions, controverses au sein des organisations (Yakura, 1995). Manager la diversité signifie mener des interventions avec l'idée de faire des différences une force, en stimulant l'interaction entre les personnes diverses, entre les hommes et les femmes, en faisant de cette diversité une source de créativité et d'efficacité pour l'entreprise (Stockdale Crosby, 2003). La diversité de genre va au-delà des différences purement anatomiques. Alors que le sexe en effet fait référence aux différences biologiques entre hommes et femmes, le genre renvoie aux comportements psychologiques et sociaux, aux stéréotypes et rôles que l'on attribue généralement à un homme ou une femme.

La notion d'égalité professionnelle dans les luttes contre la discrimination soulève des interrogations. S'agit-il de traiter de manière égale des personnes différentes dans les faits, en faisant abstraction de leurs dissemblances naturelles ? Faut-il au contraire procéder à une différenciation (qui suppose un jugement sur la race, le sexe…) visant à améliorer la représentation des minorités ? Il existe donc deux acceptions de l'égalité : l'égalité immédiate qui consiste en l'égalité de traitement, même si elle s'applique à des individus différents de fait, faisant donc abstraction de leurs dissemblances naturelles, et l'égalité prospective, qui consiste à traiter inégalement des personnes naturellement inégales, dans un souci de réparation et d'obtention, à terme, d'égalité (Ghiulamila, Levet, 2006). Le management de la diversité n'est pas uniforme ; deux objectifs se chevauchent : l'égalité comme une opportunité d'être reconnue comme une personne unique, dont on développera les talents et que l'on aidera à atteindre ses objectifs propres. Le second objectif qui présente des similarités avec l'approche des opportunités égales d'emploi met l'accent sur l'inégalité vécue par les membres des différents groupes, la nécessité de les reconnaître et de les traiter (Liff, 1997). Liff distingue quatre façons de gérer la diversité, en fonction d'un critère relatif à la façon dont les entreprises appréhendent la différence (cf. figure 1). Une première approche consiste à dissoudre les différences par l'adoption d'initiatives renforçant l'individualisme, s'appliquant à déceler les besoins et désirs des individus afin de les aider par des programmes taillés sur mesure. Une deuxième approche tend à valoriser les différences fondées socialement, à aider les groupes sociaux défavorisés, à mettre en œuvre des politiques d'égalité en ce qui concerne le genre, à faire en sorte que toutes les personnes puissent se sentir bien dans l'organisation ; l'effort est mené pour une cible identifiée socialement. Un troisième courant plus minoritaire consiste à jouer la carte de l'accommodation, les initiatives consistant là à penser des politiques s'adressant à la fois aux femmes et aux hommes, plutôt qu'à un groupe spécifique. Par ailleurs, avec la quatrième option de l'utilisation des différences entre groupes, celles-ci sont reconnues mais font l'objet d'un traitement différent plutôt qu'une politique égalitaire ; par exemple, les initiatives porteront sur le parallèle entre le cheminement de carrière des « femmes de carrière » ou des « femmes de famille ».

Engagement à l'égalité des groupes sociaux comme objectif organisationnel	+	S'accommoder des différences	Valoriser les différences
	−	Dissoudre les différences	Utiliser les différences
		−	+
		Pertinence perçue de la différenciation des groupes sociaux pour les politiques d'entreprise	

Figure 1. Diversité de genre et égalité professionnelle : appréhension des différences adapté de Liff, 1997.

2. Hommes, femmes, genre : éléments de problématique

La mise en œuvre de l'égalité professionnelle est éminemment complexe, et quelques pages ne suffiront pas à embrasser cet ensemble. L'égalité concerne la restructuration des pratiques de management de telle sorte que les femmes puissent réussir par elles-mêmes sans avoir à imiter le modèle dominant masculin. Sans doute, le niveau où l'égalité homme-femme représente l'enjeu le plus important, le plus emblématique, et le plus sujet à levier d'activation pour le futur, peut être circonscrit dans un premier temps à la dirigeance. En effet, évoquer l'égalité homme-femme, pour des entreprises et des personnes évoluant dans une culture à dominante masculine, c'est commencer par poser le problème du pouvoir. Quand les lieux de pouvoir seront partagés entre hommes et femmes, alors seulement la question de l'égalité pourra être menée sur des fondements sains. Que peut-on retenir de l'observation des situations des femmes et de la dirigeance ?

Très tôt, les recherches ont montré la marginalisation des femmes managers (Kanter, 1977), et le recours aux femmes servant d'alibi à l'égalité professionnelle (lorsque le rapport homme-femme est de 85/15). Le groupe des femmes « alibi » est sujet à des pressions plus fortes que celles exercées sur le groupe dominant ; la présence des femmes générant de l'ambiguïté, le groupe dominant, constitué par les hommes accentue la différenciation entre les groupes, et permet à une camaraderie d'hommes de se développer, marginalisant ainsi les femmes, et les excluant des réseaux informels.

Ibarra (1993) montre que l'exclusion contribue à perpétuer les traditions et coutumes masculines d'attitudes négatives envers les femmes. Du côté des femmes, si les risques de représailles dus à leur réussite dans une culture autre sont perçus comme élevés, « internalisant » leur infériorité historique, les femmes développent une peur de réussir et limitent leurs aspirations. Certaines femmes en revanche peuvent réussir en acceptant et en reproduisant le modèle dominant des hommes en se dissociant de leur groupe d'origine. En devenant « l'un des hommes », elle trahit son groupe identitaire d'origine en ne manifestant plus de sympathie envers les autres femmes.

Cassel et Walsh (1994) ont montré que, dans certaines organisations, malgré un équilibre numérique entre hommes et femmes, les femmes ressentent toujours la culture comme aliénante et masculine, ce qui montre que les présupposés de genre sont envahissants et prennent le pas sur les facteurs structurels même lorsque ceux-ci sont équilibrés et favorables.

Gilligan (1982) affirme que les valeurs des femmes diffèrent de celles des hommes ; cependant ce sont les valeurs masculines qui prévalent. Dans la compétition de carrières, la différence de système de valeurs entre femmes et hiérarchie masculine entraîne des incompréhensions. Par exemple, les hommes pourront interpréter la recherche d'équilibre entre les multiples rôles d'une femme comme un manque d'engagement ou de loyauté. Femmes et hommes se distinguent aussi sur les valeurs au travail. Les femmes apprécient davantage que les hommes (Alban Metcalfe, 1989) les valeurs intrinsèques telles qu'un travail intéressant, des opportunités de développement, la qualité du feed-back et l'autonomie, alors que les hommes sont davantage préoccupés par les facteurs extrinsèques comme la rémunération et la sécurité d'emploi, facteurs difficiles à garantir dans l'environnement concurrentiel actuel.

Les barrières empêchant l'accession des femmes à des positions élevées de management sont illustrées par la métaphore du plafond de verre (Morrison *et al.*, 1987). Pour Auster (1993), le plafond de verre n'est pas une surface matérialisée en un point mais plutôt des formes intrusives de biais, de genre, survenant de façon ouverte ou cachée.

Catalyst a recensé que les femmes détenaient 14,7 % des sièges des conseils d'administration des entreprises Fortune 500 et qu'au même rythme de progression, il faudrait 70 ans pour atteindre la parité. Elles ne représentent également que 1,6 % des présidents des entreprises de Fortune 500. L'avancement lent des femmes aux postes clés dans les entreprises s'explique parce que les femmes ne sont pas qualifiées, ou intéressées par de tels postes ; le pool des femmes est donc restreint ; les femmes sont aussi exclues des réseaux et des stratégies de recrutement permettant d'accéder à ces fonctions ; elles minimisent leurs ambitions devant l'évidence du faible espoir de participation. En Europe, la situation est similaire. La composition masculine des équipes dirigeantes s'explique par le manque d'expérience de management général et de terrain et par la rareté des femmes dans le pipeline des cadres (Lublin, 1996).

Les barrières d'accès des femmes à la dirigeance sont nombreuses. Les politiques et pratiques en matière de formation de développement de carrière bien souvent ne permettent pas d'offrir l'expérience opérationnelle dans des postes comme la production, le marketing, alors que cette expérience de management de terrain est essentielle pour accéder à la position de présidente. En général, les femmes cadres ne perçoivent pas le même salaire que leurs collègues masculins, ce à tous les niveaux de l'organisation (Gallese, 1991). Les femmes cadres se trouvent également prisonnières d'une double contrainte (une double contrainte est une norme comportementale qui crée une situation dans laquelle une personne ne peut pas réussir quoi qu'elle fasse). Typiquement, elles doivent être dures et autoritaires comme des hommes pour être prises au sérieux, mais alors cette transgression les fait juger comme des personnes agressives. La féminité est associée à l'incompétence alors que l'action compétente ne peut être que masculine.

3. Les pratiques des entreprises

Les principales conclusions d'une étude réalisée par l'ORSE et Vigeo Group (portant sur un échantillon de 517 entreprises européennes parmi les plus importantes, présentes dans 17 pays) montrent une hétérogénéité des comportements entre pays et entre secteurs d'activité, mais aussi au sein des pays et des secteurs professionnels. Indépendamment des facteurs nationaux et sectoriels, la gestion de la non-discrimination et la promotion de l'égalité professionnelle sont clairement une variable de la stratégie managériale propre à chaque entreprise et en particulier à son top-management. L'écart est patent entre, d'une part, les politiques annoncées généralement bien formalisées, d'autre part des moyens de mise en œuvre et de contrôle plutôt limités et souvent peu structurés, et enfin des indicateurs quantitatifs de performance peu construits. La communication sur l'égalité professionnelle et la diversité, même lorsqu'elle est bien élaborée, n'est pas une garantie de l'effectivité de la non-discrimination ni de la réalité des efforts en faveur de la promotion de l'égalité des chances pour les catégories vulnérables. Le Lab'Ho va plus loin dans une enquête qualitative menée en 2004 et 2005 auprès d'une centaine de personnes, hommes et femmes, dans une dizaine d'entreprises appartenant à des secteurs d'activité différents, dont nous exposons les résultats à la suite.

Premier constat : le standard masculin des entreprises

La vision des entreprises sur le sujet de l'égalité professionnelle est encore pétrie de stéréotypes sur ce que seraient les hommes et les femmes, tandis que le référent dans l'entreprise, la « norme », reste éminemment masculine. Hommes et femmes sont vus comme appartenant à deux catégories étanches, aux qualités « naturelles » profondément antagonistes. Aux hommes, la force, la technicité, l'autorité, le pouvoir ; aux femmes, la douceur, l'écoute, la patience, le sérieux… Ces stéréotypes sont largement partagés – par les hommes mais aussi par bon nombre de femmes –, ils fondent, « justifient » le partage des rôles et des places entre les hommes et les femmes dans l'entreprise. C'est parce que la femme est une mère qu'elle ne peut *naturellement* pas prétendre au même type de carrière qu'un homme ;

c'est parce qu'a contrario l'homme, étant le chef de famille, il *faudra* lui proposer les meilleurs postes et les meilleurs salaires… Il ne pourrait sinon faire face à son rôle de principal pourvoyeur de revenus.

Cette représentation sexuée imprime profondément sa marque dans les chantiers égalité. Jamais il n'est dans l'objectif de ces chantiers de remettre en question cette vision du monde ni les règles « masculines » qui régissent le fonctionnement de l'entreprise.

Les entreprises engagées dans une stratégie en faveur de l'égalité professionnelle optent à peu près toutes pour la même approche : elles signent des accords avec leurs organisations syndicales, accords spécifiques sur l'égalité professionnelle. Quels que soient le secteur d'activité, le modèle d'organisation de l'entreprise, son histoire, sa culture, on retrouve dans ces accords toujours les mêmes grands objectifs : permettre aux femmes de « devenir » des hommes (accéder aux mêmes métiers que les hommes, aux mêmes échelons hiérarchiques …) ou/et permettre aux femmes de vivre mieux – leur maternité – dans une organisation aux standards « masculins » (disponibilité notamment).

Les représentations stéréotypées qui imprègnent les entreprises, de même que leur référent « masculin », se ressentent dans les indicateurs retenus quand il s'agit de mesurer les inégalités. La norme de référence est toujours le salaire masculin. Dès lors, le calcul indique que les femmes gagnent 30 % de moins que les hommes. Mais, si on choisissait comme référence de calcul le salaire des femmes, on verrait alors que les hommes gagnent 43 % de plus qu'elles… Cet exemple illustre que cette « norme » est profondément intégrée et fait de l'entreprise une organisation « masculine ».

Au sujet des écarts de rémunération toujours, pour être vraiment correcte, la mesure ne devrait pas simplement porter sur « combien un chef de projet informatique homme va être rémunéré en plus que son homologue féminine ? » mais aussi sur « quelle est la perte de rémunération encourue par les femmes qui ne sont pas chefs de projet alors qu'elles pourraient l'être ? », comme le remarquait la DARES dans son étude « Disparités de rémunérations entre hommes et femmes, la situation de quatre branches professionnelles », en 2004.

Second constat :
l'échec larvé des chantiers de l'égalité professionnelle

Bon nombre d'entreprises qui travaillent sur ce sujet sont confrontées à des problèmes de positionnement. Leurs chantiers égalité professionnelle ne s'adressent qu'à une toute petite partie de leurs salariés (jamais les hommes ; uniquement les femmes mères ou/et les femmes qui veulent réussir comme des hommes). Ils peinent à remporter une large adhésion en interne quand ils ne déclenchent tout simplement pas des phénomènes de rejet fort (de la part des hommes mais aussi de femmes qui ne se reconnaissent pas dans l'égalité telle que l'entreprise la dessine). Ces chantiers ne sont généralement pas positionnés non plus sous un angle stratégique. Quand les entreprises décident de s'intéresser au dossier, c'est plutôt dans la contrainte, parce qu'il faut s'efforcer de respecter la loi, ou parce que le thème hommes/femmes est « à la mode », ou pour ne pas avoir mauvaise conscience. Avec une approche si peu enthousiaste – et un positionnement « cause des femmes » –, il risque d'être difficile de mobiliser les salariés et les dirigeants, a fortiori les actionnaires…

Parce que le lien avec la stratégie est difficile à formuler, il ne sera alors pas rendu compte dans les initiatives des entreprises du fait que l'une a « trop » de femmes, qu'une autre est composée d'hommes très conservateurs, cette autre présentant une convention collective qui attire des femmes misant sur le temps partiel et la carrière en sourdine… Tout cela, la plupart des accords existants ont l'air de faire comme si cela ne comptait pas.

Les pistes d'action

Une prise de conscience en profondeur

Pour avancer réellement, les entreprises gagneraient à choisir une approche plus innovante. Tout d'abord, en appréhendant les hommes et les femmes non plus comme appartenant à deux catégories étanches et caricaturales, mais se situant les uns et les autres à des échelons divers d'un grand continuum, le genre humain. Car nos attitudes et comportements reflètent un caractère tantôt masculin tantôt féminin qui n'est pas en correspondance exclusive avec notre sexe biologique ; chacun d'entre nous au cours d'une même journée, selon l'environnement dans lequel il évolue, adoptera des postures plus ou moins « masculines » ou « féminines », et ce quel que soit son sexe biologique. Quant à l'homogénéité au sein de chacune des deux grandes catégories, elle semble elle aussi bien fragile. Nul doute ainsi que l'émancipation professionnelle des femmes ces dernières décennies ait contribué à améliorer leur sort, en moyenne ; mais cette moyenne cache en fait une très forte augmentation des disparités au sein de la « catégorie » des femmes, appelant une segmentation de cette catégorie. Les enjeux de l'égalité ne sont aujourd'hui pas les mêmes pour des femmes cadres supérieures que pour des employées ou des ouvrières, sans parler de toutes celles cantonnées dans des emplois à temps partiel.

Regarder hommes et femmes comme appartenant à un même continuum va permettre de les appréhender dans la multiplicité de leurs postures et de leurs comportements. Ce positionnement permet aussi d'envisager l'existence d'autres inégalités : des inégalités du côté des hommes – même s'ils sont dominants, même s'ils sont la « référence » –, également des inégalités moins objectives mais au contraire très subjectives, souvent cachées voire taboues.

Ainsi, quand on les fait parler, de nombreux hommes reconnaissent timidement qu'ils peinent en vérité à se reconnaître dans les portraits simplistes auxquels l'entreprise leur suggère d'adhérer. La prise de distance par rapport au rôle traditionnel n'est pas encore facile à assumer, mais beaucoup racontent leur aspiration à un meilleur équilibre entre leur vie familiale et leur vie professionnelle. Certains évoquent leur lassitude devant la position de principal pourvoyeur de revenus de la famille. Encore très présente cette position de « responsable ultime », comme dit l'un des cadres dirigeants interviewés, est à leurs yeux difficile à porter… Ceux-là souffrent du « syndrome d'Atlas ». Par peur de « perdre leur job », ils n'ont pas d'autre choix que de faire le gros dos. « Pas de vague » semble être leur devise et tant pis s'ils doivent avaler beaucoup de couleuvres… *In fine* ils se prennent alors parfois à envier les femmes et leurs « états d'âme », leurs déchirements entre les enfants ou la carrière, car eux ont le sentiment de toutes les manières de ne pas avoir le choix.

Du côté des femmes, ce sont justement les « choix » (la carrière ou les enfants) et tous les dilemmes conséquents qui dominent. Les femmes apparaissent terriblement encombrées par leur vie privée qui sans cesse se télescope avec leur vie professionnelle et les exigences de l'entreprise (en termes de disponibilité notamment). Dans la compétition (avec les hommes), les femmes partent d'emblée pénalisées. Leurs calendriers ne sont pas du tout compatibles avec les règles du jeu « masculines » des entreprises. Les années où les femmes « font » leurs enfants, elles ont à jongler avec les problèmes de garde, de maladies infantiles ; ces années sont justement celles où, pour l'entreprise, on « fait carrière »… Ces questions de temps et de calendriers poursuivent les femmes tout au long de leur vie professionnelle : bien souvent une fois que leurs enfants sont grands et alors qu'elles seraient tout à fait prêtes à s'investir pleinement, l'entreprise ne les écoute pas. De son point de vue, il est trop tard. Les jeux sont faits.

Pour l'entreprise, la maternité et ses corollaires (temps partiel et congé parental…) ne peuvent être perçus que comme des signes de désengagement. Dès qu'elles ont des enfants, les femmes ne se voient plus confier les mêmes types de postes ou de fonctions qu'un homme, leurs espérances de carrière s'en trouvent réduites ; à moins qu'elles ne renoncent ostensiblement à la dimension maternante ; à moins encore qu'elles ne renoncent carrément à la maternité…

Ces femmes sans enfants qui pensent avoir fait le bon « choix » du point de vue de leur carrière n'ont pourtant pas toujours la vie facile. Le regard que l'entreprise porte sur elles varie dans le temps. Jeunes, elles sont très appréciées (aussi disponibles que les hommes), plus âgées elles inquiètent. Quel est donc leur problème pour qu'elles n'aient pas eu d'enfant ? Ces femmes sans enfant ne sauraient être vues comme des femmes accomplies, de « vraies » femmes, puisque (stéréotype toujours) une « vraie » femme est forcément mère.

Lors de tous ces arbitrages, les femmes sont souvent très vulnérables vis-à-vis de leur hiérarchique. Pour pouvoir progresser, comme pour « concilier » au mieux leurs différentes vies, elles doivent rencontrer sur leur passage des hommes « bienveillants » ; des hommes qui comprennent et acceptent leur envie de progresser, ou leur besoin pour un temps de « marquer une pause ». Dans le cas contraire, ce peut être le blocage, l'impasse, voire l'enfermement dans un tête-à-tête qui peut donner lieu à bien des dérapages. Les femmes doivent donc faire preuve d'initiative et de ruse pour contourner les barrières du système organisationnel et mental.

Les dérapages ne sont pas le lot des seuls « chefs ». Dans tous ces environnements où les femmes sont peu nombreuses, la probabilité est forte pour elles de se trouver un jour ou l'autre confrontées à des plaisanteries vulgaires, de la part d'un ou plusieurs hommes, qui laissent bien souvent un goût amer à leurs victimes.

Les mesures potentielles de gestion

Les entreprises gagneraient sans doute aussi à se pencher du côté de la gestion. Bon nombre d'inégalités entre les hommes et les femmes sont en effet la résultante de règles de gestion (que ces règles soient absentes ou insuffisantes ou au contraire très contraignantes et éliminant toujours de facto les femmes). Le système de gestion des carrières finit par ne promouvoir que des hommes. On constate classiquement un turnover de 80 % dans les échelons d'encadrement pour les femmes ayant eu dans les années précédentes 1 ou 2 congés de maternité.

La maternité a une incidence critique sur la carrière des femmes ; c'est un repère temporel qui marque un « avant » et un « après » dans leur vie professionnelle. La maternité continue d'être vue négativement par l'entreprise, car généralement mal gérée, et donnant alors lieu à des dysfonctionnements du côté de l'organisation, contrainte à « bricoler » pour pallier ces absences. Bien gérer le congé de maternité suppose un processus *ad hoc*, déclenché à partir de la date de l'annonce de sa grossesse par la salariée, et comprenant un certain nombre d'étapes balisées : la recherche (ou non) d'un ou d'une remplaçant(e) ; l'étude de la nécessité éventuelle de la réorganisation du service concerné pendant la durée de cette absence ; un entretien avec la salariée avant le départ pour envisager « la suite » ; un entretien avant le retour pour ajuster si nécessaire les conclusions de l'entretien précédent…

Dans la même optique, les temps partiels, aux effets aujourd'hui si pervers, gagneraient à être systématiquement organisés. Comment le demander (surtout après les 3 ans du dernier enfant) ? Comment négocier ses objectifs professionnels et convaincre de sa motivation à 100 % même si on travaille à 50 ou 80% ? Comment faire, jour après jour, avec des réunions, des échéances qui interviennent les jours d'absence ? Comment compter sur le collectif de travail pour lisser la charge de travail ? Toutes ces questions mériteraient d'être traitées au risque de perpétuer des inégalités.

Agir du côté de la gestion, ce serait aussi ouvrir les règles des tournois de carrières (mobilité géographique, changement de postes tous les trois/quatre ans…) afin de ne plus en éliminer systématiquement les femmes, favoriser l'émergence de modèles alternatifs de carrière, ouverts aux hommes et aux femmes et cohérents avec les enjeux globaux de leur vie. Les entreprises considèrent généralement que la capacité de disponibilité des cadres est une valeur importante (Mangan, 1994). Tant que la disponibilité, plus que les compétences, plus que la performance, servira de filtre pour gérer les parcours, éliminant progressivement tous ceux, et surtout celles, qui ont fait d'autres choix ou qui ont d'autres contraintes, le management ne pourra pas promouvoir d'égalité professionnelle. Certaines entreprises ont très bien compris l'impact discriminant de cette lecture de la disponibilité et tentent aujourd'hui de lutter contre le présentéisme. Mais, dans des organisations complexes, où les places sont ouvertes et les jeux politiques déterminants, une telle remise en cause reste un objectif difficile à rendre opératoire.

De nouvelles règles de gestion auront par ailleurs beau être mise en place, pour beaucoup de femmes encore aujourd'hui, l'égalité professionnelle avec les hommes, cela serait d'abord et avant tout, ne pas être seule aux prises avec un chef (homme ou femme) trop dur(e), notamment avec les autres femmes. La présence ou, en tous les cas, l'implication d'un tiers médiateur dans la relation hiérarchique parait alors un recours intéressant pour se prémunir des dérapages et autres situations sous pression que le tête-à-tête peut concourir à façonner au fil du temps.

4. Conclusion

L'égalité entre les hommes et les femmes est un sujet complexe et dérangeant. Pourtant les entreprises continuent à en traiter comme si c'était un sujet neutre. L'égalité entre les hommes et les femmes est en butte à la persistance de stéréotypes puissants sur ce que seraient les femmes et les hommes. Or les entreprises ne s'attèlent pas à un vrai travail de déconstruction de ces stéréotypes. En fait leurs accords par beaucoup d'aspects – protection de la femme mère, possibilité pour les femmes de faire « comme les hommes » – viennent *in fine* conforter l'ordre inégalitaire inconscient. L'égalité paraît d'autant moins attractive que monte aujourd'hui en puissance tout un discours résolument optimiste sur la diversité ; approche qui semble plus simple à appréhender, plus facile à « vendre », plus « rentable » en termes d'image. Sans doute son mérite est-il justement de permettre la levée des stéréotypes à condition que l'approche retenue ne consiste justement pas à un « rangement » des individus selon des catégories fondées sur les stéréotypes. La diversité fournit un méta-cadre intéressant sans se substituer à la nécessité d'un travail en profondeur sur l'égalité, et des déclinaisons d'action dont nous avons abordé quelques pistes.

Chapitre 4

La diversité de l'offre de formation

François MANCY
Jacques IGALENS

L'actualité politique et sociale de notre pays, fin 2005 et en mars et avril 2006, s'est caractérisée par la mobilisation de la jeunesse, ou d'une partie de la jeunesse, différente par ses caractéristiques en chacune des deux circonstances. Jeunesse des banlieues, majoritairement immigrée, qui cumule tous les handicaps sociaux, de formation, d'emploi, en mouvement à l'automne 2005 ; jeunesse scolarisée dans les classes terminales et à l'université, qui a manifesté sa révolte, qui s'est mobilisée contre ce qui lui apparaissait comme un obstacle de plus sur la voie de l'accès à un emploi durable et de qualité – ce fameux CPE, contrat de premier emploi, qui officialisait pour les moins de 26 ans la précarité comme étant la règle pour tous et non l'exception.

Ces poussées de fièvre qui ont tant surpris certains observateurs étrangers sont les symptômes d'une situation peu brillante qui caractérise notre pays parmi ses pairs de l'Union européenne : fort taux de chômage dans la durée, situation plus difficile encore du marché de l'emploi pour la jeunesse, taux d'occupation de la population active également des plus faibles en Europe.

D'autres pays aussi bien de l'Europe du Nord que du Sud – Espagne et Italie – qui affichaient de mauvaises performances il y a quelques années ont substantiellement amélioré leur situation vis-à-vis de notre pays[1] alors que nos indicateurs restent au rouge depuis des années.

---

1. *Faut-il brûler le modèle social français ?*, A. Lefebvre et D. Méda, Le Seuil, 2006.

Certes, la situation des jeunes de notre pays est diverse et différenciée en fonction des niveaux de formations, des spécialités choisies, des filières : scolaire ou apprentissage.

Le niveau de formation détermine des parcours professionnels contrastés mais, d'une part, il est lui-même fonction des origines sociales, nationales de leur famille, et ces facteurs discriminants jouent à nouveau pour déterminer l'accès à l'emploi et au type d'emploi des jeunes formés.

Dans ce chapitre, nous essaierons d'apporter des précisions et des explications sur :

- Les niveaux de formation selon les classes d'âge.
- Les formations autres que celles de l'Éducation nationale.
- La relation entre niveaux de formation et origines sociales.
- La relation entre niveaux de formation et niveau des emplois.

Dans le chapitre suivant « De la formation à l'emploi », on traitera des questions suivantes :

- Les discriminations observées dans l'accès à l'emploi : origines, sexe.
- La relation entre les niveaux de formation et les emplois proposés ou occupés. C'est à ce niveau qu'apparaîtront la notion d'adéquation entre formation reçue et emploi et itinéraires professionnels, et les notions de déclassement et de désajustement.
- Les pistes possibles pour que le marché du travail et les entreprises acteurs de premier rang sur ce marché ne surajoutent pas à la diversité des niveaux de formation des facteurs discriminants conscients ou souvent inconscients qui marginalisent encore plus les moins diplômés, c'est-à-dire majoritairement les jeunes issus de milieux défavorisés et dont les parents sont d'origine étrangère.

Ce qui caractérise la « production » de l'appareil de formation, c'est la diversité très importante et l'évolution spectaculaire de celle-ci au cours des cinquante dernières années mais plus encore des trente dernières, et l'élévation des niveaux de formation et leur caractère massif.

Les commentateurs les plus optimistes ont mis l'accent sur le rôle d'ascenseur social de la formation au profit de ses bénéficiaires. Les plus pessimistes présentaient l'appareil de formation comme un pur système de reproduction des classes et de la stratification sociale de notre pays, diagnostic erroné car la formation a été un facteur de mobilité sociale certain mais limité au sein de la société française.

Aujourd'hui, certains s'inquiètent à bon droit de la distorsion qui peut exister entre cette progression des niveaux de formation et la structure des postes offerts aux jeunes issus de l'appareil de formation, qui évolue plus lentement et moins verticalement, et qui est à l'origine de cette notion de déclassement des détenteurs de diplômes sur laquelle on reviendra[1].

Les développements qui suivent sont issus des analyses et travaux du Cereq (Centre d'études et de recherches sur les qualifications) et en particulier des enquêtes « Génération 2001 » qui ont porté en 2004 sur 25 000 jeunes au terme de la troisième année de vie active parmi les 762 000 sortis de la formation initiale en 2001, et qui font suite aux études « Génération 92 » (menée auprès de 27 000 jeunes) et de « Génération 98 » (réalisée auprès de 55 000 jeunes).

1. Les effectifs des sortants de la génération 1998 et 2001 niveau par niveau

En 1998, 742 000 jeunes ont terminé leurs études et sont sortis du système d'enseignement en moyenne à 21 ans, mais en réalité à des âges variables en fonction de leur niveau de formation : de 24 à 26 ans pour ceux diplômés des troisièmes cycles universitaires ou des grandes écoles, autour de 22 ans pour les bacs + 2, 20-21 ans pour les bacs professionnels ou technologiques, 19 ans pour les CAP ou les BEP et 18 ans pour les non qualifiés.

Sur ce total de 742 000, la ventilation est la suivante[2] :

	Effectifs	% de femmes	% génération
Non qualifiés	58 000	41	7,8
CAP-BEP non diplômés	61 000	36	8,2
CAP-BEP	125 000	43	16,8
Bac non diplômés	29 000	39	3,9
Bac professionnel ou technologique	95 000	51	12,7
Bac + 1 ou + 2 non diplômés	97 000	54	13,0
Bac + 2 – Deug/ Deust/ BTS/ DUT	138 000	55	18,5
Deuxième cycle universitaire	77 000	63	9,7
Troisième cycle – Grandes écoles	62 000	43	7,5
TOTAL	742 000	49	100,0

---

1. *L'Inflation scolaire, les désillusions de la méritocratie*, Marie Duru-Bellat, Le Seuil, 2006.
2. Cf. *Alternatives économiques*, « De l'école à l'emploi », Hors série n° 17, janvier 2005.

Sur les 95 000 bacheliers, 57 000 sont titulaires d'un bac tertiaire et 38 000 sont titulaires d'un bac industriel.

Sur les 138 000 bacs + 2, 25 000 ont un diplôme dans le domaine social ou de la santé, 17 000 ont un Deug ou un Deust, 59 000 un BTS ou un DUT tertiaire, 37 000 un BTS ou un DUT industriel.

Sur les 62 000 troisièmes cycles et grandes écoles, 22 000 sont diplômés dans le domaine des lettres, sciences humaines, gestion, 10 000 sont issus des écoles de commerce, 13 000 dans le domaine des mathématiques, des sciences et des techniques, 17 000 des écoles d'ingénieurs.

Trois ans après, les résultats de la génération 2001 sont assez voisins par niveaux de sortie du système éducatif[1] :

- Sans diplôme 18 %
  - 8 % non qualifiés.
  - 10 % CAP ou BEP non diplômés ou sortis en seconde ou en première année de préparation de ces diplômes.
- Diplômés du secondaire
  - 18 % titulaires d'un CAP ou BEP.
  - 4 % d'un niveau baccalauréat mais non diplômés.
  - 11 % titulaires d'un baccalauréat professionnel ou technologique.
  - 12 % d'un niveau bac + 1 ou bac + 2 non diplômés du supérieur.
- Diplômés du supérieur
  - 17 % d'un niveau bac + 2.
  - 10 % titulaires d'un diplôme du 2e cycle.
  - 10 % titulaires du 3e cycle universitaire ou grandes écoles de commerce ou d'ingénieurs.

Ces chiffres relatifs aux générations 1998 et 2001 traduisent une progression des niveaux de formation même dans le court terme, car en 1992 seuls 33 % de l'effectif étaient des diplômés du supérieur, contre 38 % en 1998.

Les « sans diplôme » représentaient un quart de la génération sortant en 1992, ils sont moins d'un cinquième dans ce cas en 1998. En 2003, 63 % des jeunes ont obtenu un bac contre 43 % au début des années 1990.

La progression est encore plus importante si l'on remonte plus loin dans le temps. En 1950, 5 % d'une classe d'âge atteignaient le bac, en 1970 21 %, en 1985 36 %. Aujourd'hui, 40 % des jeunes sortent avec un diplôme égal au moins à bac + 2 contre 15 % il y a 20 ans.

1.   « Génération 2001 », Bref n° 214, Cereq, décembre 2004.

2. Origines sociales et niveaux de formation

Cette volonté politique d'élever le niveau de formation initiale est partagée de manière consensuelle par l'ensemble des familles politiques et donc par les ministres de l'Éducation qui se sont succédé depuis plus de 30 ou 40 ans.

Mais l'égalité des droits en matière d'accès à l'éducation n'a pas modifié en profondeur la mobilité sociale au sein de la société française et les inégalités sociales face à la formation n'ont pas beaucoup évolué.

Le fait de décrocher un diplôme est fortement corrélé à l'origine sociale : 85 % des enfants de cadres entrés en 6e en 1989 obtiennent un bac général ou technique contre 37 % des enfants d'ouvriers ; 72 % des enfants de cadres quittent le système scolaire avec un diplôme de l'enseignement supérieur, ce taux passe à 22 % pour les enfants d'ouvriers non qualifiés ; 66 % des diplômés d'une école de commerce viennent des familles où au moins un des parents est cadre, pour 6 % chez les jeunes sans qualification. Un tiers des jeunes qui ont quitté l'école sans diplôme viennent de familles où le père est ouvrier et 6 % d'entre eux ont un père au chômage, là où la moyenne pour l'ensemble de la génération 1998 est de 19 % et de 3 %. Si 18 % de la génération 1998 ont un père cadre, ils sont 30 % parmi les sortants de l'enseignement supérieur.

Plus on s'élève dans la hiérarchie des diplômes, plus les enfants de cadres sont représentés : ils sont plus nombreux parmi les sortants des écoles d'ingénieurs, écoles de commerce et troisième cycle que dans la moyenne des sortants de l'enseignement supérieur. Inversement, parmi les sortants des filières courtes de l'enseignement supérieur (bac + 2) universitaire ou professionnel, la part de ceux dont le père est employé ou ouvrier est toujours supérieure à la moyenne.

D'une manière générale, 53 % des fils de cadres restent cadres et 46 % des fils d'ouvriers restent ouvriers, 11 % d'entre eux deviennent cadres. On reviendra plus avant sur la question de la détention d'un diplôme, l'accès à l'emploi et l'incidence de l'appartenance à un groupe social donné en tant que facteur d'accès à l'emploi, mais sur la base de ces quelques données, on peut faire le double constat suivant :

▶ la grande diversité des niveaux de formation à la sortie du système d'enseignement pour ceux qui le quittent la même année ;
▶ la corrélation, pour ne pas parler du lien causal, entre le milieu social familial et le niveau de formation acquis.

3. L'articulation niveau de formation-emploi

L'articulation entre le niveau de la formation initiale (ou continue) et l'emploi ou les niveaux d'emploi se fait au travers d'une grille de lecture, ou plus officiellement d'une nomenclature adoptée par le « Groupe permanent de la Formation professionnelle et de la Promotion sociale », le 31 mars 1969.

Cette échelle des niveaux de formation est toujours utilisée, car des tentatives pour mettre en place d'autres classements de hiérarchisation des formations et des emplois dans tous les secteurs et les fonctions n'ont pas abouti, ou du moins se sont révélées moins aisées d'utilisation.

Cette nomenclature comporte six niveaux :

▶ Les niveaux 1 et 2 concernent les personnes occupant des emplois exigeant un niveau de formation supérieur ou équivalent à celui de la licence ou des écoles d'ingénieurs.

▶ Le niveau 3 est relatif à des emplois exigeant une formation, un niveau BTS ou DUT ou de fin de premier cycle de l'enseignement supérieur.

▶ Le niveau 4 est relatif à des emplois de maîtrise ou possédant une qualification d'un niveau équivalent à celui de bac technique ou au brevet de technicien.

▶ Le niveau 5 est relatif à des emplois exigeant normalement un niveau de formation équivalent à celui du BEP ou CAP.

    – Le niveau 5 bis correspond à des emplois supposant une formation courte d'une durée maximale de un an, conduisant au certificat d'éducation professionnelle ou toute autre attestation de même nature. Ce niveau n'est quasiment plus utilisé.

▶ Le niveau 6 est relatif à des emplois n'exigeant pas de formation au-delà de la fin de la scolarité obligatoire.

4. Les autres titres que ceux de l'Éducation nationale

Cette grille est applicable aux diplômes de l'Éducation nationale, mais également à l'ensemble des titres homologués par l'État depuis 30 ans, c'est-à-dire le mode de certification de diplômes reconnus par l'État mais délivrés par l'Afpa, les chambres de commerce, mais également des organismes privés de type associatif ou commercial.

Actuellement, deux tiers de ces titres homologués concernent des activités de service et les titres de niveau 2 ou 3 concernent également deux tiers des demandes d'homologation.

Aujourd'hui, c'est la Commission nationale de la certification profession-nelle (CNCP) qui a la responsabilité de cette homologation en émettant un avis favorable ou défavorable à l'homologation sur la base d'un « audit » réalisé par des experts, le ministre chargé du Travail signant l'arrêté d'homo-logation. Les titres sont homologués pour une durée de 3 ans renouvelable.

En 30 ans, 5 000 titres ont été homologués dont 30 % sont encore « actifs » en 2002, c'est-à-dire toujours délivrés par un organisme inscrit sur la liste d'homologation. Le nombre de titres homologués est largement supérieur au nombre de CAP, BEP, baccalauréats professionnels, BTS ou DUT, mais le nombre de personnes en possession de ces titres homologués est bien moindre, la moitié de ces titres réunissant des promotions de moins de 20 stagiaires, un tiers de 20 à 50 stagiaires, un dixième réunit plus de 100 stagiaires[1].

En comparaison avec ces chiffres, la Cour des comptes en 2003 a recensé pour l'année 2001 environ 200 CAP, 40 BEP, 30 séries ou options de bacs technologiques, 60 pour les bacs professionnels, 60 brevets techniques et 170 BTS.

La répartition de titres préparés dans le cadre de la formation continue est passée de 82 % avant 1985, l'Afpa étant à l'origine le pourvoyeur principal, à 45 % après 1995, et celle de titres préparés en formation initiale est passée à 33 % à la fin des années 1990 ; la proportion de titres préparés dans le cadre de l'alternance (contrats d'apprentissage ou de qualification) représente plus de 20 % du total.

Mais cet inventaire des formations et niveaux de formation serait incomplet si l'on ne citait pas les Certificats de qualification professionnelle (CQP), outils de reconnaissance de la qualification acquise en entreprise, recensés par la Commission nationale de la certification professionnelle (CNCP) dans un répertoire national (Rncp).

Là encore, la situation est complexe car on doit distinguer les certifications publiques qui font intervenir les Commissions professionnelles consultatives (CPC) où sont présents les collèges employeurs via quatre ministères « certificateurs » et les Commissions pédagogiques nationales (CPN) pour l'enseignement court professionnalisé (DUT).

---

1. « 30 ans d'homologation des titres », *Bref* n° 218, avril 2005, Cereq.

Les DESS professionnalisés et licences professionnelles sont habilités par le ministère de l'Enseignement supérieur après consultation de la Commission nationale de l'Enseignement supérieur et de la Recherche et sur proposition d'une université.

On compte pour les ministères « certificateurs » (Éducation nationale, Emploi-Travail, Agriculture, Jeunesse et Sports) 25 commissions professionnelles consultatives et 57 sous-commissions spécialisées (la seule CPC métallurgie gère 170 diplômes et compte 9 sous-commissions dont l'automobile, l'aviation, l'électronique), sans compter les 17 commissions pédagogiques nationales pour l'Enseignement supérieur court du ministère de l'Éducation nationale et le Cnser pour l'Enseignement supérieur long[1].

Les partenaires sociaux présents dans ces structures discutent de l'opportunité de la création, rénovation ou suppression d'un diplôme et du contenu du référentiel d'activités professionnelles sur lesquelles repose le diplôme.

À côté de ces certifications publiques, plutôt orientées vers la formation initiale, se sont également développées des certifications « privées » plutôt orientées vers la formation continue. Ces certifications sont généralement rattachées aux chambres de commerce ou aux branches professionnelles, voire aux ministères comme la Défense et la Culture, non dotés de CPC.

Certaines sollicitent leur inscription au RNCP, ces certificats pouvant ainsi être préparés dans le cadre de contrats en alternance aidés par l'État. Mais à côté de ces titres homologués existe un espace de certification construit sur la seule légitimité des représentants employeurs et de salariés. En 2002, on comptait 400 CQP créés par une trentaine de branches et dont le mouvement s'est amplifié. Ces CQP complètent l'offre de certification publique et servent de supports aux contrats en alternance. De même, la VAE (validation des acquis professionnels) doit permettre d'accéder à ces CQP.

La plupart des CQP n'ont jamais fait l'objet d'une homologation par l'État, ne sont pas inscrits au Rncp et ne sont pas positionnés dans la nomenclature des niveaux de formation, mais sont reconnus au sein de la branche professionnelle et peuvent servir de supports à un contrat de professionnalisation ou à un congé individuel formation (CIF).

---

1. « Certifications professionnelles : les partenaires sociaux impliqués dans la construction de l'offre », *Bref* n° 208, mai 2004, Cereq.

4. Conclusion

Les données présentées dans ce chapitre font apparaître deux phénomènes indéniables au travers des chiffres cités, dont résulte un troisième constat :

▶ L'élévation continue du niveau de formation au terme de la formation initiale de la jeunesse de ce pays, corollaire de son entrée tardive sur le marché du travail par rapport aux populations d'autres pays de niveau de développement comparable.

▶ Le nombre de diplômes ou titres délivrés par d'autres acteurs qui viennent compléter l'offre de formation initiale de l'Éducation nationale. Cette offre est multiple et dans beaucoup de cas très spécialisée.

  – On peut se poser la question d'une offre parfois si « pointue » en termes de spécialisation. Correspond-elle à des modes de division du travail obsolète ou en voie d'obsolescence ? Ne vaudrait-il pas mieux réserver des formations de ce type à une phase postérieure à la formation initiale, à la phase d'intégration à l'emploi associée à la promesse d'embauche ou au contrat de travail qui pourrait démarrer dans certains cas par cette phase de formation-adaptation.

▶ En parallèle, un troisième constat s'impose, si la formation a joué un rôle « d'ascenseur social » en favorisant la mobilité sociale de certains, issus des groupes sociaux les plus défavorisés, ses effets sont moins massifs et plus limités que certains ne le disent, car il existe une corrélation forte et de nature constante depuis des années entre niveau de formation atteint et origines sociales.

L'insertion sur le marché de l'emploi est tributaire d'autres facteurs car la « file d'attente » d'accès à l'emploi peut être plus ou moins longue en fonction notamment de la conjoncture économique, facteur indépendant de la formation initiale reçue.

Chapitre 5

De la formation à l'emploi : la diversité des parcours professionnels

François MANCY
Jacques IGALENS

La formation d'un individu doit se lire au travers de plusieurs critères : le niveau d'études, la spécialité, la filière (enseignement scolaire ou apprentissage, université ou grande école, formation initiale ou formation continue) et le caractère plus ou moins diplômant de celle-ci (diplômes d'État, certification par l'État ou les partenaires sociaux).

1. Niveau de formation initiale et insertion[1]

Les premières années de la vie active se caractérisent par un lien fort entre les caractéristiques de la formation initiale et les conditions d'insertion professionnelle. Mais le marché du travail, lui-même fonction du niveau de croissance de l'économie, de la conjoncture et du niveau de l'activité détermine le rythme et le volume de l'insertion des jeunes diplômés.

C'est ainsi que pour :

▹ Génération 1998 : le taux de chômage est passé de 30 % à la sortie de la formation en 1998, taux moyen pour l'ensemble de la population ayant quitté l'enseignement cette année, à 11 % trois ans plus tard pour ce même groupe.

---

1. « Les effets de la formation initiale sur l'insertion », *Bref* n° 222, septembre 2005, Cereq.

▶ Génération 2001 : le taux de chômage initial est passé de 23 % à 16 % trois ans après.

On détaillera plus avant l'incidence des variables individuelles entre sexe, origine socioculturelle, sur ces taux moyens, mais en 1998 l'accès direct à l'emploi était de 57 % pour les femmes et de 69 % pour les hommes, et en 2001 de 65 % pour les femmes et 71 % pour les hommes, et seulement de 57 % pour les hommes issus d'une famille immigrée.

Quelle que soit la conjoncture, on constate de très importants écarts entre le degré d'insertion et le niveau de la formation initiale. En 1998, on constate un écart de 26 points entre le taux de chômage des non qualifiés et celui des diplômés de 3e cycle. En 2001, dans le cadre d'une conjoncture économique plus difficile, ce taux passe à trente points, contexte plus dégradé en particulier pour les non qualifiés.

Outre le risque de chômage, la trajectoire d'insertion varie en fonction du niveau de formation : 79 % des diplômés du 3e cycle ont connu une trajectoire d'accès rapide et durable à l'emploi contre 31 % pour les non qualifiés. À la différence de l'accès rapide à l'emploi, les trajectoires plus contrastées peuvent voir coexister emplois précaires, périodes de chômage, stages de formation, emplois aidés.

Le niveau de formation crée aussi les écarts pour d'autres indicateurs que sont les conditions d'emploi. Au bout de trois ans, les diplômés du 3e cycle ont une probabilité de 10 points au moins inférieure à celle des jeunes sans qualification d'occuper un emploi aidé, de travailler à temps partiel, d'être intérimaire, mais de 33 points supérieure d'avoir un CDI (contrat à durée indéterminé). Il en est de même pour le salaire.

Les jeunes non qualifiés ou sortis non diplômés de CAP ou BEP sont défavorisés au niveau de l'accès à l'emploi. En 2001, 33 % de non qualifiés et 20 % de non diplômés de CAP ou BEP ont connu une trajectoire dite de « sortie lente du chômage » contre 11 % pour l'ensemble de la génération ; 43 % des non qualifiés de la « Génération 1998 » et 31 % des non diplômés CAP-BEP ont suivi un parcours d'insertion marqué par le chômage ou l'inactivité, contre 17 % pour l'ensemble de leur génération.

Au sein de la « Génération 2001 », 20 % de non qualifiés et 18 % de non diplômés de CAP-BEP disent avoir été victimes de discrimination à l'embauche, contre 12 % pour l'ensemble de leur « génération ».

Les jeunes issus du 2e ou 3e cycle sont dans une situation inverse : avantage net des générations 1998, 2001, pour l'accès au CDI soit pour le premier emploi, ou au bout de trois années de vie active.

Très peu sont concernés par l'intérim. De même, le niveau de formation détermine les écarts de rémunération, sensibles surtout après Bac + 2, plus 20 % pour cette dernière catégorie de diplômés au-dessus de la moyenne de leur « génération respective », et plus 60 % pour les diplômés du 3ᵉ cycle, avantage qui perdure pendant les trois premières années de vie active.

La détention d'un diplôme facilite d'avantage l'accès rapide et durable à l'emploi que la non-possession de celui-ci.

L'insertion au regard de la formation de jeunes ayant quitté le système éducatif en 1998 et 2001

| | Génération 1998 | | | | | | Génération 2001 | | | | | |
| | Accès immédiat et durable % | Premier emploi CDI % | Au bout de 3 ans de vie active | | | | Accès immédiat et durable % | Premier emploi CDI % | Au bout de 3 ans de vie active | | | |
			En CDI %	Au chômage %	En intérim %	Salaire net médian 3 ans €			En CDI %	Au chômage %	En intérim %	Salaire net médian 3 ans €
Non qualifiés	35	26	42	30	22	920	31	31	52	40	11	100
CAP-BEP	54	30	58	13	12	960	73	35	68	15	8	1 080
Bac+2	63	31	72	5	4	1 230	81	32	66	7	3	1 300
3ᵉ cycle	61	60	82	4	1	1 930	79	57	85	10	1	1 950
Ensemble	54	33	64	11	8	1 090	68	38	71	16	6	1 200

Sources : Enquêtes Cereq.

À tous les niveaux de formation, les écarts sont globalement plus forts entre les jeunes issus des spécialités tertiaires et ceux ayant suivi une spécialité industrielle. Ces derniers sont en proportion bien plus insérés par le biais de l'intérim et continuent à l'être encore au bout de 3 ans par ce même type de contrat. Ceux issus de formations industrielles connaissent moins le risque de chômage et de temps partiel et cela du niveau CAP-BEP jusqu'à Bac + 2. Mais au niveau Bac + 2, le haut du pavé en matière d'insertion est tenu par les spécialistes de la santé et du social, formations dont l'accès est soumis à un numerus clausus.

De même, à diplôme égal, le passage par l'apprentissage constitue un atout pour l'accès à l'emploi, de même que l'alternance et les stages par rapport à la formation scolaire traditionnelle.

Il en est de même pour les filières professionnelles de l'Enseignement supérieur. Les difficultés d'insertion se polarisent sur les plus bas niveaux de formation, voire les sortants de l'enseignement supérieur sans diplôme.

2. Les biais de l'insertion : les discriminations selon les origines...

On a déjà mis en lumière la relation entre l'appartenance à telle catégorie sociale et le niveau de formation initiale, et ce malgré la progression de la population diplômée au cours des 30 ou 40 dernières années et en particulier pour les milieux issus de l'immigration, surtout maghrébine.

Ce facteur discriminatoire joue une deuxième fois à niveau de formation identique à l'entrée du marché du travail, si bien que les chercheurs du CNRS, Roxane Silberman et Irène Fournier, parlent de « pénalité ethnique » liée au nom et aux caractéristiques physiques des jeunes issus de ces milieux de l'immigration[1].

Les jeunes de l'immigration n'ont pas tiré autant de bénéfices que d'autres de la démocratisation ou de la massification de l'enseignement, y compris ceux nés en France et issus de courants migratoires anciens. Les jeunes issus du Maghreb ont en général des niveaux de formation très bas, à l'écart des filières professionnelles, malgré une progression au bac général, et également, bien que très légère, au niveau des études supérieures.

Même avec un CAP ou un BEP, la probabilité d'être au chômage est 1,6 fois plus forte au bout de 3 ans de vie active pour la génération 1992 ; la situation est identique pour la génération 1998, le même phénomène étant constaté chez les garçons et les filles dont un des parents au moins est né au Maghreb ou en Afrique subsaharienne que pour ceux dont les deux parents sont nés en France.

Au contraire, les jeunes originaires d'Europe du Sud ne connaissent pas ces pénalités. Ce même risque se retrouve au bout de 5 ans de vie professionnelle : ceux ayant quitté le système éducatif en 1992 avec un CAP ou

---

1. « Jeunes issus de l'immigration : une pénalité à l'embauche qui perdure », *Bref* n° 226, janvier 2006, Cereq.

un BEP ont 1,3 fois plus de risques d'être au chômage que leurs homologues d'origine française ; pour la génération 1998, ce risque passe à 1,5 et il augmente pour les garçons, de 1,6 à 2,1 entre la 3e et 5e année de vie active, au-delà des années 2000, période il est vrai à conjoncture dégradée.

Un jeune homme d'origine maghrébine ayant quitté le système éducatif sans diplôme au niveau du collège a de 5 à 6 fois plus de risques d'être au chômage au bout de 5 ans de vie active qu'un Français d'origine titulaire d'un CAP ou BEP.

Comme l'indiquent les chercheurs précités, « ces caractéristiques sont susceptibles de donner corps à ce que les économistes appellent la "discrimination statistique", c'est-à-dire une discrimination se fondant sur des caractéristiques moyennes d'un groupe d'individus, ce qui suppose qu'ils soient identifiés à un groupe spécifique sur la base de "caractéristiques visibles" préalablement construites socialement ». Il s'agit d'une pénalité importante et persistante de nature raciste. Ces jeunes sont en revanche surreprésentés dans le secteur public du fait de contrats aidés ; 40 % des garçons d'origine maghrébine annoncent leur nom comme motif de discrimination ; dans le même pourcentage, les jeunes d'origine subsaharienne annoncent la couleur de leur peau comme motif de discrimination.

3. Les biais de l'insertion : les discriminations selon les genres

Autre biais concernant l'insertion, les progressions inégales de salaires que connaissent les jeunes en début de vie active[1] indépendamment d'autres inégalités.

En début de carrière, le temps partiel et des contrats précaires sont plus développés dans la population féminine. La proportion de femmes parmi les cadres et les professions intellectuelles a progressé entre 1990 et 2003 passant de 30 à 36 %, mais de manière inégalitaire puisque les écarts demeurent.

Dans les années 1960, la rémunération des femmes à temps complet était de 60 % celle d'un homme ; aujourd'hui, elle est de 80 %. Les enquêtes montrent que ce décrochage joue dès les premières années de vie active car le revenu annuel moyen progresse moins :

---

1. « Des salaires, des hommes et des femmes », *Bref* n° 219, mai 2005, Cereq.

▶ avant 25 ans (+ 7,5 % hommes et + 6,5 % femmes),

▶ et entre 25 et 30 ans (+ 4 % hommes et + 4 % femmes).

Au cours de la 4e et 5e année de vie professionnelle, la rémunération des hommes augmente plus rapidement (+ 18 %) que celle des femmes (+ 13 %). L'écart de salaire passe de 8 à 11 %.

Après 5 années de vie active, cet écart varie de 3 % pour les salariées exerçant une profession intermédiaire, et jusqu'à 16 % pour les ouvrières. Ce retard de début de carrière ne peut être comblé par la suite même si, avec l'ancienneté et l'expérience dans l'entreprise, les progressions sont plus égalitaires.

Ces écarts s'ajoutent aux écarts des salaires initiaux. Chez les ouvriers avant 30 ans les hommes gagnent 19 % de plus que les femmes et 24 % après 40 ans. Parmi les cadres, l'écart est de 8 % avant 30 ans mais l'écart s'accroît pour atteindre 28 % après 40 ans.

Ces écarts sont liés aux parcours professionnels et en particulier à la mobilité externe qui semble plus rémunératrice dans la 4e ou 5e année de vie active pratiquée par 37 % des hommes et 32 % des femmes ; 68 % des hommes connaissent une progression à cette occasion contre 60 % chez les femmes ; on passe à 83 % chez les hommes cadres, taux deux fois supérieur à celui des femmes cadres.

Les mobilités internes professionnelles apparaissent légèrement plus fortes pour les hommes que pour les femmes : 32 % des hommes et 29 % des femmes. Cet écart est plus marqué chez les ouvriers (26 % des hommes, 10 % des femmes) ; 40 % des cadres et 30 % des employés qui effectuent une mobilité interne obtiennent une promotion, qu'ils soient hommes ou femmes.

L'espérance de gains des salariés masculins est en moyenne de 22 % avec mobilité externe et de 16 % en interne. Pour les femmes, la mobilité interne génère une croissance de 14 %, la mobilité externe de 13 %.

Une double explication est possible pour analyser ces écarts :

▶ Une partie des mobilités femmes correspond à des ajustements pour composer avec les impératifs de carrière du conjoint.

▶ Les femmes semblent disposer d'une moindre confiance des employeurs : « La mise en couple et la possible naissance d'enfants perturbent le contrat de confiance tacite des employeurs. En anticipant de longues périodes d'absence, voire un désinvestissement professionnel, ces derniers entérinent dans le rapport salarial des préjugés liés au rôle des femmes dans la sphère domestique, dont le bien-fondé reste à démontrer », comme l'indiquent Armand Dupray et Stéphanie Mouillet, auteurs du document Cereq précité (*Bref* n° 219).

Voilà brièvement présentées certaines des discriminations qui diversifient plus encore les parcours d'insertion des jeunes salariés et sans relation avec le niveau de formation des candidats à l'emploi ou des salariés.

4. Les discordances formation initiale et emploi

Qu'en est-il des correspondances entre formation et emploi ? « Certes, on pourrait au nom de la rationalité économique et des coûts de la formation viser un optimum dans l'allocation de ressource du capital humain vers les emplois ». Toutefois, comme le suggère Jean Vincens[1], pour y parvenir, il faudrait être dans le contexte « d'une planification omnisciente et infaillible, ou d'une économie de marché parfaitement concurrentielle sans friction d'aucune sorte », et bien évidemment nous sommes loin de connaître cette situation.

Les raisons en sont multiples :

- Le système éducatif constitue un processus orienté d'accumulation des connaissances et des capacités, mais il n'a pas le monopole des compétences, car beaucoup de compétences s'acquièrent après l'embauche, lors de la mise au travail.

- Le diplôme n'est pas ou n'est plus une garantie suffisante de professionnalisation et cela a une incidence sur la formation.

- Le choix de la filière de formation est souvent involontaire du fait de l'orientation-sélection (nombre de places disponibles, classement), ne correspondant pas à l'appétence des scolarisés pour tel ou tel secteur du métier.

- La doctrine des compétences très présente dans le discours des employeurs relativise les aptitudes génériques qui relèvent de l'institution scolaire (les *generic skills*) concernant la résolution de problèmes, le travail en équipe, la capacité à communiquer. Selon eux, la compétence ne s'atteindra qu'en cours de carrière grâce à l'entreprise et la formation permanente.

---

1. Sous la direction de Jean-François Giret, Alberto Lopez, José Rose, « Des formations pour quel emplois ? », Recherches-La Découverte, Cereq, 2005.

▶ Les régimes de correspondances entre niveaux de formation et d'emploi des années 1970, voire au-delà, sont sans doute en partie caducs. Les contenus des emplois varient en fonction des techniques, des choix d'organisation, de la nature des productions.

▶ L'optique « adéquadisante » consistant à former pour des métiers définis et stables avec une lente évolution des techniques est dépassée. Aujourd'hui, beaucoup de technicités sont absorbées dans l'automatisation de processus, cependant que les exigences en capacités technico-scientifiques modernes et en prise de responsabilité augmentent.

Au demeurant, l'ANPE recense plus de 10 000 appellations d'emplois et le fichier Rome en comporte 466 dans sa version non révisée, un « maillage » plus large que la définition d'un emploi précis, le métier regroupant plusieurs emplois et comportant des dénominations différentes pour un même métier.

▶ La conjoncture économique joue un rôle majeur dans les flux d'entrées du marché du travail et un employeur préférera en général choisir un salarié « surqualifié » pour un poste donné s'il a le choix de candidats de formations et de niveaux différents. De même, un salarié préférera sortir de la file d'attente s'il peut accéder immédiatement à un emploi inférieur aux espérances que son diplôme lui permet. Après tout, la non-obligation d'adéquation formation-emploi est également une liberté pour le candidat à l'emploi.

5. Déclassement et désajustement : les effets de la discordance

La liste des facteurs de causalité de la discordance entre formation initiale et emploi qui vient d'être examinée n'est sans doute pas exhaustive. Il nous faut maintenant examiner la nature de ces discordances et faire le constat de cette inadéquation. Cette dernière peut s'apprécier à deux niveaux, celui de l'individu et celui plus collectif des cohortes de titulaires d'un même diplôme ou d'un même niveau de formation. En effet, les écarts peuvent exister entre une formation donnée et un parcours individuel et entre le devenir d'un groupe de formés et leurs trajectoires.

La discordance ou la divergence comporte deux dimensions :

▶ Le déclassement : si le niveau de l'emploi occupé ne correspond pas au niveau de la formation reçue. Par exemple, un BTS ou un DUT et un emploi d'ouvrier ou d'employé non qualifié.

◗ Le désajustement : si l'emploi occupé ne correspond pas à la spécialité dans laquelle on s'est formé. Par exemple, une formation à la vente alors que l'on occupe un emploi sans relation à cette activité.

Pour l'ensemble des niveaux de formation, l'évolution en début de carrière de la part des emplois en correspondance avec la spécialité de formation est la suivante :

	Génération 1992		Génération 1998	
	1re embauche en %	Après 5 ans en %	1re embauche en %	Après 5 ans en %
Ensemble des niveaux de formation	41,1	42,8	39,4	42,4

Source : Cereq

Les écarts sont les plus importants au niveau bac avec un taux de correspondance autour de 30 %, et les plus faibles se retrouvent au niveau du supérieur long.

La première dimension – le déclassement – est sans doute plus pénalisante pour le salarié en termes de statut et de rémunération.

On se contentera de donner des indications de caractère général sur ces discordances et on renverra à l'ouvrage précité, *Des formations pour quels emplois*, qui comporte 22 monographies sur ce thème, avec des niveaux d'analyse très fins par type de diplôme.

La mesure du déclassement qui nous semble primordiale se fait au travers de plusieurs types d'enquêtes :

◗ Les enquêtes « subjectives » où l'on interroge des salariés sur le fait de savoir si leur diplôme correspond au niveau de l'emploi occupé, ou si leurs compétences sont utilisées normalement ou sont sous-utilisées dans leur emploi actuel.

◗ Les enquêtes statistiques en rapprochant le niveau d'emploi occupé classé en 7 catégories :

1. cadre, professeur, ingénieur,
2. profession intermédiaire,
3. technicien – supérieur court,
4. employé qualifié,
5. employé non qualifié,
6. ouvrier qualifié,
7. ouvrier non qualifié du niveau du diplôme.

Du niveau de formation, réparti lui-même en 8 catégories :

1. grandes écoles, 3e cycle universitaire,
2. 2e cycle universitaire,
3. supérieur court (1er cycle, BTS, DUT),
4. bac général,
5. bac technique et professionnel,
6. CAP, BEP,
7. BEPC,
8. certificat d'études sans diplôme.

Le croisement par rapport aux résultats de l'enquête emploi Insee ou du Cereq « génération 1998 » nous donne des positions qui peuvent être : normale, de déclassement, voire de surclassement. Par exemple, la position normale pour un diplôme d'une grande école ou d'un troisième cycle universitaire est la position cadre.

Le déclassement commencera pour un titulaire de niveau de diplôme 1 à partir du niveau socioprofessionnel 2, profession intermédiaire 4-5 et à partir du niveau d'emploi 6-7 pour un titulaire de BTS ou DUT. On considérera comme surclassé un titulaire de BTS ou DUT qui accède directement ou rapidement à une position cadre ou un titulaire de CAP, BEP, qui accédera à une position de technicien à bref délai.

La table de correspondance établie d'après l'enquête emploi 1990 de l'Insee amplifie peut-être des situations de déclassement car ces situations se sont à ce point développées qu'il se peut que la norme d'ajustement niveau de l'emploi-niveau de formation se soit décalée vers le bas depuis 1990. Ce qui était le déclassement en 1990 tendant vers la norme ou devenant la norme à partir d'une situation majoritairement constatée en 2005 ou 2006.

Une approche statistique salariale est également pratiquée pour déterminer la concordance, le déclassement ou le surclassement éventuel à partir du niveau de formation et du niveau de salaire.

En croisant plusieurs de ces enquêtes, objectives ou subjectives, on observe que le déclassement est en général plus élevé chez les femmes que chez les hommes (tous diplômes confondus) et que les méthodes statistiques font apparaître des taux de déclassement supérieurs aux méthodes subjectives, surtout pour les niveaux de diplômes 1 et 2.

Un tableau synthétique publié dans l'ouvrage déjà cité *Des formations pour quels emplois ?*[1] nous indique que, pour la génération 1998, la correspondance est la suivante :

▶ 26 % des sortants du système de formation ont un niveau d'emploi bien classé par rapport à leur niveau de formation et bien ajusté quant au domaine d'emploi ou activité.

▶ 22 % des sortants ont un niveau d'emploi bien classé mais non ajusté en termes de domaine d'activité.

▶ 15 % des sortants ont un domaine d'activité bien ajusté, mais sont déclassés par leur niveau d'emploi.

▶ 37 % des sortants sont à la fois déclassés et désajustés.

Ces mêmes observateurs constatent que cinq ans après la première embauche, les situations de cumul déclassement et désajustement sont moins nombreuses (– 14 points). Pour les titulaires d'un BTS-DUT, la part de ces cumuls passe de 35 % à 15 %. Au bout de cinq ans, la situation la plus fréquente est celle du désajustement sans déclassement : 42 %.

On observe également au travers du tableau ci-après que le taux de déclassement se réduit au fil des années d'activité, ce qui voudrait dire que l'on atteint dans la durée des positions hiérarchiques qui auparavant étaient accessibles plus rapidement pour les titulaires de ces mêmes diplômes. La progression et la vitesse de l'ascenseur sont plus lentes.

Taux de déclassement pour chaque « génération de diplômés »
Années écoulées depuis la sortie de la formation

Génération sortie	3 ans	5 ans	7 ans	10 ans	15 ans
1980	32 %	28 %	26 %	22 %	20 %
1985	38 %	36 %	27 %	27 %	20 %
1988	28 %	30 %	30 %	28 %	26 %
1992	40 %	37 %	35 %	29 %	-
1995	46 %	39 %	36 %	-	-

Sources : enquête Emploi (Insee).

---

1. In *Des formations pour quels emplois, op. cit.*, voir Thomas Couppée, Jean-François Giret, Alberto Lopez, « Des formations initiales aux premiers emplois, une correspondance plutôt mal assurée », Recherches-La Découverte, Cereq, 2005.

6. La gestion de la main-d'œuvre par familles professionnelles : les correspondances formation-emploi

D. Chardon[1] analyse la gestion de la main-d'œuvre pour les entreprises en regroupant les métiers en 80 familles professionnelles. En premier lieu, il établit deux classes au sein des familles professionnelles où la correspondance emploi-formation est forte.

Classe 1

La spécialité de formation joue un rôle très important tout au long de la carrière (48 % des emplois). Il s'agit de spécialités où les formations sont ciblées et très spécifiques, où parfois l'accès est réglementé et demande la possession d'un diplôme (ex. : professions de santé – médecins, infirmières, aides-soignantes, professions paramédicales).

Les douze familles professionnelles concernées couvrent l'ensemble des niveaux de qualification, du cadre aux ouvriers. Ces métiers ont connu une forte progression entre 1990 et 2002 : + 24 % contre 9 % pour l'ensemble de l'emploi. Ce sont également des métiers issus de l'artisanat (coiffeurs, bouchers, boulangers, charcutiers, cuisiniers) où le recours à la formation en alternance est fréquent.

Pour trois familles, les spécialités de formation sont moins spécifiques : enseignants, personnels de recherche, informaticiens.

Pour les professions de santé, les enseignants et les chercheurs, les carrières sont stables. Dans d'autres métiers, les embauches se font à tout âge et les changements d'employeur sont plus fréquents car les qualifications sont transférables d'une entreprise à l'autre.

Ces douze familles sont exercées à 58 % par des femmes, mais on en trouve 8 % chez les bouchers et 92 % chez les aides-soignantes.

Classe 2

Dans ce cas, il y a une correspondance emploi-formation forte mais qui ne s'accompagne pas d'une insertion forte des jeunes (16 % des emplois).

---

1. « Des formations pour quels emplois ? » - Recherches - La Découverte - Cereq - 2005.

Cette classe regroupe dix-sept familles professionnelles, avec faible présence des jeunes et embauches privilégiant les travailleurs expérimentés, via souvent la promotion interne, ce qui favorise les carrières longues.

Onze de ces familles correspondent à des emplois d'ouvriers qualifiés. Ce sont des métiers souvent en repli dont les effectifs ont baissé de 15 % depuis 1990 alors que l'emploi global progressait de + 9 %. On y trouve les plombiers, couvreurs, menuisiers, ouvriers qualifiés du textile, cuir, bois, BTP. Certains de ces métiers connaissent des difficultés de recrutement, ce qui amène des jeunes à prendre un emploi avant la fin de leurs études et l'obtention d'un diplôme. On trouve parmi ces familles : les ouvriers qualifiés de la mécanique, mais aussi les cadres de la banque et l'assurance, les agriculteurs et sylviculteurs.

En second lieu, au sein des familles professionnelles où la correspondance emploi-formation est faible, l'auteur distingue quatre autres familles d'emploi.

Classe 3

Les métiers sont ouverts aux jeunes mais le lien emploi formation est faible.

Dans douze familles professionnelles, les jeunes actifs sont fortement présents sans pour autant que leur formation soit en correspondance avec l'emploi ou qu'ils soient titulaires d'une formation spécialisée.

Il s'agit des métiers peu qualifiés d'ouvriers ou d'employés, où les qualifications peuvent s'acquérir rapidement dans l'emploi (ouvriers non qualifiés de la manutention, des industries de process, caissiers, employés de libre-service), d'où une relation assez lâche à l'employeur.

On y trouve des métiers de l'armée, la police, les pompiers. Ces personnes sans spécialité coexistent avec des titulaires de diplômes spécifiques (agents de maîtrise de l'hôtellerie-restauration).

Classe 4

Elle regroupe des métiers auxquels on peut accéder en cours de carrière (15 % des emplois en 2002) et se compose de neuf familles qui ont progressé de 20 % depuis 1990 mais où, en général, il y a peu de correspondance avec la formation. Également, la part des carrières réalisées dans l'emploi est faible et les qualifications requises peuvent s'obtenir en dehors de la formation initiale, mais les perspectives de promotion professionnelle ou salariale (ex. : les conducteurs de véhicule) sont généralement faibles.

On y trouve les aides à domiciles, assistantes maternelles, agents d'entretien. Les métiers sont sexués : emploi de la sphère domestique avec 98 % de femmes et pour les conducteurs avec 93 % d'hommes.

Classe 5

Elle concerne des emplois exigeant des compétences plus diversement répandues (27 % des emplois) et quatorze familles professionnelles qui emploient des jeunes sans spécialité de formation spécifique. Il y a un lien simple avec la spécialité de formation : la formation ne recense pas toutes les compétences ou les compétences sont assez généralistes et se retrouvent dans les compétences d'autres emplois. Les compétences peuvent s'acquérir en dehors de la formation en partie ou totalement.

Le diplôme n'y est pas un signal particulier de compétence et peut rester secondaire, mais l'expérience est importante.

La moitié des familles professionnelles de cette classe sont issues du commerce et de la vente (vendeurs, représentants, cadres commerciaux) avec le sens du contact humain et la connaissance du produit.

On trouve parmi ces catégories : les ouvriers qualifiés de manutention, techniciens administratifs, cadres administratifs, mais également les professionnels de l'art et de la communication.

En dehors des secrétaires et des vendeurs, l'emploi dans ces familles est bien orienté + 16 % depuis 1990.

Classe 6

Cette dernière classe concerne les familles professionnelles où sont validées les compétences acquises dans l'entreprise (12 % des emplois). On y retrouve des jeunes et des salariés expérimentés qui ont acquis des compétences propres à l'entreprise que l'employeur souhaite conserver et valoriser. Le niveau de formation est perçu comme un signal de la capacité de la personne à assimiler des connaissances et à évoluer en cours de carrière. On y trouve également des techniciens du BTP, de l'électricité, de l'électronique, du génie civil, des cadres et techniciens de l'agriculture.

Pour d'autres familles, les qualifications s'acquièrent en situation d'emploi ou de formation organisée par l'employeur : cadres B de la fonction publique, agents d'exploitation des transports (agents SNCF). L'accès à ces emplois peut se faire à partir d'un emploi moins qualifié.

Les cadres A de la fonction publique ont un spectre de formation assez proche (droit et sciences politiques) mais les spécialités au sein de cette famille nous montrent que la palette des métiers en leur sein est large.

7. Conclusion

La notion d'adéquation entre formation et emploi est à l'origine de débats et de controverses que les historiens de l'éducation peuvent facilement recenser : doit-on former des « producteurs » à titre principal ou des citoyens éclairés d'une République ?

Édouard Herriot, ministre de l'Éducation en 1926, dans une circulaire sur les cours professionnels répondait déjà à cette préoccupation : « En droit, l'ouvrier est aussi un citoyen et un homme. Comme tel, il n'est pas un moyen mais une fin ; il doit être non seulement capable de produire mais aussi de penser ; il a droit à la culture par laquelle on devient homme, c'est-à-dire un être libre […]. L'apprentissage ne doit donc pas subordonner l'ouvrier au matériel, mais au contraire fournir à l'ouvrier par la culture les moyens de s'approfondir. » Il s'agit là de la doctrine sous-jacente de ce que l'on appelait à l'époque « l'apprentissage méthodique et complet ». Ce débat rebondit à échéances régulières et, pour notre part, nous ne pouvons que constater l'actualité des propos d'Édouard Herriot.

Une formation de base, suffisamment large, constitue le socle sur lequel doivent venir s'agréger d'autres formations, d'autres savoirs, non seulement durant la période de formation initiale, mais tout au long de la vie pour ajuster évolutions des compétences et évolutions des emplois.

Le débat, là encore très vif sur l'instance qui doit délivrer les diplômes, les reconnaître, les évaluer, « reconnaître leur valeur de placement », reste d'actualité.

L'État a affirmé son autorité à caractère plus ou moins de monopole, puis sont apparues les procédures d'homologation, de certification. L'exigence d'une remise à jour périodique des contenus par les acteurs concernés, d'une évaluation de la qualité des formations par une expertise indépendante sont indispensables au fur et à mesure que l'offre se diversifie au travers de « producteurs » de formation de plus en plus nombreux, émanant du marché, la part de la gratuité s'estompant y compris dans les mécanismes de la mutualisation des ressources dans la formation permanente. C'est l'effet de la notion de « co-investissement » dans la formation.

Autre élément qui, au niveau collectif, doit attirer notre attention, comme l'avait déjà fait, en 1978, le sociologue Pierre Bourdieu à propos de la « génération abusée » découvrant le décalage entre ses diplômes et ses débouchés. Il convient d'être vigilant et de vérifier si ce phénomène de déclassement niveau de formation des titulaires-niveau des emplois occupés s'amplifie sur la base de mesures objectives et subjectives, se stabilise, ou bien reflue.

Au nombre des conséquences dommageables, Pierre Bourdieu parlait de « désaffection à l'égard du travail et d'humeur anti-institutionnelle ». Il convient de maîtriser ce phénomène qui peut déstabiliser en profondeur le monde éducatif et la production des connaissances.

Si ces débats et ces controverses concernent la société dans son ensemble, ces questions font débat au niveau de l'entreprise, ou doivent être au cœur des réflexions de ceux qui sont en charge des politiques de ressources humaines :

▶ Au niveau des politiques d'embauche et des niveaux de formation. Comment l'entreprise veut se situer, peut se situer, ou se situe tout simplement en termes de déclassement, surclassement ou de concordance entre le niveau de formation initial et le poste offert, et cela aussi bien au niveau de la classification que du salaire ?

Cette mesure doit se faire au moyen d'indicateurs adéquats, à différents moments lors de l'embauche, mais après 3-5 ans ou plus d'années de présence dans l'entreprise.

Un sentiment collectif et individuel de déclassement dans la durée peut avoir des effets pervers en entreprise en termes de motivation, de productivité, de qualité, de turnover.

L'effet d'aubaine d'un marché du travail qui permet de recruter ce que les Anglo-Saxons nomment des *over educated*, les sur-éduqués ou diplômés, peut avoir des effets indésirables.

Au-delà du diplôme et de sa relation au poste de travail, il convient de voir si les compétences à mettre en œuvre dans l'exercice des fonctions sont sous-dimensionnées par rapport à celles du titulaire du poste, car au-delà du diplôme et de la qualification donnée au salarié, la quotidienneté du travail est un facteur important en matière de motivation. Il est important de bien positionner les emplois pour ne pas démotiver leur titulaire par un surdimensionnement des compétences qu'il met en œuvre dans la durée, ou un sous-dimensionnement des classifications et des salaires. Cette « pesée » est une obligation permanente de bonne gestion et de gestion responsable. C'est le cœur même de la gestion des ressources humaines, encore faut-il disposer des instruments de mesure et de référents adéquats.

▶ De même, une entreprise socialement responsable se doit d'éviter de contribuer aux politiques discriminatoires vis-à-vis de diplômés ou non diplômés qui, à compétences égales, sont des femmes ou des immigrés. Des chapitres du présent ouvrage sont consacrés à ces politiques correctrices en la matière et aux moyens à mettre en œuvre.

▶ Par ailleurs, la transition formation-emploi prend la forme d'un parcours sinueux alternant stages souvent gratuits, suivis de CDD jusqu'à la limite possible du renouvellement, suivis de chômage, et ce cycle recommence à nouveau.

J. M. Chevalier[1], professeur à Dauphine, dans sa préface au récent ouvrage de « génération précaire », estime que 50 000 à 60 000 diplômés occupent en stages des emplois déguisés.

Ces pratiques d'insertion sont souvent abusives avant l'accès à d'éventuels véritables contrats de travail. Les mesures prises au mois d'avril 2006 dans le cadre de la charte signée par le Medef, des syndicats étudiants et les ministères concernés constituent une avancée, mais demeurent timides.

Des entreprises socialement responsables se doivent d'organiser selon les publics (non diplômés, diplômés) des parcours d'insertion qui ne fassent pas l'économie de périodes de professionnalisation avant l'accès à un contrat de travail de droit commun, mais n'allongent pas abusivement ces périodes d'acquisition nécessaire des compétences pour être pleinement productif. Il convient que les entrepreneurs mettent tout en jeu pour ne pas accréditer de manière permanente cette notion de « génération *low cost* » selon l'appellation que leur a donnée récemment l'hebdomadaire *Courrier international* au travers de l'ensemble des aspects des politiques d'insertion, de formation, de rémunération.

▶ Les politiques de formation continue doivent être un élément des politiques de la 2e chance, de véritable promotion interne, l'image d'un ascenseur social qui n'a jamais cessé de fonctionner même au ralenti mais qu'on améliore, ou que l'on remet en marche.

Les outils plus ou moins récents, le congé individuel formation (Cif), le droit individuel à la formation (Dif), le plan de formation, la Vae, sont des outils et les vecteurs de cette promotion sociale. Là encore, l'observation et la correction d'écarts anormaux dans la consommation du budget formation permanente par les plus diplômés doivent être la norme.

Telles sont quelques-unes des pistes pour établir un diagnostic et corriger la situation si elle apparaît dégradée ou en voie de dégradation.

---

1. *Sois stage et tais-toi*, La Découverte, 2006.

Chapitre 6

La lutte contre les discriminations subies par les minorités visibles

Pascal BERNARD
François SILVA

Les émeutes dans les banlieues que la France a connues à l'automne 2005 ont été un électrochoc pour la société française. Elles ont accéléré les réflexions afin de déboucher sur des actions concrètes pour que notre société vive une vraie diversité dont la vie profession-nelle constitue un élément majeur. En effet, l'intégration passe en pre-mier lieu dans la capacité à donner à chacun un travail (Bataille, 1997), ce qui est loin d'être le cas, nous allons effectivement le cons-tater. Avec des conséquences graves telles qu'en 2003, un sociolo-gue s'inquiétait que « chez certains employeurs une stratégie consciente d'évitement de candidats indésirables du fait de leurs ori-gines existe bien. Cet ostracisme frappe en priorité les jeunes issus de pays situés hors de l'Union européenne. Ces pratiques discrimina-toires jettent le discrédit sur les principes de liberté, d'égalité et de fraternité qui fondent notre république. Cela risque, si l'on ne prend pas des mesures contre toutes les formes de racisme, de se muer, à terme, en révolte contre autrui et les institutions » (Tariq, 2003). En effet, être exclu du monde du travail pour des causes liées à son ori-gine ethnique constitue une violence pas acceptable, mais surtout est porteuse de graves tensions pour notre société. Il y a urgence à lutter contre ces discriminations et à proposer des solutions concrètes pour favoriser l'insertion de ces jeunes.

Le chômage se situe depuis plus de 15 ans entre 8 et 10 % de la population active. Mais ces chiffres masquent de grandes disparités comme le montre le tableau présenté ci-après.

Taux de chômage selon la nationalité (en pourcentage)

	15-24 ans	25-49 ans	50 ans et +	Ensemble
Français	19,9	7,6	5,6	8,3
Étrangers	28,8	18,9	15	18,4
dont Union européenne	8,3	7,6	7	7,4
dont non UE	36,6	25,1	22,1	25,1
Ensemble	20,2	8,3	6,3	8,9

Source données : Insee, 2002, enquête emploi.

C'est ainsi que les personnes actives étrangères sont beaucoup plus touchées par le chômage que les Français. Il est vrai que nombre d'étrangers sont sans qualification et que le chômage touche en priorité les personnes sans diplôme. Or, une étude (Mouna Viprey, 2002) indique qu'avec un même niveau de qualification les discriminations persistent. Ainsi, les titulaires du bac, mais français de naissance, ne sont que 5 % au chômage tandis que les Français par acquisition (toujours avec un baccalauréat) sont 11 %, 12 % pour les étrangers provenant de l'UE et 18 % pour les étrangers hors UE. Ainsi, « les jeunes étrangers ou d'origine étrangère, comme les jeunes issus de familles françaises de longue date, sont soumis aux aléas de la conjoncture économique. Néanmoins, les jeunes étrangers ou d'origine étrangère sur le marché du travail se trouvent dans une situation beaucoup plus défavorisée que les autres membres des mêmes classes d'âge » (IRES, 2002).

Ces difficultés à entrer dans la vie professionnelle corroborent les plaintes pour discrimination déposées auprès de la Haute Autorité de la lutte contre les discriminations et pour l'égalité des chances. Son président, Louis Schweitzer, à l'occasion du premier anniversaire de la HALDE (2006), a fait le bilan des plaintes reçues : 45,3 % correspondent à des discriminations à l'emploi, et l'origine ethnique en est la première cause citée (40 %). Les autres causes évoquées sont d'une ampleur bien moins marquée : 13,9 % pour la santé, 6,2 % le sexe, 5,6 % l'âge et 4,8 % la situation de famille. Tous ces chiffres montrent l'importance de la discrimination que subissent les personnes issues d'une minorité visible.

Enfin, il faut souligner une forme de discrimination dans l'emploi, beaucoup plus sournoise, dont les étrangers sont victimes : environ sept millions d'emplois (soit un tiers de l'ensemble des postes de travail actuels) sont fermés aux étrangers (hors Union européenne). En effet, cette exigence de la nationalité française à l'embauche fait qu'un emploi sur trois reste, globalement, interdit aux étrangers, en premier lieu ceux de la fonction publique ; en effet, cinq millions d'emplois sont donc fermés à ceux qui n'ont pas la nationalité française. Il faut y ajouter environ un million d'emplois dans les entreprises publiques, de la SNCF à la RATP, qui ne s'ouvrent que très lentement. Ainsi, la RATP n'a ouvert son embauche aux étrangers que depuis 2003.

Le secteur privé demeure moins fermé, mais ceux qui le sont intéressent en premier lieu les professions libérales, des notaires aux médecins en passant par les avocats, soit autour de 1,2 million d'emplois qui restent fermés : la moitié à cause de la nationalité, l'autre parce qu'il faut avoir un diplôme français pour y accéder. Ces interdictions sont un obstacle à l'intégration (Brunhes, 1999). Comme le soulignent Math et Spire (1999) : « On peut s'interroger sur le bien-fondé d'une telle exclusion. On pourrait certes comprendre dans le cadre de l'État-nation le refus de confier à un étranger des fonctions qui l'associent à l'exercice de l'autorité étatique, telles que la police, l'armée, la justice, les impôts ou la douane. Mais les effectifs associés à ces fonctions ne concernent qu'un peu moins de 750 000 personnes et cette explication ne vaut plus pour toutes les autres fonctions, les plus importantes en nombre. La grande majorité des fonctionnaires accomplit en effet des tâches qui ne confèrent aucune prérogative particulière. »

Mais si l'on ne peut pas recruter des non-Français sur des postes de fonctionnaires, on accepte malgré tout de les recruter pour effectuer un même travail. Ainsi, les médecins étrangers représentent près d'un quart des quelque 40 000 médecins dans les établissements hospitaliers (SESI, 1998) mais ils ont un statut des plus précaires avec une rémunération beaucoup plus basse que celles des Français qui occupent le même emploi (d'où un mouvement de grève début 2006).

Quand on évoque la discrimination pour des raisons « ethniques », quelle en est la cause ? À la base, c'est la difficulté actuelle de la société française d'entrer « dans une société multinationale et multiculturelle dans laquelle les immigrés sont inclus à part entière sur la base du principe de l'égalité des droits et des opportunités face à l'égalité des devoirs dans le respect du fonctionnement de la démocratie, de la diversité culturelle et de la primauté du droit » (HALDE, 2006). En effet, la société française est en train de devenir dans les faits une société métissée « black, blanc, beur ». Mais avec d'importantes difficultés concernant l'intégration des populations « blacks et beurs ». C'est cette idée (raciste) qu'il y aurait d'un côté les BBR (Bleu-Blanc-Rouge) ou Gaulois et de l'autre des nouveaux venus issus d'une origine différente de celle de la population autochtone, qui ne seraient pas assimilables car trop différents. C'est vite oublier qu'un tiers de ces Français estampillés « BBR/Gaulois » sont eux-mêmes issus de grands-parents venus de l'étranger. En effet, notre pays a déjà connu de grandes périodes de migrations, en particulier dans la première partie du XXᵉ siècle, qui ont suscité des poussées de racisme à l'égard des étrangers (Noiriel, 2000). Ces millions de nouveaux venus, qu'ils fussent polonais italiens, espagnols ou juifs d'Europe centrale, eurent à subir des discriminations, des vexations, et ce alors même qu'on leur offrait des conditions de travail difficiles. « Le solde annuel s'éleva à 200 000 personnes par an entre 1921 et 1926. On dénombrait 2,7 millions d'étrangers en France en 1931 (6,6 % de la population). À partir de 1955, une nouvelle phase de forte immigration s'ouvrit en France, et jusqu'à la fin des Trente Glorieuses, en 1974 (solde net d'immigration supérieur à 100 000 de 1955 à 1973). La crise économique amena alors une interrogation sur le bien-fondé de la présence étrangère en France, et la capacité d'intégration fut remise en cause. L'excédent migratoire n'est plus que de l'ordre de 40 000 en 1997. En 1995, 3,6 millions d'étrangers vivaient en France (soit 6 % de la population). Pour la plupart, ils sont originaires du Maghreb (algériens ou marocains majoritairement) et d'Afrique noire, ou sont européens (principalement portugais) ; une faible minorité est d'origine asiatique, américaine ou proche-orientale » (Rosental Paul-André, 2002).

Ainsi ces discriminations dans le travail sont fondamentalement l'expression d'un racisme rampant si important en France. Selon un sondage (CNCDH, 2006) commandé par la Commission nationale consultative des droits de l'homme (CNCDH) à l'occasion de la Journée mondiale contre le racisme, un Français sur trois se déclare raciste. Dans le même sondage, 56 % des personnes (soit + de 18 % par rapport à 2004) ont le sentiment qu'il y a trop d'étrangers en France. Le rapport souligne que « l'étranger est nettement assimilé à l'arabe, au maghrébin et à l'africain ».

Mais le travail n'est pas un îlot protégé du racisme, comme certains pourraient le penser (Bataille, 1997). Ainsi, contrairement aux idées reçues, le travail est un espace privilégié où l'on assiste à une expression du racisme et à sa mise en pratique. Philippe Bataille souligne également dans son livre la grande présence du racisme, et du

Front national, notamment dans les milieux ouvriers. Il indique toutefois que les syndicats sont très attentifs et se sentent concernés par la lutte contre le racisme dans le travail.

La première expression de ce racisme concerne l'embauche des personnes issues de cette minorité visible. Ainsi, l'Observatoire des discriminations a effectué une enquête de testing[1] (Amadieu, 2005) sur l'origine des freins à l'embauche selon l'âge, l'origine ethnique ou l'apparence physique du candidat. Cette étude a porté sur deux phases de la recherche d'emploi : l'envoi du CV et l'entretien d'embauche. Sur le CV, le jeune homme blanc obtient 54 % de réponses positives. Le candidat antillais reçoit 21 % de réponses positives à son CV, le candidat obèse 10 %, la candidate maghrébine, pourtant dotée d'un meilleur CV et résidant en banlieue 9 %, et le quinquagénaire 6 %.

Dans la deuxième phase de l'enquête, le jeune homme blanc fait un quasi sans faute avec un taux de succès de 91,66 %, la candidate d'origine maghrébine, dont le CV était massivement écarté, arrive en deuxième position avec 66,66 %, résultat similaire pour le candidat antillais. Le handicapé (son handicap a été révélé lors de l'entretien) obtient 46,66 %. Le candidat de 50 ans n'obtient pour sa part que 20 % de réponses positives. La première démonstration de cette enquête, commentée par Jean-François Amadieu, est qu'il faut « anonymer » les CV. Il en veut pour preuve les exemples du candidat handicapé (qui a eu beaucoup de réponses positives à son CV en ne déclarant pas son handicap) et de la femme maghrébine qui, bien qu'ayant un meilleur CV, n'a obtenu que peu de réponses positives à sa lettre même si elle s'est ensuite « bien débrouillée » à l'entretien. Jean-François Amadieu a aussi estimé que « les entretiens d'embauche, trop souvent discriminatoires, doivent être complétés par des tests professionnels ». Il a enfin souligné « l'importance de former les candidats à la technique de l'entretien, comme cela se pratique dans certaines grandes écoles et le rappel de la loi aux employeurs ».

La France est ainsi confrontée à l'émergence de discriminations à base ethnico-raciale. Tout cela n'est que la conséquence d'une banalisation des idées racistes et xénophobes sur son marché du travail, plus particulièrement dans l'entreprise. La question qui se pose est donc d'inverser cette situation.

---

1. Pour le testing, six acteurs ont été recrutés : un homme blanc de 33 ans, un homme handicapé (mais son handicap, léger, n'a pas été mentionné sur son CV), un homme de 50 ans, un Antillais, un homme obèse et une femme maghrébine.

1. Promotion et évaluation : au service de la diversité

Afin de combattre ces discriminations, un certain nombre d'entreprises commencent à mettre en place des actions d'intégration pour instaurer de la diversité. Ainsi l'entreprise Eau de Paris a mis en œuvre deux pratiques concrètes.

Aptitude à gérer et développer la diversité

La promotion interne constitue l'un des principaux leviers de motivation du personnel. Aussi, l'accès aux niveaux et respohsabilités d'encadrement intègre l'aptitude des personnes à développer la diversité, de façon harmonieuse.

À Eau de Paris, la promotion interne aux fonctions d'encadrement dépend de la réussite à plusieurs épreuves d'évolution professionnelle. Celles-ci interviennent après des formations préalables. Leurs contenus concernent évidemment les aspects techniques et managériaux des métiers et des fonctions visées. Mais, depuis deux ans, une épreuve « éthique et diversité » complète le cursus.

Son importance s'affirme déterminante : elle représente un quart de la note finale. Elle place le candidat en situation de résoudre une étude de cas à caractère discriminatoire direct ou indirect : racisme, sexisme, homophobie…

Dans le rôle du médiateur, le candidat analyse la situation, propose des solutions, évalue les risques et les conséquences. Il présente ses conclusions au jury, lui-même rigoureusement mixte ?

Cette épreuve vérifie l'aptitude des candidats à développer la diversité et à prévenir les discriminations. Elle permet d'écarter les postulants dont la promotion aurait constitué un risque. L'épreuve se déroule après une formation spécifique au « management de la diversité », elle-même inscrite dans un cursus de formation obligatoire pour tous les encadrants.

Évaluation des managers

En matière de management, l'entretien annuel d'activités ou d'évaluation constitue un temps fort. C'est le moment où le salarié et son supérieur hiérarchique dressent le bilan des résultats obtenus, d'un point de vue qualitatif et/ou quantitatif, s'accordent sur le niveau de contribution du collaborateur, et définissent ensemble les nouveaux objectifs à atteindre.

Cette démarche détermine fréquemment l'évolution professionnelle du salarié : promotion éventuelle, part variable de la rémunération, formation, rôle dans l'organisation...

Évalué de façon classique sur ses résultats économiques, financiers ou managériaux, le manager accorde forcément une grande attention à ces critères.

C'est la raison pour laquelle, le fait d'évaluer également les résultats obtenus en matière de diversité favorise la reconnaissance explicite de l'importance de cet objectif et son ancrage réel dans la culture et le management quotidien.

Au sein d'Eau de Paris, les personnels sont évalués sur leurs actions concrètes accomplies à l'égard de huit orientations principales. Parmi celles-ci figure une orientation ainsi libellée : « Développer la diversité et l'égalité professionnelle femme-homme. Prévenir toute forme de discrimination. » En regard de cet objectif, le collaborateur doit engager des actions concrètes (quoi ?) assorties de moyens et méthodes (comment ? avec qui ?) dans des délais et des périmètres professionnels précisés (quand ? où ?).

Lors de l'entretien, il examine avec son responsable ses actions et ses résultats. Le binôme s'accorde ensuite pour décerner un degré de contribution (mesuré sur une échelle à 4 niveaux, pour chacune des orientations :

- en attente (résultats insuffisants) ;

- attendu (résultats normalement prévus) ;

- plus qu'attendu (résultats meilleurs que les prévisions, ayant entraîné une amélioration significative) ;

- excellent (résultats très supérieurs aux prévisions, entraînant des améliorations significatives et durables).

Ensuite, le responsable et son collaborateur définissent ensemble de nouveaux objectifs qui seront eux-mêmes évalués, un an plus tard.

Le dispositif crée un cycle continu d'actions et d'améliorations. Ainsi, l'action des managers de tous niveaux, en matière de diversité, influence leur évolution professionnelle...

Inscrite depuis 2 ans dans les entretiens annuels d'activité, l'orientation diversité a développé de façon significative les actions concrètes accomplies par les managers. Elle a contribué à une meilleure prise en compte de la diversité en matière de recrutement, d'évolution professionnelle, de formation et d'organisation du travail.

2. Dix pistes d'actions concrètes pour la diversité

À partir des actions lancées par Eau de Paris, nous pouvons aujourd'hui définir un certain nombre de pistes. La plupart des décideurs ne s'interrogent plus sur le pourquoi de la diversité, mais bien sur le comment. Et la question du « comment » implique, en premier lieu, la fonction « Ressources humaines ». C'est la raison pour laquelle les dix pistes d'actions suivantes ne prétendent absolument pas à l'exhaustivité. Elles constituent simplement des pratiques dont certaines sont éprouvées depuis des années, alors que d'autres revêtent un caractère plus novateur et expérimental.

Il est nécessaire d'avoir une politique volontariste si l'on veut ancrer la diversité dans les pratiques quotidiennes des ressources humaines. Cela impose, en effet, d'adapter les processus RH : recrutement, évaluation et évolution professionnelle, relations sociales, formation... Tel est le prix de la cohérence entre les discours et les actes. Est-il utile de préciser que ces pistes concernent tous les types de diversité : genre, origine ethnique, âge, handicap, orientation sexuelle, opinions...

1. *Sensibiliser l'ensemble du personnel aux avantages de la diversité* (équipes plus innovantes, réactives et complémentaires, remise en cause des situations de routine, réponse au « papy boom... ») par des sessions de formation alternant exposés, échanges, intervenants extérieurs, études de cas...

   Cette sensibilisation est un préalable indispensable pour préparer le milieu de l'entreprise, traiter les non-dits et certains blocages... et surtout préparer les salariés de l'entreprise à accueillir et intégrer des collègues qui ne se situent pas dans les « normes » jusque-là implicitement reconnues.

2. *Recruter dans la diversité* :
   - Proposer les postes à des populations discriminées, par le biais d'organismes experts (FASILD, AFIJ, etc.).
   - Éliminer tous contenus ou méthodes discriminants (directs ou indirects) dans les descriptions de postes et dans les modes de sélection.
   - Privilégier les modes de sélection exclusivement fondés sur l'évaluation des compétences (type habiletés ou mises en situation professionnelle).
   - Former les recruteurs aux avantages de la diversité.
   - Mise en place du CV anonyme.

3. *Évaluer le management lors des entretiens annuels d'activités* sur ses actions en matière de développement de la diversité (quoi ? quand ? comment ? avec qui ?).

Il s'agit d'ancrer cet objectif dans la pratique professionnelle et dans les évolutions de carrière. Il importe de faire comprendre aux managers que leur carrière dépend aussi de leur gestion de la diversité…

4. *Fonder aussi les promotions internes (accès aux postes d'encadrement) sur l'aptitude du candidat à développer l'égalité professionnelle et la diversité, et à* prévenir et résoudre les discriminations : épreuve de management éthique dans les examens d'évolution professionnelle où le candidat doit résoudre des situations à caractère sexiste, raciste ou discriminatoire…

5. *Mesurer l'équité en matière de recrutement, de rémunération, de formation, d'évolution professionnelle par divers indicateurs et tableaux de bord.* Par sexe, ces outils sont faciles à réaliser. Cependant pour mesurer l'équité relative aux origines ethniques, il s'avère indispensable de mettre au point une « photographie statistique de l'entreprise ». Anonyme et fondée sur le volontariat, cette photographie risque d'être incomplète. Aussi importe-t-il de se rapprocher de la CNIL pour tenter de la préciser, dans le respect des individus.

6. *Fixer des objectifs de progression dans ces mêmes domaines,* après avoir mesuré les situations de départs et intégrer un « audit diversité » dans le bilan social annuel. Rendre obligatoire le thème de la diversité dans la « Négociation annuelle obligatoire ».

7. *Communiquer sur ce thème, en interne* (intranet, journal d'entreprise, séminaires…) et mesurer le ressenti des personnels au sein des baromètres périodiques de motivation. Traiter régulièrement le développement de l'égalité F/H et de la diversité au sein des instances de direction.

8. *Engager des partenariats avec l'Éducation nationale* (accueil de stagiaires des quartiers sensibles, soutien à la diversification de filières encore trop « clonées »…). Inscrire un module « diversité » dans les 3es cycles RH.

9. *Briser le plafond de verre,* (accès aux postes de direction) non seulement en faveur des femmes, mais également en faveur des minorités visibles… notamment par des actions du tutorat ou de coaching…

10. *Veiller à la mixité et à la diversité dans les groupes projets* qui pilotent les démarches transversales de l'entreprise.

Chapitre 7

Le poids du handicap

Gwénaël BERTHELEME
Jean-Cyril SPINETTA

Pour l'entreprise, la diversité peut être considérée, soit comme un atout, soit comme une contrainte. Si la diversité physique est vécue comme une contrainte, l'entreprise pratique la politique de l'évitement, et ne va pas chercher plus loin. Si, au contraire, l'entreprise décide d'en faire un atout, l'enjeu devient tout autre, et les avantages associés sont alors nombreux, en termes de management comme en termes économiques.

1. Le handicap dans l'entreprise : d'une logique d'assistance et de solidarité à la contrainte légale

Le handicap est un terme qui peut avoir des acceptions différentes selon l'emploi que l'on choisit d'en faire. Le handicap peut être tant physique que psychique ou mental, ou encore inné ou le fruit d'un accident de la vie ; ce qui aussitôt laisse deviner une incroyable diversité dans ce même facteur de diversité.

Dans un souci constant de reconnaissance et d'intégration sociale des personnes handicapées, quelles que soient par ailleurs les motivations des gouvernements successifs et du législateur, cette extrême diversité a rendu la tâche ardue.

Il a fallu attendre 2005, en France, pour que puisse être proposée une définition unique du handicap qui sera seule retenue pour organiser le système. Ainsi, selon la loi du 11 février 2005 pour l'égalité des droits et des chances, la participation et la citoyenneté des personnes handicapées, constitue un handicap « toute limitation d'activité ou restriction de participation à la vie en société subie dans son environnement par une personne en raison d'une altération substantielle, durable ou définitive d'une ou plusieurs fonctions physiques, sensorielles, mentales, cognitives ou psychiques, d'un polyhandicap ou d'un trouble de santé invalidant ».

Jusqu'alors, c'était l'acception retenue du handicap et le contexte politico-social du moment qui conditionnaient le système de prise en compte du handicap. Au sortir des grands conflits mondiaux, un devoir de réparation sociale, un désir partagé de redevenir citoyen par le travail, et la nécessité économique et sociale de reconstruire, rendaient nécessaire la mise en place d'une législation et de dispositifs pour opérer le retour à l'emploi des blessés et mutilés de guerre. C'est alors une approche de solidarité nationale qui a prévalu et qui posait les prémices des politiques d'intégration du handicap dans le système économique. Mais l'acteur économique lui-même restait le grand absent du système mis en place.

Le contexte a évolué et le monde économique a progressivement vécu cet effort de solidarité comme une contrainte difficile à gérer. Malgré cela, alors qu'elle était à peine considérée comme un facteur d'intégration sociale pour les personnes handicapées, l'entreprise s'est finalement peu investie dans les champs du handicap au-delà des actions de mécénat, de parrainage et autres projets proches de la solidarité et de l'humanitaire.

Et pourtant le souhait de faire participer le monde économique au financement du système social existant avait déjà été réaffirmé sans équivoque dans l'esprit de la loi de 1987. Cette loi du 10 juillet 1987 en faveur de l'emploi des travailleurs handicapés, modifiant la loi d'orientation du 30 juin 1975 en faveur des personnes handicapées, institue pour les entreprises de plus de 20 salariés l'obligation d'employer 6 % de travailleurs handicapés.

Si ce seuil n'est pas atteint, elle propose à la firme la possibilité de répondre à des obligations par le paiement d'une contribution salariale calculée au prorata de ses effectifs de travailleurs handicapés. Cette contribution n'est pas un impôt, elle est versée à l'Agefiph (Association nationale pour la gestion du fonds pour l'insertion professionnelle des personnes handicapées) nouvellement créée qui l'emploie pour financer des programmes d'aide à l'insertion des personnes handicapées.

Cette loi a favorisé l'insertion et a permis de financer des actions dédiées, mais elle demeurait le seul outil de dialogue entre les institutions étatiques et le monde de l'entreprise pour permettre l'insertion du handicap dans le monde économique.

On peut comprendre alors que puissent être générés des malentendus ou du moins des dysfonctionnements quand seule l'obligation légale d'embauche de travailleurs handicapés s'impose aux entreprises pour les inviter à participer à la stratégie économique globale du pays sur le sujet.

La loi du 11 février 2005 a pris le parti de renforcer les contraintes législatives pour encourager l'entreprise à se mobiliser sur les questions que lui pose le handicap.

Cependant, aujourd'hui, le monde économique dans un environnement complexe continue de considérer le handicap au travers de la seule contrainte législative qui y est associée, dans l'esprit de la loi de 1987. Il s'agit pour elle de répondre à l'obligation légale d'emploi de 6 % de travailleurs handicapés.

2. Organiser l'entreprise pour faire face à la contrainte législative

L'entreprise a dû faire face au handicap, dans un premier temps, quand il a fallu gérer des cas de maintien dans l'emploi pour les accidents du travail. Ce sont les ressources humaines ou les assistantes sociales qui ont fréquemment été mobilisées.

Dans la même logique, ils se sont peu à peu vu confier la mission d'insertion des travailleurs handicapés dans son ensemble, et ont donc aussi été chargés de traiter l'obligation d'emploi.

Malheureusement, les personnes chargées de ces « missions handicap » d'entreprise sont souvent isolées et doivent faire face à un manque de formation et d'information adaptées pour la réalisation de leur mission.

Pour leur part, les services de ressources humaines sont surtout organisés pour retourner chaque année le bordereau de déclaration de leur situation en matière d'emploi de personnes handicapées à la Direction départementale du travail, et verser une contribution à l'Agefiph en utilisant le bordereau de transmission. Ils sont rarement organisés pour sourcer des candidats handicapés, et compétents pour les postes à pourvoir.

Outre l'embauche directe de travailleurs handicapés, l'entreprise a la possibilité de passer des contrats de sous-traitance avec des établissements de travail protégé (entreprise adaptée, centre d'aide par le travail ou centre de distribution de travail à domicile) pour remplir, du moins partiellement, son obligation d'emploi. Cette possibilité est peu utilisée, car les divisions des achats de l'entreprise font rarement l'objet d'une coordination avec les ressources humaines qui pilotent la mission handicap. En conséquence, si des individus au cœur même de l'entreprise ne sont pas à l'initiative de telles démarches, cette possibilité offerte à l'entreprise continuera à être délaissée.

On aurait intérêt à s'interroger sur le rattachement hiérarchique ou du moins organisationnel de la mission handicap dans la structure. Il est fréquemment difficile d'identifier l'entité dans l'organisation qui fixe les objectifs de la mission handicap, évalue et corrige son action. Sans doute est-ce souvent parce qu'elle a pour seul objectif de tendre vers le taux légal de 6 %.

De ce fait, quand le cadre législatif évolue, comme cela a été le cas en 2005, en maintenant une obligation d'emploi avec un taux de 6 %, mais en modifiant les modes de calcul pour que ce chiffre soit plus représentatif de la réalité de la pratique des firmes, ce sont les personnes en charge de la mission handicap des entreprises qui ont l'impression que leur travail et leurs efforts sont remis en cause. En effet, l'indice sur lequel ils peuvent communiquer avec leur hiérarchie, et sur lequel ils sont évalués, est corrigé à la baisse, sans pour autant avoir modifié les pratiques existantes.

Pour aller plus loin, les entreprises les plus « entreprenantes » rédigeront un accord d'entreprise ou de groupe, avec l'Agefiph, pour re-décider ensemble une meilleure répartition des charges et frais engagés dans le domaine du handicap.

L'accord agréé ou la convention avec l'Agefiph poursuivent un même objectif : contractualiser l'engagement de l'entreprise dans la mise en œuvre d'une politique d'emploi des personnes handicapées. Mais leurs modalités, leurs acteurs et les effets produits diffèrent : le choix s'effectue selon la situation et les besoins propres de l'entreprise.

L'accord et la convention porteront sur :

- l'embauche,
- la qualification,
- le maintien dans l'emploi de personnes handicapées.

Seule l'existence d'un accord permettra également d'inclure la sous-traitance confiée au secteur protégé (centres d'aide par le travail et entreprises adaptées).

Hormis cette possibilité de recourir à la sous-traitance dans le secteur protégé, il faut constater que le cadre législatif invite l'entreprise à considérer le handicap comme une problématique relevant de fait de la gestion des ressources humaines.

La stratégie de l'entreprise ne peut s'envisager du seul point de vue des RH. Par conséquent, nous ne voyons pas dans cette organisation la possibilité de faire émerger des politiques à long terme du handicap dans l'entreprise, et donc encore moins de dynamique stratégique. Les entreprises ne sont pas organisées dans cette optique.

3. Mesurer l'engagement de son entreprise sur les champs du handicap

Le dirigeant peut toujours prévoir une note interne qui lui fera part du nombre de travailleurs handicapés ou du taux atteint, en rappelant le seuil légal, et en indiquant enfin la somme versée comme contribution Agefiph pour les unités bénéficières manquantes. Il n'est pas rare de ce point de vue que l'importance du montant surprenne le chef d'entreprise ?

S'il n'est pas déjà persuadé d'être soumis à un impôt, il y a fort à parier qu'il le vivra comme tel, car ses services lui objecteront, souvent à raison :

- la difficulté de recruter des travailleurs handicapés sur les postes à pourvoir,

- la difficulté d'identifier les travailleurs handicapés au sein du personnel,

- la difficulté de garder les travailleurs handicapés dans l'entreprise,

- et aussi la difficulté de faire évoluer la situation.

Doit-il cependant se résigner à pérenniser cette situation étonnante : parce qu'il est difficile pour les RH d'atteindre ce taux de 6 %, l'entreprise doit continuer à verser une contribution à l'Agefiph, comme elle paierait un impôt ?

Pour toutes ces raisons, le mot d'ordre de l'intégration du handicap dans les organisations économiques revient en général à « faire face à une obligation légale ».

Seules les entreprises ayant à leur tête une direction particulièrement engagée sur des valeurs humanistes et solidaires peuvent assumer dans ces conditions d'être proactives pour l'intégration du handicap dans leur organisation, et d'aller au-delà de la contrainte légale.

Faut-il en conclure qu'il n'y aurait pas d'entrée crédible du handicap dans la réflexion stratégique ? Le handicap ne pourrait-il pas même constituer un levier de performance pertinent pour l'organisation ?

Intégration du handicap, quelle finalité ?

Depuis quelques années maintenant, le concept de développement durable s'est introduit parmi les préoccupations des entreprises. Dans le domaine dit « social », il propose une approche de responsabilité sociale (ou sociétale) des firmes. En effet, celles-ci doivent désormais inscrire leur stratégie dans une perspective de développement durable, adopter une attitude responsable quant à leurs choix et prendre en considération dans le développement de leur stratégie les préoccupations des parties prenantes à leurs activités. Cela veut dire que l'entreprise doit pouvoir répondre de ses politiques choisies et menées dans les domaines sociaux et sociétaux, environnementaux et économiques.

Parmi les parties prenantes de l'entreprise, on retrouvera les salariés, ou encore les associations et/ou ONG qui peuvent être amenées à défendre des causes dans lesquelles ils s'identifient. Le handicap est bien une question sociale majeure qui ne peut être ignorée par l'entreprise. C'est aussi une des causes qui préoccupent de nombreux salariés, eu égard au taux de chômage extrêmement important en France des travailleurs handicapés.

S'intéresser au handicap en proposant une approche inspirée de la « Responsabilité sociale des entreprises » (RSE), c'est-à-dire considérer les parties prenantes, leurs intérêts et les risques encourus par chacune, permet de mettre en avant que le handicap, comme toute caractéristique intéressant une population spécifique, peut devenir un levier de performance pour l'entreprise et faciliter la mise en place d'une dynamique créatrice de valeur débordant le seul cadre des relations entre la personne handicapée et son employeur.

Avec l'entrée en application de la loi au 1er janvier 2006, les entreprises ont l'obligation de négocier annuellement sur l'emploi des personnes handicapées, sur la base d'un état des lieux préparé par l'employeur. Il est donc important de poser dès aujourd'hui les fondements de la politique de gestion des ressources humaines, qui peut prendre la forme d'un accord d'entreprise agréé ou d'une convention avec l'Agefiph. L'expérience montre que les entreprises ayant signé des accords avec les organisations syndicales sur cette question ont noué un dialogue social constructif. Chaque partie, employeur comme salarié, en tire de nombreux bénéfices, tant en termes de productivité (optimisation de l'organisation et des conditions de travail) que humainement (conservation des compétences et de la culture de l'entreprise).

4. Évolution du modèle

L'OMS a fait évoluer la Classification internationale des handicaps (CIH) vers la Classification internationale du fonctionnement du handicap et de la santé (CIF) en 2001, et propose désormais une nomenclature permettant de décrire l'environnement en qualifiant son impact sur la situation de la personne comme obstacle ou facilitateur. Le handicap y est décrit selon deux axes principaux, celui des structures anatomiques et des fonctions des systèmes organiques, et celui des activités et de la participation sociale, envisageant le fonctionnement de la personne en tant qu'individu et en tant qu'être social. Ainsi, à un modèle, qui imputerait le handicap aux seuls individus sans se préoccuper suffisamment de leur environnement, doit se substituer un modèle pour la vie autonome dans une société accessible.

La loi du 11 février 2005 se situe dans cette logique intermédiaire, réunissant dans un même texte, des dispositions favorisant la non-discrimination à l'égard des personnes handicapées et des mesures spécifiques visant non seulement à compenser le handicap mais également à faciliter l'accès aux droits et à la vie sociale et publique des personnes handicapées.

Pour la première fois en France, la loi de 2005 définit le handicap en s'appuyant sur une approche plus pratique et notamment sur la prise en compte de l'environnement de vie de la personne. Ainsi le handicap intègre une approche systémique qui, par nature, est en mesure de mobiliser l'organisation sur cette problématique endogène.

Les entreprises ont des difficultés à comprendre la raison de l'évolution du cadre législatif. Attend-on d'elles qu'elles recrutent à hauteur de 6 % des travailleurs handicapés ou bien plutôt qu'elles travaillent à intégrer le handicap dans leur système ? C'est cette évolution qui est voulue, le glissement est en cours. Ainsi, il convient d'observer aujourd'hui différemment cette obligation d'emploi et de penser la possibilité d'en faire un levier de performance pour l'entreprise.

5. Le pari de l'approche systémique

La loi a été un déclencheur de la prise en compte du handicap, mais aller jusqu'à proposer une approche systémique, c'est faire le pari que le handicap, tout comme le marketing, la qualité ou même la formation, et toutes choses égales par ailleurs, peut se révéler être un levier de performance économique dès lors qu'il est abordé dans une perspective de long terme et d'innovation.

Ces différents domaines sont aussi apparus d'abord comme des contraintes (souvent législatives) avant de devenir au travers des normes et audit un avantage concurrentiel.

Comment ne pas comprendre l'inquiétude du salarié à révéler sa reconnaissance de travailleur handicapé dans une structure qui, malgré une communication poussée en faveur du handicap, propose un produit ou un service non adapté aux personnes handicapés ?

Quelle entreprise engagée dans une politique de diversification de sa production vers un public dit à mobilité réduite ne pense pas aussi qu'il peut toucher le marché des seniors, et personnes vieillissantes, marché prometteur dans les années à venir ?

Finalement, comment ne pas voir dans ce levier un élément pertinemment concurrentiel qu'il conviendrait de traiter ? Mais par où commencer ?

L'entreprise doit gérer une population diversifiée qu'elle préfère envisager en catégories pour en faciliter la gestion : seniors, genre homme/ femme, minorité visible... Si le handicap a été perçu comme un élément de diversité pertinent dans l'entreprise, c'est donc un ensemble homogène que l'on choisit de se donner les moyens d'intégrer. Pourtant, on l'a vu, l'entreprise est loin d'être confrontée à un ensemble homogène, et cette entrée ne peut être efficiente.

6. Le choix clé

Seul le choix de l'entreprise de s'engager peut être le déclencheur de cette intégration efficace d'une « politique handicap » dans la stratégie de l'organisation.

Quand l'entreprise est contrainte par la loi, elle doit s'interroger sur l'attitude qu'elle adopte : payer la contribution (totalement ou partiellement) due à l'Agefiph ou recourir aux autres possibilités offertes par le législateur pour être en conformité avec le texte législatif. Alors seulement, l'entreprise qui aura fait des choix sera en mesure d'argumenter les options prises et de les justifier par un ensemble de décisions pertinentes pour la conduite de l'organisation et donc pour la stratégie. L'essentiel n'est pas de payer ou non, mais de choisir de payer ou non.

On ne subit pas une orientation réputée stratégique pour son organisation. Les montants qui peuvent être consacrés à ce sujet sont suffisamment conséquents pour que l'attribution qui en est faite résulte d'un choix pertinent eu égard à la stratégie de l'entreprise. L'entreprise participe alors à sa mesure, et de façon durable à l'intégration du handicap dans la société civile ; le monde économique, acteur incontournable du système, y aura joué son rôle, celui qui participe de sa responsabilité.

Cette approche tient encore aujourd'hui de l'innovation. Peu nombreuses sont les structures qui peuvent présenter, au-delà du système communicant et des valeurs véhiculées, une organisation qui permette réellement de donner une réalité au travers d'un système de management pertinent et avec la possibilité d'explorer les champs offerts par ce nouvel éclairage en matière de développement économique tant d'un point de vue des produits que des marchés.

L'agence Entreprises et Handicap, créée par Marie-Anne Montchamp, dans la continuité de la loi du 11 février 2005, intervient sur la performance du système organisé. Elle propose aux entreprises intéressées de travailler sur cette articulation pertinente : performance /handicap, de la rejoindre avec un projet susceptible de participer à élaborer cette réflexion en la fondant sur les données objectives, issues de l'expérimentation sur leur propre cas d'entreprise.

7. Le cas Air France par J.-Cl. Spinetta

Dans une entreprise comme Air France, où l'image représente un poids considérable, l'intégration de ce concept nouveau a fait l'objet de réactions en chaîne. Rejet d'abord (nos clients n'accepteront pas), questionnements ensuite (que vont penser nos clients ?), inquiétudes (nous prenons un risque), et enfin engagement et fierté (notre entreprise joue son rôle sociétal).

Évidemment, ce cheminement ne se fait pas rapidement, et suppose plusieurs préalables indispensables. L'engagement fort du chef d'entreprise est bien sûr une garantie d'efficacité, mais il faut également désigner une équipe en charge de ce dossier. Il s'agit d'un travail de longue haleine, de sensibilisation, de persuasion, d'écoute et de dialogue, qui doit permettre d'avancer ensemble vers l'évidence que représente l'intégration de la différence. Une évidence qui est sans cesse remise en question par la pression que l'entreprise exerce inévitablement pour garantir sa rentabilité économique. Et donc une évidence qui doit s'asseoir sur plusieurs raisonnements tels que : le handicap, c'est *aussi* la compétence ; le handicap, c'est *aussi* le présentéisme ; le handicap, c'est *aussi* un atout dans la société... C'est à mon sens tout l'intérêt de la gestion de la diversité, quelle qu'elle soit, et tant l'entreprise que la société en général ont tout à y gagner.

Gérer la diversité physique, gérer « le handicap », suppose en premier lieu de considérer qu'il ne s'agit pas d'un sujet accessoire, secondaire, et donc d'accepter de le placer comme un vrai sujet de ressources humaines, qui sera traité avec la même priorité que les autres (gestion des carrières, gestion des âges...). Il est d'ailleurs intéressant de noter que la gestion du handicap est souvent source de créativité pour la gestion des ressources humaines. En effet, de par sa spécificité humaine, ce sujet nécessite de trouver des solutions à chaque problème posé. Ces solutions sont en majeure partie adaptables à d'autres problématiques liées à la diversité, et donc sources de richesse pour toute la communauté ressources humaines. À ce titre, il doit donc figurer dans les priorités de l'entreprise.

Mais, au-delà de la réflexion ressources humaines, c'est également un sujet de marketing et de communication. En effet, quand l'entreprise a fait le nécessaire pour que l'accueil et l'intégration des « différences » soient devenus une réalité quotidienne, elle n'a aucune raison de le taire, tant en interne qu'en externe. Nous savons communiquer sur nos produits, nous devons apprendre à communiquer sur notre politique sociale et éthique. La diversité, et particulièrement le handicap, sont un excellent vecteur pour cela. Attirer les clients fait partie de notre savoir-faire, attirer les clients et les candidats parce que l'entreprise est éthiquement engagée est notre défi de demain.

Ainsi, outre notre politique d'insertion professionnelle des personnes handicapées, dont Air France est fier, il faut également citer le traitement de nos passagers à mobilité réduite. Les procédures mises en place, et suivies au quotidien, ont intégré la nécessaire prise en compte de la diversité physique dans l'accompagnement jusqu'à et dans l'avion, et nos clients, comme nous-mêmes, en avons tiré des bénéfices exceptionnels, particulièrement en termes d'image. Nous savons communiquer sur ce sujet. Nous allons apprendre à communiquer sur l'intégration interne, et donc contribuer à améliorer encore notre image.

Je suis persuadé que la diversité, et notamment le handicap, font partie intégrante de la richesse de l'entreprise. Il est d'ailleurs marquant de noter qu'une entreprise qui s'engage sur le sujet ne l'abandonne plus jamais ?

Chapitre 8

Cultivons leurs différences…

Corinne FORASACCO
Catherine VOYNNET-FOURBOUL

« *The people of this world have been brought together technologically, but have not yet begun to understand what that means in a spiritual sens. We have to learn to live as brothers or we will perish as fools.* » Martin Luther King.

La prise de conscience de la diversité a cheminé en suscitant chez les dirigeants des grandes entreprises la volonté de concevoir une réelle politique de la diversité. Là se pose la question des objectifs de la politique de diversité et de sa déclinaison dans le domaine de la formation. S'agit-il de tenir compte des différences des salariés, et donc du caractère unique de chaque salarié en adoptant des réponses sur mesure, individualisées ? S'agit-il d'établir une équité de traitement, une égalité des chances par un rééquilibrage ? S'agit-il d'intégrer mieux les salariés ? S'agit-il d'obtenir une sorte de socle commun de valeurs, d'expériences, de compétences pour des groupes de salariés marqués par leur hétérogénéité ?

On le voit, la pluralité des enjeux au sein même de la diversité entraîne des réponses d'ordre sensiblement différent. Voilà pourquoi on ne peut qu'évoquer des politiques multiples en matière de gestion de la diversité.

Déclinaison des politiques de diversité appliquées à la formation

	Valorisation faible	Valorisation forte
Besoin d'intégration, de socle commun — Fort	Globalisation	Diversité
Besoin d'intégration, de socle commun — Faible	Temporisation	Individualisation

Faible   Forte

**Valorisation de la diversité,
de la créativité**

Ces quatre modes de politique de diversité appliqués à la formation ne sont pas rigoureusement exclusifs les uns des autres. Cette représentation a pour but de montrer les forces contradictoires qui s'exercent au sein des politiques de la diversité. Une première tendance consiste à valoriser le respect des caractéristiques individuelles par souci d'équité, parce qu'on est sensible aux valeurs éthiques de notre époque, et parce que là réside le potentiel créatif. Cependant l'entreprise est un lieu où travaillent ensemble des personnes, ce qui suppose une harmonisation des individus, une mise en musique, qui passe le plus souvent par des formes d'unification, d'intégration des personnes, qui supposent que les personnes disposent d'un socle commun à partir duquel elles peuvent travailler ensemble. Ces deux forces individualisantes et collectives présentent des caractéristiques a priori contradictoires et les entreprises qui ambitionnent la diversité doivent finalement concilier ces contradictions. Le cheminement n'est pas rectiligne et on peut imaginer qu'assez classiquement les entreprises font évoluer leur politiques et programmes de formation, à partir de la globalisation, vers l'individualisation en cherchant à équilibrer ces deux tendances pour en définitive produire une adaptation mixte répondant à la fois aux besoins des individus et de l'organisation en général. C'est cette articulation si particulière qui est un enjeu déterminant à la charge des experts de la formation dans les grandes entreprises.

Aujourd'hui, au cœur de ce concept de diversité dans les entreprises, c'est une *pluralité d'hommes et de femmes*, « *tous différents* », qui, au-delà des politiques ressources humaines sectorielles permettant d'intégrer des paramètres d'âge, d'origine, d'handicap, de sexe, à la fois nécessite et attend une approche personnalisée de son développement de compétences.

Cette évolution des besoins, qui rencontre par ailleurs dans les entreprises une volonté d'optimisation de solutions en formation, produit la mise en œuvre de démarches de plus en plus individualisées. Le « sur mesure » sous des formes les plus diverses, allant des parcours à la carte à l'e-learning ou au coaching individuel, prend ainsi son essor.

Mais la différence de profils appelle aussi les entreprises, à la fois dans des objectifs de renforcement de leurs opérationnalité et efficacité, et dans une logique de capitalisation sur la richesse de la différence, à s'équiper de cursus aux vertus d'intégration et de partage. Ainsi, les cursus d'accueil, les actions management et universités d'entreprises des formations très centrées sur le partage et l'appropriation de référents communs vont s'enrichissant.

Contribuer à la fertilisation croisée des savoirs et créer une communauté de valeurs, tels sont en effet aussi les challenges du métier formation dans les entreprises aujourd'hui.

1. Le credo de l'individualisation ou la prise en compte de la différence

Une convergence d'intérêts
favorable à la personnalisation des réponses en formation

En France et plus largement dans les pays du sud de l'Europe, la formation professionnelle dans les entreprises s'est progressivement installée et enrichie autour de programmes, très largement inspirés de nos systèmes scolaires (donc souvent sous des formes « académiques ») et favorisant le collectif et le présentiel.

Les modes d'apprentissage ont cependant sensiblement évolués ces dernières années, et ce vers des modèles plus interactifs. Les dernières étapes de cette évolution sont l'émergence des nouvelles technologies de l'information et le développement de l'e-learning.

L'approche de la formation est encore largement globale et dans ce cadre l'entreprise propose, voire a la responsabilité d'apporter des solutions en formation à ses salariés. Dans le droit français, l'initiative individuelle s'est exprimée quasi exclusivement via le CIF (et un peu par la VAP puis la VAE), ce jusqu'en 2004 où naquit le DIF.

Ces démarches très collectives, induites à la fois par le droit, la culture, les modes de management et d'apprentissage dans la vie professionnelle, ont permis de réelles avancées en termes de qualification et d'intégration sociale, mais ont atteint aussi des limites face à de nouvelles exigences de notre environnement.

Faire face à des volumes

Nous pouvons citer par exemple les composantes démographiques qui poussent à l'accroissement des volumes de formation pour, à la fois, préparer la « relève » et accompagner l'allongement de la vie professionnelle.

De même, l'accroissement concurrentiel sur tous les marchés nécessite de renforcer de manière permanente les niveaux de compétences et, en particulier dans les services, encourage la différenciation par les hommes et les femmes. Ce paramètre n'est pas neutre sur les effectifs devant être concernés par la formation et pousse la recherche de modes de formation optimisés.

Le facteur « temps productif » dont la sensibilité a été renforcée par les 35 heures demande alors à être intégré de manière forte et la recherche, tant en termes de diminution des temps de formation que de flexibilité, doit s'organiser. Par voie de conséquence, la dimension structurelle de la gestion de la formation devient fondamentale.

Répondre à des évolutions sociologiques et comportementales

Comme clients ou comme salariés, les individus expriment aujourd'hui l'attente de pouvoir être acteurs dans le choix de leur formation, d'optimiser leur temps et de se voir proposer des solutions adaptées sur les contenus et variées quant aux formes d'apprentissage.

Les besoins d'accompagnement dans l'apprentissage caractérisent aussi la demande. Et à travers ces deux aspects pointe aussi la logique d'individualisation.

Intégrer les évolutions technologiques

Du téléphone à l'Internet, il est possible aujourd'hui de passer du présentiel au virtuel. Il n'est plus imaginable en effet de ne pas mettre dans les ressources formation des outils, méthodes et technologies qui sont au centre de notre quotidien. À ce titre, l'e-learning est un fabuleux média qui permet à la fois l'industrialisation et l'individualisation.

S'adapter à un nouveau cadre de gestion d'entreprise et de ressources humaines

Même si fort est de constater que des populations demeurent exclues de la formation professionnelle (en particulier dans certains secteurs et types d'activité), globalement l'investissement formation dans les entreprises françaises, depuis ses textes fondateurs en la matière, s'est largement accru.

Plus récemment, concernée par les logiques de rationalisation, la formation a dû se développer dans une logique de maîtrise forte des dépenses et une demande plus pressante de retour sur investissement. À ce titre, assez mécaniquement, il apparaît comme une quasi-évidence que, dans nombre d'hypothèses, la même formation appliquée à un groupe, sans analyse amont assez fine des prérequis, est consommatrice de davantage de temps et nuancée selon les personnes en termes d'effets. Cette réoccupation d'optimisation du temps et de l'efficacité a ainsi logiquement stimulé les logiques de personnalisation.

Et le temps au-delà de la durée consacrée est aussi une problématique d'organisation et de flexibilité. De ce point de vue, dans le cadre d'approches personnalisées, les solutions d'accompagnement individuel et ou d'apprentissage à distance, outils efficaces de la personnalisation des réponses en formation, peuvent jouer pleinement leur rôle.

Cette nécessité et cette tendance s'inscrivent en outre dans un paysage modifié des ressources humaines. Des attentes plus générales de gestion personnalisée des salariés en termes de carrière, rémunération ont vu le jour. Pour les même motifs d'optimisation susmentionnés, des démarches de gestion des compétences de plus en plus outillées sont donc mises en œuvre.

Ainsi, éclairés par des observations factualisées, des rendez-vous annuels d'appréciation des performances, d'entretiens de carrières, voire d'*assessment centers*, les réponses en termes de développement des compétences ont les moyens d'être plus affinées.

L'ensemble de ces facteurs alliés aux limites observées de l'efficacité de certaines formations de masse sont autant de paramètres qui ont donc effectivement généré, puis accéléré, les logiques d'individualisation faisant en quelque sorte se rejoindre les préoccupations des individus et des entreprises autour de la prise en compte de la différence.

Du diagnostic à l'évaluation de la formation

Mais de quoi parlons-nous lorsque nous évoquons personnalisation et individualisation de la formation ? Il ne s'agit pas, en quelque sorte fatalement, d'imaginer un apprenant seul, devant un écran d'ordinateur, démuni dans son apprentissage et privé de tout lien social. Cette image certes caricaturale est encore en effet souvent agitée par les opposants des nouveaux modes d'apprentissage.

La personnalisation est avant tout une posture et implique des méthodes développées tout au long du processus formation ; du diagnostic à l'action et à son évaluation. Cela fait aussi appel à un panel de modes pédagogiques variés permettant de mieux intégrer la différence : profils, niveaux, appétences et facilités des personnes en termes de modes d'apprentissage.

La voie la plus largement développée pour mieux répondre aux nouveaux enjeux (collectifs et individuels) de la formation semble être le *reflexe* voire la systématisation, sur les formations qui le nécessite, du diagnostic préalable à la formation. Selon les cursus et les thèmes, cela peut prendre la forme d'autodiagnostic, d'entretien avec son manager, de diagnostic en ligne, de sessions d'évaluation (*assessment* ou autres dispositifs). Les formes sont variées mais les objectifs sont les mêmes : préciser et mieux dimensionner le besoin afin d'apporter une réponse calibrée.

Les réponses en formation apportées ensuite vont devoir être s'adaptées en termes de contenus. Cela pourra nécessiter l'organisation de groupes plus homogènes ou offrir des solutions modulaires et à la carte s'il s'agit de formations prudentielles. Mais cela pourra aussi permettre de disposer d'un apprenant guidé dans ses choix sur des solutions e-learning.

Comme l'apprentissage répond à des objectifs de formation calibrés, à l'issue de ses actions, le bilan en est facilité. Il ne résout pas la problématique plus complexe et globale de mesure des effets de la formation. Il permet cependant de mettre sous contrôle la phase essentielle d'intégration d'un certain nombre d'acquis de formation dont il faudra ensuite mesurer l'impact dans le temps.

Mais la prise en compte de la différence dans la formation, c'est aussi savoir apporter la variété et la pluralité des modes d'apprentissage, et savoir choisir des solutions « particulières ». Le « mixte formation » est en effet une tendance majeure à ce jour dans l'apprentissage. Partant de l'idée que l'optimisation de la solution en formation passe aussi par le bon choix « d'outil » face à chaque problématique de formation posée (qu'elle soit collective ou individuelle), c'est une réelle valeur ajoutée que de s'interroger sur la meilleure forme d'apprentissage.

Sur de nombreux thèmes et objectifs de formation, il a été observé que mixer les solutions génère une efficacité accrue.

2. De la richesse de la différence : E = MC2

Différences d'origine, d'âge, de sexe, de métiers, de profils, etc., autant d'éléments de diversité qui enrichissent une communauté de travail mais complexifient ou a minima multiplient les possibles dans la gestion des hommes en général et la formation en l'espèce.

En effet, les formations au-delà de leur obligation de personnalisation pour mieux répondre aux besoins ont aussi souvent la mission de savoir intégrer la différence. Il s'agit alors malgré ces diversités de permettre de travailler ensemble, de développer des réseaux, et dans un même temps de démultiplier en quelque sorte de la valeur ajoutée à partir des individualités dans le collectif.

Deux types de formation peuvent illustrer ce propos : les parcours destinés aux nouveaux arrivants dans une entreprise et les formations managériales.

Parcours nouveaux entrants : intégration et/ou place à la diversité ?

Sur un marché des compétences de plus en plus tendu, attirer et fidéliser les meilleurs est devenu un leitmotiv. La première pierre de cette quête permanente d'attractivité et de rétention est en général assez logiquement le cursus qui permet l'intégration dans les entreprises et dans les grands groupes.

L'ambition de ces parcours est le plus généralement de permettre la compréhension d'un environnement, souvent aussi de mobiliser autour de principes caractéristiques, voire fondateurs d'une culture. Il s'agit parfois aussi de faciliter l'accès à un métier et d'accélérer l'opérationnalité des nouveaux arrivants.

À ce titre, le Groupe Caisse d'Épargne, multi-métiers (banque, assurances, banque d'investissement, immobilier) et multi-enseignes (Crédit foncier, banque Palatine, Ixis…) a choisi de faire en sorte que son parcours d'intégration de tout nouvel entrant valorise sa diversité mais permette aussi l'appréhension d'une culture commune forte. À cette fin, il propose à tous les nouveaux arrivants quels que soient leurs profils un itinéraire dont les premières étapes sont communes et partagées. Cependant, afin cette fois d'intégrer la cible métier et la « typicité » de chacun, d'autres étapes de ce même parcours sont destinées à accélérer l'accès, voire à professionnaliser sur certains métiers (par exemple les commerciaux d'agence). Et dans ces phases se marient alors les objectifs de partage avec une communauté de métier et l'accès à la carte à des composantes en formation visant à acquérir ou renforcer ses propres compétences pour son futur job.

Une opportunité : les parcours de formation au management et les universités d'entreprise

Lorsqu'il s'agit de concevoir des solutions en formation qui visent à développer, enrichir les dimensions managériales, la prise en compte des différences suppose, au-delà de la nécessaire recherche d'une réponse adaptée à chacun, un questionnement qui doit permettre de concilier la capitalisation sur la diversité et le partage de référents communs. Pour ce faire, le niveau du curseur n'est pas toujours aisé à régler. Il s'agit de mettre en œuvre deux logiques qui peuvent être concurrentes. Dans un cas, il faut s'approprier collectivement des valeurs, process et règles du jeu, bref de créer un collectif. Mais il s'agit aussi de permettre à chacun d'appréhender et de s'enrichir de la différence en termes d'expériences et de comportements des autres.

Dans ce cadre, les sessions d'universités d'entreprise organisées pour des personnes de toutes provenances de l'entreprise, mais dans des logiques de « communauté choisie », et ainsi reconnue, sont particulièrement efficaces dans leur rôle d'intégrateur des différences et de valorisation de la diversité.

Dans le même sens, les parcours de formation structurants construits dans des logiques de promotions avec challenges et mise en commun de la richesse de chacun jouent eux aussi un rôle majeur de catalyseur. Et ici, « l'art » consiste à savoir équilibrer d'une part les composantes centrées sur le partage et le collectif, type « class project », site communautaire d'apprentissage, séminaires et études de cas en groupes, voyage d'étude, etc., et d'autre part les apports nécessitant production ou accompagnement individuel (projet d'action individuel, coaching, mentoring).

Dans la conduite de changement intéressant les organisations comme dans le pilotage d'évolutions professionnelles, ces approches qui savent cultiver les différences produisent leurs effets… Nous pouvons ainsi probablement dire que l'entreprise doit elle aussi cultiver sa différence. À ce titre, la différenciation peut aussi devenir un réel avantage concurrentiel.

Chapitre 9

La diversité dans tous ses états

Catherine CHOUARD

La diversité est une problématique qui touche de plus en plus l'opinion au regard de l'actualité des dernières années et a mobilisé tant la société civile, avec notamment la création en décembre 2004 de la Haute Autorité de lutte contre les discriminations, que les entreprises, notamment celles ayant signé la Charte de la diversité (le Medef ayant pris l'initiative lors de son Université d'été 2005 d'ouvrir sur ce thème une négociation interprofessionnelle) et les ministères concernés.

Aborder un sujet aussi vaste et complexe ne peut se faire qu'en agissant simultanément et avec engagement sur des registres différents et complémentaires. Évoquer la diversité suppose une diversité d'approches ?

1. Faire respecter un état de droit

« Les idées s'accordent mieux entre elles que ne le font les hommes. »
Cl. Bernard.

Personne n'est à l'abri, à un moment ou à un autre de sa vie, en l'occurrence professionnelle de faire l'objet d'une discrimination. La définition de référence a été donnée par la loi qui stipule les discriminations prohibées portant sur « l'origine, le sexe, la situation de famille, l'apparence physique, le patronyme, l'état de santé, le handicap, les caractéristiques génétiques, les mœurs, l'orientation sexuelle, l'âge, les opinions politiques, les activités syndicales, l'appartenance ou la non-appartenance, vraie ou supposée, à une ethnie, une nation, une race ou une religion déterminée » (Code pénal, art. 225-1).

Qu'il s'agisse des jeunes et des seniors, des femmes et des hommes, des diplômés et des non diplômés, des minorités visibles et... (s'agirait-il de la majorité invisible ?) des personnes en « pleine capacité » et des personnes handicapées ou en surpoids..., le durcissement des conditions d'accès à l'emploi et ensuite des modalités de progression professionnelle font que les obstacles surgissent et se multiplient d'autant plus que se cumulent certaines des caractéristiques précédemment énoncées. La diversité est-elle l'affaire de tous ?

Raison pour laquelle il est important de ne pas réduire la problématique aux seuls jeunes d'origine étrangère issus des banlieues en faisant d'ailleurs souvent l'amalgame entre ceux qui sont diplômés et ceux qui ne le sont pas. Le sujet mérite d'être traité avec davantage de précision car les modalités à mettre en œuvre sont de nature différente selon les cas.

Pour autant, le terrain de l'entreprise permet de faire vivre ensemble les personnes porteuses de cette diversité. L'une des conditions de réussite en est le respect des règles de droit, l'affirmation forte de principes et règles de vie en communauté et de faire respecter ces principes dans les lieux de travail à quelque niveau de responsabilités que ce soit, sans différence d'origine, de religion… Ces repères forts, lorsqu'ils sont communs, connus et partagés par tous, sont déterminants pour définir les droits et devoirs de chacun et facilitent la vie en commun.

Toutefois, leur seul respect, s'il est indispensable, n'est pas suffisant pour développer une vision, partager des objectifs communs qui mobilisent collectivement et individuellement sur l'enjeu de la diversité.

2. Oser un état des lieux

> « Ce n'est pas parce que c'est difficile que l'on n'ose pas,
> c'est parce que l'on n'ose pas que c'est difficile ? » Sénèque.

Aborder la diversité, c'est oser se saisir du paradoxe d'une économie où l'emploi se raréfie alors même que la population active augmente et que les frontières sont sensées s'ouvrir.

Le réflexe est malthusien : ont plus facilement accès à l'emploi ceux qui ressemblent aux décideurs d'aujourd'hui, ceux qui présentent à leurs yeux le maximum de garantie de productivité et les rassurent dans la prise de risque qu'est devenue l'embauche d'un salarié.

Alors même que la société humaine est devenue composite, la sphère économique a poursuivi sa trajectoire de reproduction de son modèle. Bien que conscientes d'évolutions démographiques certaines, les entreprises européennes et particulièrement latines peinent à s'ouvrir en devenant le reflet de la population locale alors même qu'elles sont prêtes à délocaliser leur production dans des pays dont les cultures, us et coutumes les dépassent largement.

S'ouvrir à la diversité, c'est tout à la fois un enjeu de société pour assurer l'égalité de traitement face à l'emploi et lutter contre les inégalités et un enjeu économique pour les entreprises dont les ressources humaines tendent à se raréfier en Europe, surtout celles qui sont qualifiées. De plus, les entreprises devront de plus en plus être le reflet humain de leurs clients, eux aussi de plus en plus « divers ». Alors, pourquoi devant tant de bon sens, les pratiques n'évoluent-elles pas plus vite ?

Lorsque la rationalité échappe, c'est souvent parce que le registre des émotions l'emporte. S'agirait-il tout simplement de peur ? La peur de l'autre différent, la peur d'être submergé, la peur de ne pas savoir faire, ou se comporter, de ne pas comprendre, de perdre son autorité. C'est souvent la peur d'être jugé par un regard différent du sien qui engendre, en effet retour, une attitude de jugement et d'exclusion.

Sur un plan micro-économique, interne à l'entreprise, ces émotions existent et sont peu souvent abordées. Si les intentions sont rarement discriminatoires, en revanche, les pratiques peuvent l'être plus par défaut de conscience des impacts de ses représentations que par volonté d'exclure. Il s'agit de mettre des mots sur les maux. L'expression des difficultés ressenties lors de la rencontre avec des personnes différentes par leur origine, leur handicap, ainsi que sur un mode plus méthodologique, des pratiques comme l'auto-testing pour analyser ses propres pratiques de recrutement, l'audit interne, le dialogue social entre autres, sont de nature à faire émerger un diagnostic qui puisse constituer l'étape de base indispensable à la recherche de mesures adaptées et spécifiques. Il s'agit d'établir un état des lieux des pratiques existantes mais aussi des représentations et ressentis sous-jacents.

3. Créer les conditions d'un état de fait

> « Il y a ceux qui voient les choses telles qu'elles sont et
> se demandent pourquoi, il y a ceux qui imaginent les choses
> telles qu'elles pourraient être et qui se disent... pourquoi pas ? »
> G. B. Shaw.

La financiarisation de l'économie pousse fortement à la « dictature du trimestre », autrement dit à l'atteinte des résultats selon une approche à court terme. Cette logique suppose de plus en plus une « main-d'œuvre » immédiatement efficace au plan opérationnel et s'adaptant aux conditions d'exercice existantes. Or, une part croissante de la population active n'est pas ou plus sur les mêmes registres. Organiser l'interface entre besoins et ressources devient plus complexe et se traduit souvent par la mise en place de modalités intermédiaires, médiatrices.

Prendre en compte les différences nécessite des moyens pour adapter l'organisation existante (parcours d'accueil et d'intégration, conditions de travail, horaires, travail à domicile, formation qualifiante...) et du temps pour faire évoluer les mentalités, les comportements et attitudes, et en ressentir les effets positifs.

Il est d'ailleurs intéressant de constater que le secteur d'activité le plus ouvert à la diversité est celui des entreprises de services – plus récent – qui est aussi celui le plus créateur de valeurs et d'emplois ? Son développement rapide a favorisé l'émergence de métiers nouveaux, hybrides, pour lesquels les grilles classiques de recrutement n'étaient pas efficientes. Des approches comme la méthode de recrutement par simulation ont permis de définir des critères qui ne reposent plus sur le seul diplôme mais sur des habiletés démontrables et donc objectivables.

C'est un point important que de redonner aux personnes la fierté d'être contactées pour ce qu'elles savent bien faire. C'est quand elles ont ainsi repris confiance qu'elles peuvent mieux s'intégrer dans un environnement de travail. Il s'agit d'inventer, adapter, investir pour créer les compétences nécessaires pour aujourd'hui et pour demain. L'ouverture à la diversité revient à passer d'une logique de coût à une logique d'investissement.

4. Insuffler un état d'esprit

> « *Étrange époque où il est plus facile de briser un atome que de vaincre un préjugé.* » A. Einstein.

Qu'en est-il de la capacité d'engagement des décideurs ? Certes, par exemple, la signature de la Charte de la diversité peut être considérée comme une simple déclaration d'intention. Pour autant, l'incitation à la diversité est un acte fort de management. Elle pose un repère symbolique qui permet de servir de référence et de sensibiliser les acteurs internes sur un thème qui ne fait pas forcément partie de leurs préoccupations au quotidien.

D'ailleurs, la diversité commence entre hommes blancs ? Que dire des difficultés d'intégration d'un DRH basque dans un comité de direction à majorité catalane ou d'un Suédois dans celui d'un comité britannique ?... Ayant été témoin de situations de ce type, il m'est apparu que, même entre hommes-blancs-diplômés-cadres dirigeants, l'acceptation de la différence n'était pas une évidence, et ce d'autant moins que les réflexes d'exclusion ne sont souvent pas conscients ? Cela laisse rêveur sur la capacité à intégrer des différences plus sensibles...

Autrement dit, au-delà du défi économique, la diversité renvoie aux valeurs, au regard porté par chacun sur l'altérité, à la connaissance de soi pour mieux s'ouvrir à la connaissance de l'Autre. Cette dimension personnelle à développer – en priorité auprès de toute la ligne de management – va demander la création de nouveaux « espace-temps » de sensibilisation et d'apprentissage tant au sein du système éducatif et de l'enseignement supérieur que dans l'entreprise, notamment pour celles qui disposent d'universités internes ou de branches professionnelles, mais pour toutes les autres aussi, même très petites, où le dirigeant en personne incarne cet engagement.

Au-delà des mesures ponctuelles qui sont évoquées ici ou là pour limiter les discriminations, il est indispensable d'impulser un mouvement de fond pour faire évoluer les mentalités. C'est en alimentant régulièrement un « état d'esprit diversité » qu'il pourra se diffuser largement et de façon pérenne.

5. Conclusion : vivre un état de grâce ?

« Nous devons incarner les changements
que nous voudrions voir appliquer au reste du monde. » Gandhi.

Si la diversité est l'affaire de tous, elle est aussi l'affaire de chacun. Jusqu'à présent, ont été surtout évoquées les recherches de solutions collectives et extérieures. Pourtant, accepter la diversité, c'est aussi adresser à soi-même les mêmes questions sur l'état des lieux de ses propres pratiques, au quotidien, c'est rechercher aussi une solution intérieure.

Partie 2

Les entreprises
face à la diversité

Face aux défis de la diversité de ses salariés et de la population active, l'entreprise prend conscience de la nécessité d'agir. Les sept chapitres de cette seconde partie sont consacrés aux problèmes qu'affronte l'entreprise. Dans le chapitre dix, sous la plume du professeur David Alis et de Mireille Fesser, DRH, l'obligation de diversité devient pour l'entreprise une opportunité. Dans le chapitre onze, le professeur Samuel Mercier et Alain Gavand, expert et conseil en recrutement, analysent les risques de discriminations lors des recrutements. Roger-Pierre Hermont, DRH, et Michel Joras, universitaire et consultant, s'interrogent dans le chapitre douze sur les managers et la diversité. Louis Forget et une équipe de DiverCity étudient dans le chapitre treize la gestion de la différence sans faire de différences. Le chapitre quatorze est consacré à l'entreprise face au défi du handicap sous la plume d'Olivier Bachelard, Emmanuel Abord de Chatillon et Raphaël Venet.

Les deux derniers chapitres de cette partie ouvrent des perspectives sur la situation ailleurs dans le monde à travers le cas de l'Italie avec la contribution de Giovanni Costa et de Martina Gianecchini, et celui du Maroc avec le travail de Mohamed Bachiri, président de l'association des DRH marocains, Abdel-Ilah Jennane et Soufyane Frimousse, chercheurs.

Chapitre 10

Diversité : de l'obligation à l'opportunité pour l'entreprise

David ALIS
Mireille FESSER

Les résultats des recherches de J.-F. Amadieu publiés au tout début des années 2000 ont cerné les effets des discriminations. Dans une enquête par testing réalisée pour un emploi de commercial de niveau bac + 2, le candidat le plus discriminé est le handicapé. Il a reçu le moins de réponses à sa candidature et la plus faible quantité de réponses favorables (5 réponses positives) lui proposant de passer un entretien (contre 75 pour le candidat de référence). En deuxième position se trouve le candidat avec un patronyme maghrébin, talonné par le candidat âgé de 50 ans. L'apparence disgracieuse ou le lieu de résidence pénalisent aussi le candidat pour décrocher un entretien d'embauche (Amadieu, 2004). Pendant très longtemps, la France a choisi de ne pas mesurer ces discriminations.

En France, le modèle républicain s'est en effet construit depuis la Révolution française sur le principe d'égalité : « Les hommes naissent et demeurent libres et égaux en droit », et seul compte (en théorie) le mérite dans l'accès aux dignités, places et emplois publics. Cette conception française de l'universalisme et de l'intégration républicaine se distingue du modèle communautaire anglo-saxon marqué par le comptage des minorités.

À titre d'exemple, aux États-Unis, le Civil Rights Act voté en 1964 instaure une politique de lutte contre les discriminations. Dans cette perspective, les entreprises de plus de 50 salariés sous contrats avec le gouvernement fédéral ainsi que l'ensemble des entreprises de plus de 100 salariés sont tenues de fournir chaque année un document actualisé faisant état de la composition de leur main-d'œuvre à l'aide des critères suivants (Sabbagh, in DARES 2004) :

- le clivage sexuel (hommes/ femmes) ;
- l'appartenance à l'un des neuf groupes professionnels (*job group*) qui rassemblent les titulaires d'emplois exigeant un niveau de qualification, de rémunération et de promotion comparable ;
- l'identification dans l'une des cinq catégories suivantes : Blancs, Noirs, Indiens d'Amérique, Orientaux et enfin les personnes portant un nom à consonance hispanique (*spanish surnamed*).

À la fin des années 1960, une politique de discrimination positive (*affirmative action*) a été mise en place pour remédier à la sous-représentation des minorités dans la population. Cette politique d'*affirmative action* recouvre deux aspects : un traitement différentiel (prenant en compte le facteur racial à toutes les étapes de la procédure de recrutement), un *outreach* (prenant en compte le facteur racial dans la phase de constitution du lot de candidatures).

Le sujet de la lutte contre les discriminations et de la gestion de la diversité est essentiel. Ainsi, 14 millions de personnes vivant actuellement en France sont soit étrangères, soit descendantes de parents ou de grands-parents étrangers. Or, après les Trente Glorieuses (1945-1975), l'ascenseur social s'est grippé, notre système de sélection et de formation des élites s'est révélé peu favorable à l'ouverture. Comme le note P. Aubert (in DARES, 2004, p. 5), « la plupart des immigrés recrutés comme OS [pendant les Trente Glorieuses] ont achevé leur carrière à ce même niveau de qualification. L'apprentissage du français n'a pas été suffisamment pris en compte par les entreprises et actuellement 45 % des immigrés ne maîtrisent toujours pas correctement la langue française après plusieurs années passées en France. Le sort des enfants issus de cette première vague d'immigration, pourtant plus qualifiés que leurs parents, n'est guère plus enviable ».

À la question « Avez-vous le sentiment que dans le monde de l'entreprise, l'accès à l'emploi pour les personnes issues de quartiers sensibles est facile ou difficile ? », 91 % des Français et 74 % des DRH[1] estiment que cet accès est plutôt difficile voire très difficile.

Cependant, 52 % des Français et 70 % des DRH interrogés estiment qu'une personne habitant les quartiers sensibles peut représenter une valeur ajoutée pour l'entreprise en fonction de son cursus ou de son expérience professionnelle, tandis que 31 % des Français et 13 % des DRH mettent plutôt en avant l'atout pour l'entreprise du point de vue de la diversité culturelle.

La gestion de la diversité peut s'aborder sous différents angles. Il convient de distinguer la problématique de lutte contre les discriminations de la gestion de la diversité contributive au développement de l'entreprise. Comme l'explique A. Palt (in DARES, 2004, p. 35), alors que la notion d'égalité de traitement stipule que tous les individus ont les mêmes droits, la gestion de la diversité se traduit par la reconnaissance et la valorisation des différences individuelles considérées comme des atouts pour la performance de l'entreprise (l'approche est ici centrée sur l'individu et sur des enjeux économiques).

Égalité de traitement *vs* gestion de la diversité

Égalité de traitement lutte contre les discriminations (*equal employment opportunities*)	Gestion de la diversité (*managing diversity*)
Pour les individus victimes de discrimination	Concerne tous les individus
Actions assurant l'égalité de traitement devant et dans l'emploi	Actions favorisant le développement du potentiel de chaque collaborateur
Logique d'assimilation	Individualisation
Obligation légale	Initiative de l'entreprise

Source : A. Palt in DARES, 2004, p. 35.

Nous cheminerons ainsi de la diversité comme obligation légale à la gestion de la diversité comme opportunité, en mettant en valeur des pratiques d'entreprises innovantes.

---

1. Étude Ipsos menée en 2004 après de 461 directeurs des ressources humaines, d'un échantillon représentatif de 1002 Français de 18 ans.

1. La diversité comme obligation légale

En France, la question de la discrimination est encadrée par une série de textes légaux dont le nombre continue de croître. C'est pour gérer les discriminations qu'a été créée une autorité, la HALDE (Haute Autorité de lutte contre les discriminations et pour l'égalité). Un autre organisme, la CNIL (Commission nationale de l'informatique et des libertés), veille à la gestion des bases de données et donc à toute forme d'information ou commentaire portant sur ces mêmes éléments. Le principe en est que « l'informatique doit respecter l'identité humaine, les droits de l'homme, la vie privée et les libertés ». Nous sommes donc dans une réglementation et une logique de sanction en cas d'infraction. Nous ne présenterons pas de manière exhaustive les obligations. Nous reviendrons sur le rôle de la HALDE, la non-discrimination en matière d'emploi (alors que le CV anonyme fait son apparition), et enfin les obligations concernant l'emploi handicapé.

La notion de diversité ramène à la gestion des différences et à toute forme de classification, classement ou ségrégation qui s'opérerait en entreprise. Sont concernés différents sous-ensembles qui peuvent se cumuler entre eux. Discriminer, c'est traiter différemment des personnes placées dans des situations identiques en se fondant sur un ou des critères prohibés. Les principaux critères prohibés par la loi sont : l'âge (avec les extrêmes que représentent les jeunes et les seniors), le sexe, l'origine, la situation de famille, l'orientation sexuelle, les mœurs, les caractéristiques génétiques, l'appartenance vraie ou supposée à une ethnie, une nation, une race, l'apparence physique, le handicap, l'état de santé, le patronyme, les opinions politiques, les convictions religieuses et les activités syndicales (article 225-1 du Code pénal).

Les discriminations peuvent se manifester dans différents domaines : l'emploi, le logement, la santé, les biens et services, l'éducation, les services publics... Nous retiendrons ceux qui sont en lien avec l'entreprise. Ainsi, un certain nombre de textes ont progressivement donné un cadre à la gestion de la diversité.

Les textes de loi

Ils sont repris dans le Code du travail et dans le Code pénal à différents articles, dont les principaux sont indiqués ci-après.

Code du travail

Selon l'article L. 122-45 : « Aucune personne ne peut être écartée d'une procédure de recrutement ou de l'accès à un stage ou à une période de formation en entreprise, aucun salarié ne peut être sanctionné, licencié ou faire l'objet d'une mesure discriminatoire, directe ou indirecte, notamment en matière de rémunération, de formation, de reclassement, d'affectation, de qualification, de classification, de promotion professionnelle, de mutation ou de renouvellement de contrat en raison de son origine, de son sexe, de ses mœurs, de son orientation sexuelle, de son âge, de sa situation de famille, de ses caractéristiques génétiques, de son appartenance, vraie ou supposée, à une ethnie, une nation ou race, de ses opinions politiques, de ses activités syndicales ou mutualistes, de ses convictions religieuses, de son apparence physique, de son patronyme ou [...] en raison de son état de santé ou de son handicap. »

Les différences de traitement fondées sur l'âge sont précisées dans l'article L. 122-45-3. L'égalité professionnelle entre les hommes et les femmes fait l'objet de plusieurs articles (L. 123-1 à 7). Ainsi, selon l'article L. 23-1, « sous réserve des dispositions particulières du présent code et sauf si l'appartenance à l'un ou l'autre sexe est la condition déterminante de l'exercice d'un emploi ou d'une activité professionnelle, nul ne peut :

- mentionner ou faire mentionner dans une offre d'emploi [...], le sexe ou la situation de famille du candidat recherché ;

- refuser d'embaucher une personne, prononcer une mutation, résilier ou refuser de renouveler le contrat de travail d'un salarié en considération du sexe ou de la situation de famille ou sur la base de critères de choix différents selon le sexe ou la situation de famille ;

- prendre en considération du sexe toute mesure, notamment en matière de rémunération, de formation, d'affectation, de qualification, de classification, et promotion professionnelle ou de mutation. »

Rappelons aussi que « tout employeur est tenu d'assurer, pour un même travail ou pour un travail de valeur égale, l'égalité de rémunération entre les hommes et les femmes. » (article L. 140-2).

Les instances représentatives du personnel (IRP) jouent un rôle dans la lutte contre la discrimination. Le rôle des organisations syndicales est mis en avant dans l'article L. 122-45-1, le droit d'alerte des délégués du personnel dans l'article L. 422-1-1. La protection contre le licenciement et l'indemnité du conseil de prud'hommes sont présentés dans l'article L. 122-45-2. Les sanctions concernant les discriminations sont précisées dans l'article L. 631-4.

Code pénal

L'article 225-2 du code pénal (ancien article 416) prévoit que la discrimination définie à l'article 225-1, commise à l'égard d'une personne physique ou morale, est punie de deux ans d'emprisonnement et de 30 000 €

d'amende lorsqu'elle consiste [:] 3) à refuser d'embaucher, à sanctionner ou licencier une personne [:] 5) à subordonner une offre d'emploi à une condition fondée sur l'un des éléments visés à l'article 225-1.

Ces obligations se manifestent au niveau des offres d'emploi. L'offre d'emploi doit respecter des principes destinés à protéger les droits du candidat à l'embauche. Pour cela, elle doit ne pas comporter de mentions discriminatoires, être rédigée en langue française et ne pas induire le candidat en erreur. La diffusion d'une offre d'emploi suppose, de la part de l'annonceur, le respect de règles de publication (art. L. 311-4).

S'agissant du recrutement, les obligations vis-à-vis des candidats reposent sur le respect de la vie privée, la transparence et la pertinence. L'article L. 121-6 du code du travail précise ainsi que « les informations demandées, sous quelque forme que ce soit, au candidat à un emploi ou à un salarié ne peuvent avoir comme finalité que d'apprécier sa capacité à occuper l'emploi proposé ou ses aptitudes professionnelles. Ces informations doivent présenter un lien direct et nécessaire avec l'emploi proposé ou avec l'évaluation des aptitudes professionnelles ».

Sont concernés par ces principes, d'une part, toute entreprise quelles que soient sa nationalité et la localisation de son siège social, association, collectivité locale... à la recherche d'un salarié, d'autre part, tout salarié, tout candidat à un emploi, à un stage ou à une période de formation en entreprise. Ainsi, sur une offre d'emploi, la formulation « recherche cadre homme » est interdite tandis que celle « recherche cadre h/f » est correcte.

La législation française est à rapprocher des directives européennes et de la législation mondiale. Comme l'évoque P. T. Lanquetin (in DARES, 2004, p. 11), « le droit de toute personne à l'égalité devant la loi et à la protection contre la discrimination est un droit universel, un droit fondamental et non pas une simple obligation morale. Ce principe d'égalité est affirmé par le droit international des droits de l'homme et au plan de l'Europe par la convention européenne de sauvegarde des droits de l'homme » :

- charte communautaire des droits fondamentaux adoptée à Nice en décembre 2000 ;
- convention européenne des droits de l'homme et la jurisprudence de la cour de Strasbourg ;
- conventions de l'ONU sur l'élimination de toute discrimination raciale (de 1965, entrée en vigueur en France le 27 août 1971) ou spécifiquement à l'égard des femmes, dite convention Cedaw (de 1979, entrée en vigueur en France le 25 avril 1984) ;
- ainsi que les conventions de l'OIT (notamment la convention 111 sur la discrimination dans l'emploi (de 1958 ratifiée par la France en 1981).

La discrimination peut être directe ou indirecte. Elle est directe lorsque, sur les critères prohibés, une personne est traitée de manière moins favorable qu'une autre ne l'a été ou ne le serait dans une situation comparable. Elle est indirecte lorsqu'une mesure apparemment neutre aboutit au même résultat que s'il y avait discrimination directe. Par exemple, si un nombre beaucoup plus élevé de femmes que d'hommes subit un désavantage alors il y a présomption de discrimination. L'instauration de la HALDE a donné un coup d'accélérateur à cette politique.

La HALDE (Haute Autorité de lutte contre les discriminations et pour l'égalité)

La HALDE est une autorité administrative indépendante créée par la loi du 30.12.2004 pour répondre aux évolutions légales européennes. Elle a pour mission générale de lutter contre les discriminations prohibées par les lois françaises ou un engagement international ratifié ou approuvé, de fournir toute l'information nécessaire, d'accompagner les victimes, d'identifier et de promouvoir les bonnes pratiques pour faire entrer dans les faits le principe d'égalité. Elle dispose de pouvoirs d'investigation pour instruire les dossiers. La mission générale de promotion de l'égalité est précisée à l'article 15 de la loi l'instituant et comporte des missions qui lui sont propres.

L'objectif est de permettre une prise de conscience des discriminations, de faire disparaître les préjugés et de changer les mentalités et les pratiques de tous. Pour cela, la Haute autorité peut :

- mener ou favoriser des actions d'information et de sensibilisation pour mieux faire connaître les discriminations, prendre conscience des difficultés de vie que peuvent entraîner les discriminations ;
- favoriser la mise en œuvre de programmes de formation parce que la formation est un moyen de sensibiliser des publics différents pour éveiller la vigilance de chacun ;
- conduire et coordonner des travaux d'études et de recherches afin de trouver de nouveaux moyens d'action, et de formuler des propositions et des recommandations ;
- identifier et promouvoir les bonnes pratiques en matière d'égalité afin de montrer des exemples ou des préjugés qui ont été surmontés et les risques de discriminations écartées.

Dans son rapport d'activité, la HALDE précise qu'elle reçoit en moyenne 10 réclamations par jour. L'emploi est le champ d'activités dans lequel le plus grand nombre de réclamations s'expriment (45,3 %). L'origine est le critère principalement mis en avant par les réclamants (39,6 %). Confrontées à ces évolutions, les entreprises ne restent pas inactives.

L'exemple d'Adecco : un engagement fort en faveur de la lutte contre les discriminations
(Source : Bebear, 2004, p. 108)

Suite à un audit en 1999, il est apparu des discriminations dans le recrutement des intérimaires, que des permanents étaient mal à l'aise face à des pratiques discriminatoires contraires à leur conviction personnelle et aux valeurs de l'entreprise, et la demande d'un soutien fort exprimée par l'encadrement.

Pour répondre à ce malaise, Adecco a créé deux modules de formation et de non-discrimination à l'emploi en 2001.

Le premier, destiné à l'encadrement intermédiaire, apporte les connaissances basiques sur le sujet et permet aux salariés de reconnaître effectivement des phénomènes de discrimination et à y apporter des solutions. Le second s'adresse à l'ensemble de l'encadrement, aux chefs d'agence et attachés commerciaux ; il offre des pistes pour sensibiliser les clients et résister à leurs demandes discriminatoires. Cette formation propose aussi des idées pour mettre en place des plans d'actions.

Par ailleurs, deux campagnes ont été lancées. L'une visant à faire connaître le téléphone 114 dans le cadre d'une obligation légale d'information. L'autre, à l'initiative d'Adecco, consistait à lancer une campagne de communication avec le slogan : « Nos différences sont une richesse. Face aux discriminations, Adecco s'engage. » Cette campagne avait pour but de réaffirmer l'engagement de l'entreprise. En 2004, cette démarche de lutte contre les discriminations à l'emploi a été consolidée par la rédaction d'une liste d'engagements parmi lesquels figure celui de recruter sans discriminer pour les engagements intérimaires.

L'obligation d'emploi pour les handicapés

La gestion du handicap nécessite une volonté forte car elle engendre des aménagements et un investissement important pour l'entreprise. De fait, la loi se trouve contraignante en la matière.

Retenons quelques chiffres[1]. Le taux d'emploi des personnes handicapées est de 37 % contre 73 % pour l'ensemble des 20-59 ans ; 26 % des per-

---

1. Brouard C., *Le Handicap en chiffres*, 2005.

sonnes handicapées sont au chômage, soit un taux trois fois plus important que le taux de chômage français. Le taux d'emploi est en moyenne de 4 % alors que la loi invite les entreprises de plus de 50 salariés à atteindre un chiffre de 6 % de travailleurs handicapés ; 40 % des femmes handicapées sont à la recherche d'un emploi durable.

Le législateur et les pouvoirs publics ont, au fil des années, créé et développé des outils devant permettre l'emploi des personnes en situation de handicap tant en milieu ordinaire de travail que dans le secteur du travail adapté :

- loi de 1957 définissant les ateliers protégés et imposant un quota d'embauche de travailleurs handicapés en milieu ordinaire de travail ;
- loi de 1975 précisant le rôle des CAT (centre d'aide par le travail), créant les Cotorep (commission technique pour l'orientation et le reclassement professionnel) et les EPSR (équipe de préparation et de suivi du reclassement), instituant une garantie de ressources pour les travailleurs handicapés ;
- loi du 10 juillet 1987 renforçant les dispositions de la loi de 1957 et créant l'Agefiph (fonds pour l'insertion professionnelle des personnes handicapées).

Ces lois sont complétées par la nouvelle loi pour « l'égalité des droits et des chances, la participation et la citoyenneté des personnes en situation de handicap », promulguée le 11 février 2005.

Cette dernière loi propose des avancées dans le domaine de l'emploi (secteur privé et secteur public). Pour exemple, dans le secteur privé, les sanctions financières sont durcies pour les entreprises qui ne respectent pas l'obligation d'emploi. En effet, la contribution à l'Agefiph des entreprises qui n'emploient aucun travailleur handicapé pendant 3 années consécutives est augmentée : elle passe à 1 500 fois le taux horaire du SMIC.

La loi introduit également dans le Code du travail un article L. 323-9-1 selon lequel les employeurs prennent, en fonction des besoins dans une situation concrète, les mesures appropriées pour garantir aux travailleurs handicapés l'égalité professionnelle sous réserve que les charges consécutives à la mise en œuvre de ces mesures ne soient pas disproportionnées, compte tenu des aides qui peuvent compenser tout ou partie des dépenses supportées à ce titre par l'employeur.

Pour garantir l'égalité de traitement des travailleurs handicapés, les employeurs doivent prendre « des mesures appropriées » afin que le handicap ne constitue pas une cause d'éviction, que seules les compétences soient prises en compte lors d'un recrutement, d'un maintien dans l'emploi ou d'une évolution professionnelle. Ces mesures peuvent concerner l'adaptation de machines ou d'outillages, l'aménagement de postes de travail, l'accès aux lieux professionnels, l'accompagnement et les équipements individuels nécessaires au travailleur handicapé.

L'approche de l'emploi des handicapés s'aborde essentiellement sous l'angle de coûts et de sanctions financières afin de contraindre les entreprises à intégrer la notion de handicap dans leur politique sociale.

2. Du sens de la diversité

La diversité est approchée sous la forme de l'obligation et de la répression en cas de non-respect d'une législation qui se renforce avec le temps, la HALDE en étant l'incarnation. Pour répondre à cela, les groupes français préoccupés par leur marque Employeur® développent chacun leur programme, leur CV anonyme, etc., souvent repris par la législation ? Il s'agit semble-t-il de favoriser une diversité, au nom d'une entreprise citoyenne et de l'intégration.

Modèle économique et modèle social trouveraient-ils là une convergence ? Tout au moins, la bonne santé de l'économie provoquerait une santé sociale meilleure et un optimisme des Français en intégrant plus qu'en excluant ?

Un investissement productif

Il convient selon nous de changer de perspective et de considérer la diversité comme une source d'investissement productif.

La législation et les mesures prises concernant la diversité s'abordent dans une logique de sanction. Entretenir la différence n'est pas la logique dominante. Et pourtant, si nous regardions le sujet en termes d'opportunité plus que d'obligation ?

Prenons par exemple une forme de diversité souvent évoquée « l'entreprise aux couleurs de la France : beurs et black en entreprise ». Si nous observons les actions mises en œuvre, on peut constater des efforts en la matière à différents endroits :

- La main-d'œuvre locale ou de proximité est choisie par des sociétés nationales telles que La Poste, premier employeur de France, afin de créer du lien avec l'ensemble de la population de ce pays puisque c'est précisément aussi sa clientèle.
- Dans les métiers de la musique ou de la vidéo pour lesquels la population la plus « accro » s'avère être les jeunes de banlieue, quasi tous dotés de lecteurs MP3.

▶ Dans les enseignes de vente en électro-ménager implantées en centres commerciaux dans ces mêmes banlieues.

Ikea et Casino : recruter avec la méthode des habiletés

(Source : Bébéar, 2004, p. 110)

Confronté à des problématiques de recrutement de masse dans le cadre de l'ouverture de nouveaux magasins, les entreprises Ikea et Casino ont choisi d'objectiver leurs processus de recrutement en utilisant la méthode des habiletés. Cette méthode de recrutement, basée sur une évaluation des compétences théoriques, mais aussi pratiques (mises en situation…), se veut neutre, pratique et non discriminante pour les candidats. Elle comporte plusieurs étapes : élaboration de tests théoriques et mises en situation pratiques à partir de l'observation de situations de travail, définition du niveau requis, invitations des candidats à une réunion d'informations, convocation pour les entretiens, entretiens, sélection finale et embauche.

L'utilisation de la méthode des habiletés a évité toute discrimination dans le recrutement et permis de recruter des profils qui n'auraient pas été recrutés sur la base des critères classiques que sont le CV, l'expérience et la formation. Cette méthode a également permis à l'entreprise de réduire le temps et les coûts de recrutement, de toucher davantage de populations et d'aller vers une plus grande diversité.

Ces recrutements font du sens car ils permettent de développer le sentiment de reconnaissance de la clientèle et du personnel l'un vis-à-vis de l'autre : clientèle et personnel s'approprient l'entreprise et ses produits, de la même manière que, par exemple, des grandes enseignes de cash and carry recrutent des poissonniers, des restaurateurs qui se réorientent et surtout qui constituent leur clientèle ? La diversité se conjugue avec une approche économique source de compétitivité.

De la même manière, les sociétés de luxe développent une autre approche de la diversité en fonction de leur cible de clientèle. Quelle grande enseigne ne dispose pas de sa vendeuse japonaise à Paris, de sa vendeuse d'origine russe sur la Côte d'Azur ? Une nouvelle fois, il s'agit de répondre au besoin de la clientèle cible dans une approche intégrant marketing et ressources humaines.

Ne nous trompons pas sur le sens de ces actions. La diversité contribue à la richesse des entreprises et conditionne leur développement futur. Les hommes et les femmes de l'entreprise en sont les clients potentiels et incarnent le métier de l'entreprise.

Les ressources humaines doivent se sentir concernées par le développement de l'entreprise et de ses activités, donner une longueur d'avance à l'entreprise en comprenant bien son métier et sa clientèle. Il s'agit bien, non pas d'être un « business partner », mais d'être au cœur du business et du développement de l'activité économique.

Une source de richesse

Le bon usage des outils de ressources humaines vaut bien des campagnes de marketing et peut rapporter autant que l'utilisation de bases de données clients à des coûts souvent moindres. Soyons-en conscients, ces outils RH doivent être bien articulés avec la stratégie de l'entreprise dans une logique de satisfaction de la clientèle. Mais évitons les démarches de communication externe sans réel fondement interne avec des messages de dupe sur l'intégration. Les entreprises en seront plus crédibles.

Le constat concernant les minorités visibles vaut pour les autres formes de diversité. La réussite de Bretagne Ateliers montre que recruter des handicapés ne nuit pas à la performance, au contraire. Le développement social va ici de pair avec la performance économique.

La success story de Bretagne Ateliers

(Source : V. Queuniet, Entreprises et carrières, n° 753, 1-7 mars 2005)

Le groupe Bretagne Atelier a pour activité la conception et l'industrialisation de pièces pour l'industrie automobile (80 % de l'activité) et d'autres biens d'équipement. Le groupe compte 721 personnes dont 500 travailleurs handicapés, répartis dans 6 unités industrielles agréées ateliers protégés, 2 CAT. Le chiffre d'affaires 2004 est de 22 millions d'euros.

Le groupe appartient aujourd'hui au club très fermé des fournisseurs de rang 1 de PSA (moins de 40 erreurs par million de pièces). Cette réussite repose sur une pratique très poussée du management participatif, formalisée en 1997 sous le nom de CRISTAL.

C pour convivialité (le café partagé qui donne le lien au début de chaque réunion), R pour rigueur (un document précis pour préparer et suivre chaque réunion), I pour implication (les salariés sont responsabilisés pour signaler les problèmes et mettre en œuvre les actions correctrices), S pour simplification (les salariés doivent comprendre ce qu'ils sont en train de faire), T pour tous ensemble (la réussite est collective, au service du client), A pour amélioration (indispensable pour une entreprise industrielle certifiée) et L pour longévité (l'entreprise existe depuis plus de trente ans). Bretagne Ateliers ne lésine pas non plus sur la formation : des travailleurs handicapés ont pu évoluer comme chefs d'équipe. Le groupe a su transformer ses points faibles (statut associatif, fragilité des personnes employées) en point fort, jusqu'à pouvoir rivaliser en termes de qualité et de productivité avec des équipementiers d'envergure internationale.

Quand on parle de diversité, on songe aux minorités. Mais de manière plus large, il s'agit de toute forme de rejet de personnes différentes de soi. Dans l'évaluation en entreprise, nous avons pu remarquer que lorsqu'une personne est conforme mais non performante, elle a des chances d'être promue, alors que l'inverse est plus rare. Cela renforce encore l'importance de la conformité mais ne concourt pas au développement de l'entreprise. Les non conformes performants dérangent l'organisation. Leurs collègues se méfient d'eux et ne manquent pas de leur dresser des obstacles, dès leurs premiers faux pas. L'entreprise a tendance à retenir ceux qui la représentent au mieux parce qu'ils se conforment à sa culture. Gérer la diversité, c'est accepter la non-conformité au service du développement de l'entreprise.

Cette approche est plus complexe que de gérer des individus « conformes », mais beaucoup plus enrichissante. Gérer véritablement la différence, en lien avec le métier même de l'entreprise pour réussir l'intégration : voilà le défi du management et des hommes et femmes de ressources humaines des entreprises performantes du futur.

Chapitre 11

Recruter sans discriminer

Alain GAVAND
Samuel MERCIER

Le recrutement est une fonction qui doit encore acquérir ses lettres de noblesse, car il constitue une des sources de performance majeures de l'entreprise. À l'échelle d'un pays ou de la planète, les conséquences des pratiques sont sensibles et la « Responsabilité sociale de l'entreprise » (RSE) n'a jamais autant été posée avec la question de la discrimination et le risque d'exclusion d'une partie de la population. Jamais les services ressources humaines n'ont autant été invités par la société tout entière à conjuguer performance et citoyenneté, et à considérer le candidat comme une véritable « partie prenante » (Gavand, 2005).

Au cœur de la RSE, figure la conviction que les dirigeants de l'entreprise doivent à la société bien plus que des profits et ont des obligations vis-à-vis d'autres groupes d'intérêt que les seuls actionnaires, ces responsabilités dépassant le cadre purement légal (Mercier, 2004).

Le management de la diversité, thème qui rencontre un succès croissant depuis plusieurs années, s'insère dans la stratégie de responsabilité sociale de l'entreprise. Il s'agit d'un engagement systématique et planifié visant à recruter et retenir des salariés provenant de diverses origines (Thomas, 1992). De plus en plus d'entreprises (notamment américaines) font de la gestion de la diversité un pilier important dans la construction d'un avantage concurrentiel durable. Dans une étude menée auprès des DRH des plus grandes entreprises américaines, Robinson et Dechant (1997) rappellent les cinq grandes raisons avancées pour justifier l'investissement dans une politique de diversité :

- une meilleure gestion des talents (93 % des DRH interrogés),
- une meilleure compréhension des marchés (80 %),

- une meilleure compréhension de la position des dirigeants (60 %),
- une amélioration de la créativité (53 %),
- une amélioration de la qualité de résolution des problèmes (40 %).

Les DRH insistent davantage sur ces aspects positifs plutôt que sur des raisons plus négatives comme le fait d'éviter des procès...

Sur le plan éthique, plusieurs arguments, tant utilitaristes (renvoyant à une certaine inefficience puisque les personnes les plus compétentes ne sont pas forcément choisies) que déontologiques (liés aux principes de dignité, de respect de la personne et de justice), peuvent être mobilisés pour dénoncer les pratiques de discrimination.

La suppression de la discrimination à l'embauche nécessite une remise en question complète des processus de recrutement et, au-delà de la gestion des ressources humaines, Gavand (2006) propose une politique de non discrimination en cinq axes :

- élaboration d'une stratégie « égalité des chances » et engagement fort de la direction générale ;
- implication notamment par le dialogue social et la formation des salariés de l'entreprise ;
- révision complète des procédures de recrutement ;
- action en amont et aval du processus de recrutement (action dans le bassin d'emploi, adaptation des postes de travail, mentoring...) ;
- reporting de sa politique diversité et de ses résultats.

En ce qui concerne le processus de recrutement, il importe de définir précisément les nouvelles méthodes de travail au moyen de directives qui peuvent se traduire, par exemple, par un code de déontologie interne, l'intégration des nouvelles prescriptions dans le système qualité et l'audit interne ou externe de ces nouvelles exigences.

Dans ce chapitre, nous proposons de détailler les quatre leviers d'action qui nous paraissent essentiels : agir d'une part sur la définition de poste et les critères de sélection, et d'autre part sur les modes de « sourcing » et la politique de communication auprès des candidats, renforcer l'objectivité des méthodes d'évaluation, sensibiliser et former les recruteurs.

1. Agir sur la définition de poste et les critères de sélection

La définition de poste est la clé de voûte du processus de recrutement : c'est à cette étape que se décide le choix des modes de recherche et des conditions de sélection des candidats. C'est à cet instant que le service Ressources humaines et les opérationnels ferment ou au contraire ouvrent les critères requis pour le poste. Consciente d'une forme de clonage et de recherche de profils à l'identique, et engagée dans une politique diversité, l'entreprise peut saisir cette étape pour remettre en question les standards d'embauche. Pourquoi ne pas recruter un profil plus senior alors que jusqu'alors on recrutait des juniors ? Pourquoi se cantonner aux seules écoles d'ingénieurs ou de commerce prestigieuses ? Pourquoi ne pas être plus attentif à des candidates à des postes où l'on avait tendance à privilégier des hommes ? Pourquoi ne pas proposer un poste à des candidats issus des minorités visibles ? Démarche citoyenne et éthique, cette politique volontariste vers plus de diversité trouvera des motivations plus utilitaristes si l'on considère que l'entreprise doit faire face à la pénurie de compétences, qu'elle a tout intérêt à ressembler davantage à ses clients et que ses équipes « diverses » seront plus performantes.

Rappelons en outre que les critères de sélection ne peuvent être discriminatoires et que l'entreprise s'expose à un risque juridique si elle contrevient aux principes énoncés par la loi française 2001-1066 du 16 novembre 2001 qui énonce clairement, par l'article 1er, les motifs de discrimination :

« Aucune personne ne peut être écartée d'une procédure de recrutement ou faire l'objet d'une mesure discriminatoire, directe ou indirecte, en raison de :

- son origine,
- son sexe,
- ses mœurs,
- son orientation sexuelle,
- son âge,
- sa situation de famille,
- son appartenance ou sa non-appartenance, vraie ou supposée, à une ethnie, une nation ou une race,
- ses opinions politiques, ses activités syndicales ou mutualistes,
- ses convictions religieuses,
- son apparence physique,
- son patronyme,

🔹 son état de santé ou de son handicap, sauf inaptitude constatée par le médecin du travail dans le cadre du titre IV du livre II du présent code » (article L. 122-45 du Code du travail).

Le rôle des services Ressources humaines sera donc de rappeler les obligations juridiques notamment les peines encourues (3 ans d'emprisonnement et 45 000 euros d'amende), mais surtout de faire preuve de pédagogie en exposant les enjeux de la diversité et l'intérêt pour l'entreprise à ouvrir ses critères de recrutement.

2. Agir sur les modes de sourcing et sa politique de communication auprès des candidats

Un sourcing diversifié

Si elle veut créer un réel effet de rupture par rapport à ses pratiques habituelles, l'entreprise doit envoyer un message fort aux candidats généralement discriminés qui, à force d'être exclus des processus de recrutement, s'excluent d'eux-mêmes. Aller à leur rencontre, c'est nouer des partenariats avec des associations qui parrainent et accompagnent des profils issus de l'immigration africaine et maghrébine ou des quartiers défavorisés. Citons par exemple en France, les associations telles que AFIJ, AFIP, AFRICA-GORA, APC Recrutement, IMS-Entreprendre pour la Cité (pôle Emploi & Diversité) et pour les handicapés l'Agefiph. Les offres d'emploi peuvent également être diffusées sur le site diversité-emploi et les entreprises ont la possibilité de participer à des forums (par exemple « nos quartiers ont du talent »). Les services ressources humaines pourront développer des partenariats avec des établissements scolaires qu'ils ne ciblaient pas jusqu'alors (par exemple dans les ZEP). Il sera également nécessaire d'ouvrir les critères de sélection lors de la recherche de stagiaires.

Ces actions d'élargissement du sourcing ne sont pas incompatibles avec les principes d'égalité des chances et ne doivent pas être considérées comme une démarche de discrimination positive, à condition de garantir que ce sont les candidats les plus compétents qui sont retenus et de ne pas opter pour l'exclusivité de ce mode de recherche.

Une communication institutionnelle conforme à ses engagements

La communication institutionnelle pourra développer des messages forts sur le thème de la diversité. L'entreprise a intérêt à communiquer sur sa politique de diversité, car ce sont des éléments fortement différenciateurs pour ses clients. Elle aura également avantage à s'adresser aux candidats dans le cadre de la valorisation de son image d'employeur, à condition que ses pratiques soient réellement conformes à ses déclarations.

Une plus grande rigueur dans la rédaction d'annonces

La vigilance des services RH sera accrue en ce qui concerne la publication d'annonces : aucune mention ne peut faire apparaître une clause discriminatoire et les annonces doivent être conformes à la législation générale sur les discriminations (article L. 122-45 du Code du travail). Il est d'ailleurs conseillé de mettre en place des procédures de contrôle interne des annonces, par exemple par un responsable Diversité, lui même sensibilisé et formé aux politiques de lutte contre les discriminations. Son rôle sera notamment de veiller à la conformité des annonces par une relecture systématique. Il sera également utile d'effectuer régulièrement des audits internes et externes en ce qui concerne le choix des modes de sourcing et le contenu des annonces.

Les risques de la cooptation

Les services ressources humaines devront être vigilants relativement à la cooptation, qu'elle soit formalisée ou non, et veiller à ce qu'elle ne renforce pas les mécanismes de « clonage ». Des précautions doivent donc être prises en conséquence. En effet, la cooptation s'appuie sur les réseaux de connaissances des salariés de l'entreprise, émanant aussi bien des liens qu'ils ont conservés avec leurs écoles, que de leurs parcours professionnels et personnels. Lorsqu'une entreprise utilise et promeut ce moyen de recrutement, elle doit en préciser le cadre à ses collaborateurs et rappeler ses engagements en matière de diversité et de non-discrimination. Parmi les personnes que l'entreprise encourage à présenter, les salariés doivent être mis en garde de ne pas favoriser uniquement les profils qui leur ressemblent, mais puiser parmi leur réseau élargi.

3. Renforcer l'objectivité des méthodes d'évaluation

Le tri de CV : une étape à risque

La première opération de *testing* en France réalisée en 2004 par Jean-François Amadieu de l'Observatoire des discriminations avait montré que cette étape était fortement discriminatoire. Plusieurs solutions pour prévenir la discrimination à ce stade s'offrent alors à l'entreprise.

Tout d'abord, le CV anonyme peut réduire la discrimination à cette étape. Il a été rendu obligatoire par la loi sur l'égalité des chances du 31 mars 2006, dans les entreprises de cinquante salariés, et un prochain décret en précisera les modalités d'application. La procédure « d'anonymation », qu'elle soit manuelle ou automatique au moyen d'un logiciel, repose sur l'effacement, non seulement de l'identité du candidat à un emploi, mais également de son adresse, de ses coordonnées téléphoniques et électroniques, de sa photographie, et de toute autre donnée permettant son identification. Cette procédure est conduite par une entité particulière, qui ne se confond pas avec le service chargé de convoquer les candidats pour un entretien d'embauche. L'association Éthique et recrutement, créée en mars 2006, propose une alternative avec la notion de CV universel. Le principe est d'harmoniser les modes de dépôt de candidature afin qu'à partir d'un seul format de CV, en une seule opération, les candidats puissent s'inscrire dans les CVthèques des entreprises qui les intéressent.

Si la solution du CV anonyme n'est pas adoptée, les services ressources humaines devront sensibiliser les personnes responsables du tri des CV à l'objectif de non-discrimination et inciter les recruteurs à plus d'ouverture à des profils et parcours atypiques. Il leur est recommandé de motiver le refus de la candidature et de l'enregistrer sur le CV (sur le document papier ou dans le système de gestion de candidatures). Enfin, étant donné le risque de discrimination à cette étape, l'entreprise ne pourra échapper à un renforcement de ses équipes chargées de la sélection, tout autant qu'à une plus grande professionnalisation de cette tâche ; cela entraînera une augmentation des coûts de cette fonction.

Le choix des méthodes d'évaluation

Une fois la sélection sur CV effectuée, comment l'entreprise opère-t-elle pour sélectionner les candidats ? Pour l'entreprise, l'enjeu est de taille, car c'est le candidat le plus compétent qui contribuera à la performance de l'entreprise. Rappelons qu'en France, la loi 92-1466 du 31 décembre 2002 et la circulaire du 15 mars 1993 encadrent le recrutement et imposent à l'entreprise de garantir que les méthodes d'évaluation ont comme finalité la seule appréciation des capacités. Ainsi, les informations demandées à un candidat à un emploi ne peuvent avoir d'autres finalités que d'apprécier sa capacité à occuper l'emploi proposé ou ses aptitudes professionnelles (article L. 121-6, al. 1 du Code du travail). L'appréciation de la capacité professionnelle du candidat s'étend à ses compétences, à ses connaissances techniques mais aussi à ses facultés d'adaptation, son aptitude à s'intégrer dans une équipe ou à l'animer, et porte sur les éléments de personnalité permettant d'apprécier ces qualités (circulaire du 15 mars 1993).

Mais comment définir la pertinence d'une méthode d'évaluation ? Les psychologues du travail retiennent trois critères pour distinguer une bonne méthode d'évaluation : la validité qui permet de vérifier que l'on mesure bien ce que l'on est censé mesurer ; la sensibilité ou finesse discriminative d'un outil d'évaluation qui signifie que celui-ci doit donner des informations qui différencient les candidats entre eux et enfin la fidélité qui concerne la stabilité des résultats et donc le degré de confiance que l'on peut accorder au « score » d'une personne (si une personne repasse une épreuve d'évaluation une semaine plus tard, aura-t-elle un score similaire ?). Au regard de ces trois critères, de nombreuses études en psychologie du travail se sont penchées sur la validité des outils d'évaluation couramment utilisés pour sélectionner les candidats. Aujourd'hui, malheureusement, beaucoup de méthodes utilisées en France sont loin d'être compatibles avec les exigences de qualité que les candidats et les entreprises revendiquent. La graphologie est l'outil dont la valeur prédictive est la plus faible (proche de 0)... Or, il est encore aujourd'hui utilisé par la majorité des entreprises ? C'est pourtant bien le recours à des méthodes objectives centrées sur la recherche des compétences qui constitue l'une des armes principales de la lutte contre les stéréotypes et donc contre les discriminations.

Améliorer l'entretien

Pour améliorer les techniques d'entretien, il est recommandé de doter les recruteurs de guides d'entretien qui garantissent que les questions ne diffèrent pas selon les candidats et l'intervieweur, et de proposer des grilles d'évaluation permettant au recruteur de se centrer sur les compétences. Afin d'éviter les préjugés, il est utile d'imposer la formalisation de la synthèse. Les recruteurs devront également disposer d'une bonne connaissance du poste et surtout avoir une représentation structurée de ses exigences.

Enfin, la question de la compétence des recruteurs n'est pas suffisamment posée et celle-ci devrait être davantage mesurée, compte tenu des conséquences de leurs décisions pour l'entreprise. Leurs capacités d'analyse et leur niveau intellectuel doivent être privilégiés, de même que leur expérience qui aura apporté une connaissance d'un grand nombre de postes.

Lors de l'entretien, les questions discriminatoires devront bien évidemment être éliminées, mais au-delà la posture de l'intervieweur et la logique dans laquelle il se situe sont tout aussi capitales. C'est toute la difficulté de l'exercice : ce double objectif le place sur « le fil du rasoir » : recueillir le maximum d'informations pour mieux connaître le candidat et l'exigence de protéger sa vie privée. Il est urgent que la profession des ressources humaines et des recruteurs définissent de bonnes pratiques en lien avec des juristes, des spécialistes de l'éthique et des psychologues (l'association « À compétence égale » réunissant des cabinets de recrutement pour la promotion de l'égalité des chances a élaboré un guide pour le recruteur : voir www.acompetenceegale.com).

Les tests d'aptitudes et de personnalité : outils d'évaluation complémentaires et indispensables

Les tests d'aptitudes et de personnalité sont des aides précieuses car ils contribuent à développer l'objectivité dans le processus de recrutement et donc à se départir des préjugés ainsi que des comportements potentiellement discriminatoires.

L'Assessment Center

L'*assessment center* ou le bilan comportemental est une méthode qui place le candidat dans des situations proches du vécu professionnel (*in basket*, *in tray*, jeu de rôle, résolution de problème…) et analyse sa performance. Il est constitué d'une série de simulations faites sous observation et qui permettent de placer le candidat par anticipation dans la situation professionnelle future, pour laquelle il est évalué. Les avantages de la technique de l'*assessment center* se rapportent essentiellement à son niveau élevé de validité et à sa perception positive par les candidats. Les *assessment centers* mettent délibérément l'accent sur le savoir-faire et le savoir être des candidats plutôt que sur les critères habituels tels que l'âge, le diplôme et l'expérience.

4. Sensibiliser et former les recruteurs

La difficulté pour l'entreprise engagée dans une politique de lutte contre les discriminations tient au fait que les prescriptions, qu'elles soient d'ordre légal ou définies par de nouvelles procédures, ne suffisent pas à changer les attitudes profondément ancrées chez chacun d'entre nous. Et il n'est pas acceptable de renvoyer la responsabilité au seul recruteur.

L'entreprise ou la direction d'un cabinet de recrutement, mais aussi tout intermédiaire du recrutement, doivent accompagner les recruteurs en leur donnant de nouveaux repères. Au préalable, le chargé de recrutement devra prendre connaissance des études disponibles en France qui établissent le fait discriminatoire et prendre conscience des enjeux de la diversité, notamment pour l'entreprise (économiques, RH, éthiques…). Les recruteurs doivent avoir une connaissance des obligations légales et des risques encourus. Ils doivent mieux comprendre comment les mécanismes de décision fonctionnent, et ce à toutes les étapes du processus de recrutement (définition de poste, tri de CV, entretien, phase de décision) et en quoi les représentations et les stéréotypes agissent.

Aucune politique de recrutement ne sera efficace si elle n'est reliée à la stratégie Ressources humaines, elle-même traduisant la stratégie générale de l'entreprise, et si la direction ne prend pas de réels engagements en la matière. Les partenaires sociaux peuvent également jouer un rôle dans la conclusion d'accords relatifs à la diversité et leur implication dans leur déploiement. Au-delà de ces acteurs, la question de la diversité est l'affaire de tous les salariés. Enfin, si l'on veut dépasser les simples déclarations d'intention, les services RH devront mettre en place des outils d'audits (*auto testing*, méthode d'observation des discriminations par le prénom…) et de *reporting* car le respect des engagement intéressent aussi bien les salariés que toutes les parties prenantes.

L'analyse de la littérature sur la diversité (voir Redman et Wilkinson, 2006, p. 320) fait apparaître les différents points de tension restant à appréhender pour mieux asseoir les pratiques de non-discrimination dans les entreprises : mieux cerner le lien entre gestion de la diversité et performance organisationnelle en mobilisant des recherches rigoureuses, adapter les programmes managériaux américains au contexte européen et, enfin, prendre conscience, afin de mieux les surmonter, des problèmes de résistance au changement dans ce domaine.

Chapitre 12

Le manageur et la diversité

Roger-Pierre HERMONT
Michel JORAS

> *« À aucun moment une chose ne reste identique à elle-même,*
> *son identité consiste à être toujours différente. »* Héraclite.

Manager, c'est se confronter à sa diversité. L'acte de management est, intrinsèquement, un rapport à l'altérité et un effort pour l'intégrer et le piloter. C'est peut-être même ce qui le caractérise le mieux puisque, sans diversité, la conduite des hommes se résumerait à une caricature de commandement de clones enrégimentés, alors que « l'homme moyen n'existe pas » : « L'homme est unique, aucun modèle établi, répétitif, ne peut le représenter. Il a un âge, un état de santé, une personnalité qui règlent ses activités, ses potentialités, ses talents » (Joras, 1990).

Cette réalité de base a fait l'objet d'innombrables analyses et la prise en compte des différences existant entre les « managés » a généré une abondante littérature et de multiples approches (depuis le management adaptatif jusqu'au management culturel).

Les pratiques managériales sont par ailleurs particulièrement cadrées dans la Communauté européenne, notamment par des réglementations visant à proscrire toute discrimination fondée sur les caractéristiques individuelles (la race, l'origine ethnique, la religion, les convictions, l'âge, un handicap, l'orientation sexuelle, etc.) : les actuels tâtonnements autour des pratiques de recrutement et du recours à des CV anonymes sont une manifestation parmi d'autres de la vigilance de notre société en ce domaine. Point n'est besoin d'insister sur le fait que la richesse humaine du management naît de la conjugaison des diversités de la communauté des hommes.

La réalité côté manageurs est en revanche beaucoup moins balisée et c'est à elle que nous nous intéresserons dans ce chapitre : nous tenterons de mettre en lumière la propre diversité du manageur qui peut caractériser son management d'aujourd'hui et la nécessité de promouvoir une capacité managériale à même de l'intégrer.

1. Diversité et choix sémantique

> « *Tout partage d'information*
> *présuppose une convention sémantique.* »
> Paul Watzlawick (1974).

Différent, diversité

Malgré l'introduction centrale de la notion de diversité, ce chapitre peut apparaître comme une thématique relativement simpliste. Et pourtant, les deux coauteurs « n'ont pas différé leur différend sur les différences d'analyse qu'ils émettent quant à la nature des différentiels existant entre les manageurs qui seraient tous différents face à leur diversité ».

Aussi n'est-il pas difficile de mettre en évidence la richesse polysémique du mot « différent » dont l'usage, depuis son signalement dans la langue française en 1543 (Dictionnaire français-latin d'Estienne Robert), a largement divergé et dont les significations actuelles sont multiples et variées... par définition[1].

Ainsi donnerons-nous ici à « tous différents » un sens très individualisant : au sein de l'espèce humaine, toute personne est spécifique, son individualité étant le résultat d'un construit physique, mental, culturel, social, historique, unique... Elle n'est réductible à aucun modèle, aucun modèle ne peut en rendre compte complètement, selon le principe d'individuation.

La notion de diversité est richement expliquée dans le dictionnaire des difficultés et pièges de la langue française (Bordas, 1981), au travers du terme de « Divers » : « qui présente dans le temps et l'espace plusieurs aspects ou caractères différents ; qui change selon les lieux ou les moments ». Ainsi en est-il des manageurs, dont aucun n'est pareil à quiconque.

---

1. Seul l'usage d'un mot en donne le sens, selon la théorie analytique de Wittgenstein dans son *Tractatus logico-philosophicus* (1921).

Manager, Manageur

Le mot « manager » apparaît dans la langue française au cours du XXe siècle. Le dictionnaire classique de la langue française de Bescherelle l'ignore encore en 1885. Il est considéré comme un mot anglais dans le dictionnaire Larousse de 1930, avec le sens de « celui qui a la direction ou le contrôle d'un établissement ».

Le dictionnaire classique anglais-français de Petit-Hachette en 1934 octroie au mot « anglais » trois significations :

- directeur, administrateur d'une entreprise, d'une société, gérant ;
- personne qui mène une affaire ou des personnes ;
- administrateur d'une faillite, d'une succession.

Le dictionnaire Bordas des synonymes de 1988 offre à « manager » les synonymes d'impresario, entraîneur.

À l'aune de cette incertitude sémantique et de l'envahissement du terme de management dans les sciences de gestion et d'économie sociale, on pourrait déclarer simplement que le manageur est une personne qui assure une activité, une prestation de management.

Mais alors de quoi s'agit-il ? Selon la proposition de Maurice Thévenet dans la *Culture d'entreprise*, il est possible de dégager trois caractéristiques de l'activité du management (et par là même de celle du manager) :

- c'est une action
- concernant une collectivité, un groupe
- et destinée à atteindre un résultat.

La théorie classique dite du « droit de propriété », qui exprime les fondamentaux du capitalisme libéral, permet quant à elle de poser que le manager est celui qui se voit confier « l'usus », usage du bien, au profit du « fructus », perception des fruits de l'usus.

Les sciences de gestion apportent un éclairage normatif très structuré au management, qui s'exprime universellement par les normes ISO 9000/2000. Ce sont elles en effet qui architecturent les systèmes de management, en s'arc-boutant notamment sur le cycle dit PDCA (Plan Do Check Act) qui s'impose dorénavant dans la majorité des normes ISO (ISO 14000) et privées (SA 8000…, OHASAS 18000).

Dans le langage économique, le manageur est considéré comme le « chef d'entreprise », le chef hiérarchique d'une « communauté de travail », le meneur d'hommes, le responsable d'une organisation humaine sous toute forme. Si l'on fait référence à l'économie libérale de marché qui dessine le monde actuel, un manageur est la personne chargée d'une entité économique et/ou sociale, qui répond de la « responsabilité sociale de l'entreprise » telle que définie dans le Livre vert de juillet 2001 de la Communauté européenne et confortée par sa communication de mars 2005 (COM, 2005, 658 final) qui veut faire de l'Europe un pôle d'excellence de la RSE.

Ainsi en s'appuyant sur les usages actuels du terme, nous suggérons de qualifier le manageur de la manière suivante :

> Personne désignée et tenue comme responsable par une entité organisée (société, collectivité, organisme public…) pour mobiliser et optimiser les capitaux financiers, techniques, humains, culturels alloués pour atteindre les objectifs fixés par sa tutelle politique, ce dans le respect du droit et la prise en compte des attentes et besoins des parties prenantes concernées et des préoccupations du développement durable et de la responsabilité sociale de l'entreprise (RSE).

Le schéma ci-après exprime ces repères[1] :

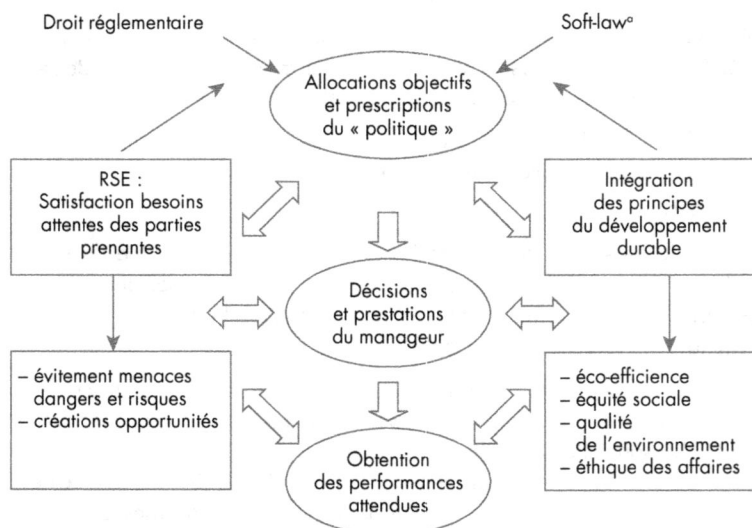

a. « Soft-law », droit mou. N'a pas vocation à se substituer au droit mais plutôt à baliser des espaces où le droit n'existe pas. Il représente une forme d'engagement entre la simple pétition de principe et l'accord négocié (Olivier Barat).

1. Selon schéma n° 5 de la responsabilité sociale des acheteurs. Joras M., Lepage J., Éditions d'Organisation, 2005.

2. Manager dans un monde controversé en recomposition incertaine

Notre monde de ce début du XXIᵉ siècle se caractérise par l'affaiblissement de la plupart des repères traditionnels qui ont structuré notre histoire (famille, églises, syndicats…).

Comme le décrit avec lucidité Guillebaud (2005), depuis la disparition des grandes idéologies rivales qui « fournissaient au débat public sa grammaire et sa sémantique », nos sociétés démocratiques peinent à fournir une lecture claire des phénomènes à l'œuvre (recompositions géopolitiques, nouveaux dogmatismes, dispersion des dangers…), à affirmer efficacement les valeurs de leur modèle propre et à élaborer des stratégies d'adaptation et de contrôle.

Des socio-diversités incompatibles

La diversité des cultures, des us et coutumes, des convictions, des religions, des systèmes de gouvernement, constitue la richesse de l'humanité. Comprise comme l'expression multiple d'une commune condition humaine, elle porte en elle l'actuel désir d'universalisation des droits de l'homme. Vue sous son jour le plus réducteur, elle peut aussi être la source de la défense et de l'exacerbation de tous les communautarismes et tous les individualismes. En effet, comme le soulignent les membres du Griseor (2006)[1] dans la conclusion de *Gestion des droits de l'homme* (Robert-Demontrond, 2006), au-delà du processus actuellement en cours d'instauration de normes sociales à l'échelle mondiale, « il faut penser l'incommensurabilité, l'incomparabilité des cultures, et penser encore leur irréductibilité, et leur incompatibilité ».

Ainsi, la notion de droits n'est-elle pas aussi naturellement partagée qu'on le croit. Elle est loin, a fortiori, de fonder partout l'ordre social. Et là où elle existe – et où l'on peut penser les droits de l'homme –, les différences prises par son acception profonde et sa traduction procédurale peuvent être immenses. Sur quoi, alors, fonder le choix et l'imposition d'une conception donnée du droit plutôt que d'une autre ? « Demander au musulman de renoncer à la sharia revient à demander à l'Anglais de renoncer à la Common law ou au Français de renoncer au droit romain, c'est vouloir le priver de sa "vie dans le droit" » (Talahite, 2003) (Robert-Demontrond, 2006).

---

1. Griseor : Groupe de recherche interdisciplinaire sur l'éthique des organisations. Rennes (France).

Dans ces conditions, comment espérer définir une éthique « standard » (de bonnes pratiques et de bonnes conduites), comme prête à l'emploi, dont chacun pourrait ou devrait se saisir au moment de ses prises de décisions managériales ?

3. Un effort d'universalisme du management économique et social

Après le désastre de Tchernobyl (avril 1986) et la fin officielle de la « guerre froide » symbolisée par la chute du mur de Berlin, qui coupait radicalement le monde en deux blocs antagonistes (1989), la généralisation du modèle d'économie libérale de marché s'est accompagnée d'une prise de conscience aiguë de l'ardente nécessité de préserver la biodiversité et la qualité de l'environnement aussi bien que la diversité culturelle et les droits fondamentaux des sociétés humaines.

L'économie mondiale est aujourd'hui capable d'intégrer les principes du développement durable (1992) et elle tend à se conformer à une certains nombre de préceptes et de priorités définis en ce domaine au niveau international : citons, parmi d'autres références, le Consensus de Washington (1990/ 2000), les conclusions de la réunion de l'Onu du Millénium en 2000 (sur l'« effort de progrès » notamment) et, pour l'Europe, la stratégie de Lisbonne (engagée en 2000), visant à faire de l'Europe en 2010 « l'économie de la connaissance la plus compétitive et la plus dynamique du monde ».

Les grandes organisations mondiales et les plus grandes entreprises multilocales, multinationales, européennes acceptent aujourd'hui de façon consensuelle de cadrer leurs activités sur un référentiel commun qui reprend au minimum :

- la Déclaration universelle des droits de l'homme – ONU (1948),

- les conventions de l'OIT de 1998 sur les droits fondamentaux du travail,

- les principes directeurs de l'OCDE (2000) et la convention anticorruption (2001).

Certaines d'entre elles intègrent par exemple ces exigences dans le cahier des charges de leurs appels d'offres, contribuant ainsi à « essaimer » ces bonnes pratiques auprès de structures plus petites ou culturellement moins attentives à cette dimension de l'activité.

Cette volonté se trouve synthétisée dans les 10 articles du Pacte global (Global Compact ONU, 2000) et, pour l'Europe, dans la Convention européenne des droits fondamentaux (2000) appuyée, en France, par la Charte de l'environnement adjointe à sa Constitution en 2005.

4. Des contingences déstabilisantes, mais une ébauche pour un paradigme managérial généralisé

Notre société se trouve soumise à de rudes attaques et peine parfois à se maintenir comme entité autonome. Pour reprendre l'analyse du sociologue Bauman (2006) dans son dernier ouvrage, elle se trouve prise entre « un monde globalisé, auquel les anciennes règles et structures ne sont plus adaptées et où de nouvelles tardent à prendre forme » et un certain flottement politique (les principes régissant l'État-nation souverain ne répondent plus aux exigences de gouvernance). Elle se trouve aussi confrontée à des phénomènes de vitesse et d'accélération incontrôlables et de dé-spatialisation agitée.

Dans un tel contexte, les entreprises adoptent nécessairement des modèles qui leur permettent d'intégrer l'incertitude. Comme IBM l'identifie dans son rapport de 2004, « Global innovation outlook », les entreprises du XXIe siècle seront « des organisations "distribuées", éparses et en mutation permanente, dont les participants se rassembleront temporairement, souvent virtuellement, le temps de collaborer à un projet ».

Cette tendance du management par projet vient d'être spectaculairement confortée, en France, pour la partie la plus conservatrice et fixée au sol national qu'est l'administration, par l'application de la loi dite Lolf (loi organique relative aux lois de finances, août 2001), qui réforme en profondeur la gestion de l'État pour passer à un mode de gestion par missions (politique, priorités, objectifs), programmes (responsables, stratégie, durée et moyens) et actions (plan d'action et relais opérationnels). Le gain de performance attendu s'appuie notamment sur de nouvelles responsabilités pour les manageurs publics et sur leur plus grande autonomie dans la mise en œuvre, mais aussi sur de nouvelles mesures de l'efficacité, permettant un meilleur contrôle démocratique par le Parlement de l'utilisation du budget de l'État.

Dans leur contribution à la revue *Esprit* de février 2005, Trosa et Perret constatent que « en s'engageant dans la voie de la gestion par programme, la France tente de s'approprier des principes de gouvernance publique qui, à partir du monde anglo-saxon, se sont imposés comme l'unique modèle de référence au niveau international [...] Le programme vise à inscrire l'action publique dans un triple formalisme : un schéma objectifs-moyens explicite et validé, un mécanisme de responsabilité sur la réalisation des résultats attendus et un cadre temporel (un début et une fin). Trois questions jouent un rôle central dans la gestion budgétaire nouvelle manière : que voulons-nous réaliser, comment allons-nous le faire et quel va en être le coût ? »

5. Des manageurs différents pour un management universel

Dans cette globalisation de l'économie mondiale, on pourrait discerner deux grands modèles d'organisations :

1. l'entreprise qui reste fixée au sol local, dont les prestations ne peuvent être délocalisées car elles sont en rapport direct avec les bénéficiaires (santé, sports, nettoyage, distribution de l'eau, etc.) ou qui peuvent être stabilisées sur un lieu/ individu (ex. : prestations informatiques) ;

2. l'entreprise déstructurée, « distribuée », dont seule la prestation politique reste sur le lieu du pouvoir, de la décision (ex. : Centrale d'achats internes, poste de direction, état-major, etc.).

Dans cette nouvelle organisation fortement « digitalisée », le management est appelé à s'opérer sous la forme de projet (ou programme au sens de la Lolf). Dans ce cadre, seul l'emploi manageur aurait vocation à être maintenu, les emplois dits opérationnels étant remplacés par des « tâches » confiées à des travailleurs dont seul le « parcours professionnel »[1] serait sécurisé par l'État ou la collectivité locale et non plus par l'entreprise, alors devenue assembleuse ou assemblage de tâches mobilisées pour des projets, des programmes spécifiques ; une société utopique de plein emploi se verra société de pleine activité (Castel, 2006).

Ce nouveau paradigme managérial semble devoir se focaliser sur des « systèmes de management adaptés », à partir du modèle universel décliné dans la norme ISO 9000/ 2000, avatar de l'économie globalisée dans un « village monde ».

---

1. Projet CGT et Plan de cohésion sociale, avril 2006.

© Groupe Eyrolles

Ainsi serait-ce alors au manageur évoluant dans cet espace d'agir en permanence dans l'intégration des différences (pays, formation, religion, culture, etc.) et d'inscrire sa prestation dans le cadre d'un référentiel comportant :

◗ des pratiques universelles de management selon une norme de type ISO 9000/ 2000 ;

◗ un guide universel du manager qui devrait être édicté et généralisé par un « Conseil des écoles mondiales de gestion », de management, de gouvernance ;

◗ des conduites selon une éthique appliquée et applicable à chaque « SITU » du manager.

6. Pour une éthique du manageur

« Comment vivre avec autrui, quelles règles du jeu adopter, comment nous comporter de manière "vivable", utile, digne, de manière tout simplement "juste" dans nos relations aux autres ? C'est toute la question de la deuxième partie de la philosophie, la partie non plus théorique mais *pratique*, celle qui relève, au sens large, de la sphère *éthique*. » (Ferry, 2006).

Dans sa prise de position novatrice, Cardot (2006) insiste sur l'obligation d'une éthique consensuelle pour chaque manageur : « La règle de travail est une réponse collective bâtie à partir du questionnement éthique *en situation* […]. La mise en œuvre éthique se mesure à la qualité du dialogue éthique en situation : délibération du décideur en lui-même, avec ses pairs et son manageur pour arriver à la bonne décision ; débat de l'équipe de travail en son sein et avec ses responsables pour trouver la solution correcte au problème posé. »

Par ailleurs, tout manageur, acteur de l'économie monde, ne devrait-il pas s'inspirer de l'exigence exprimée par France Telecom dans sa campagne de publicité (avril 2006) : « S'adapter en temps réel à une économie en constante évolution est un enjeu majeur de compétitivité pour nos entreprises, un enjeu économique, bien sûr, et surtout un enjeu humain. Il faut être à la fois au plus près du terrain et en communication permanente avec le reste du monde. Autant dire, être mobile et être connecté. »

Ainsi peut-on, en guise de conclusion, mettre en évidence la problématique centrale qui se dégage et qui tient à la capacité du manageur d'être porteur en permanence, dans sa pratique, d'un questionnement éthique. L'élaboration de la réponse managériale se situe nécessairement au plus proche de l'individu et de sa situation. Pour autant, cette démarche doit pouvoir s'appuyer sur des repères, un référentiel de nature à guider et faciliter la prise de décision : c'est tout l'enjeu de la définition d'un cadre de management fondé sur des valeurs et des principes à vocation universelle, c'est-à-dire à la fois à même de transcender les différences et suffisamment en phase avec les exigences de notre société pour être porteurs de leur mise en actes[1].

Parmi ces principes, sont apparues au fil de notre réflexion l'obligation de précaution, la responsabilité partagée, la transparence, l'équité : à l'évidence, au-delà d'une meilleure utilisation des ressources et de systèmes de régulation plus justes, le développement harmonieux de nos sociétés appelle une nouvelle classe de managers, capables d'instaurer une *gouvernance humaniste planétaire*, de faire face à leur diversité et de se soustraire aux injonctions immorales des codes de l'apparence (Amadieu, 2006).

---

1. Le Cercle d'éthique des affaires (CEA, Paris) propose une labellisation « qualéthique », autour de quatre principes : la qualité (le bon), l'éthique (le bien), l'esthétique (le beau), l'éco-efficience (le bénéfique), traduits par cinq engagements du manager concernant : le respect de la personne humaine ; la sauvegarde de l'environnement, des ressources, du milieu naturel ; les valeurs culturelles et intellectuelles ; les rapports à l'argent ; l'information et la communication.

Chapitre 13

Comment gérer la différence au sein d'une entreprise sans faire la différence…

Damien DURANTON
Louis FORGET
DiverCity

1. Où en sommes-nous ?

La gestion au grand jour de la différence que représentent les préférences sexuelles est un sujet récent et une problématique importante qui met en miroir l'entreprise et la société.

L'orientation sexuelle en quelques chiffres

Les études menées dans différents pays se rejoignent pour chiffrer la population homosexuelle à un niveau se situant généralement entre 4 et 8 % de la population totale. La population homosexuelle en France a été chiffrée par une étude Sofres (juin 2001) entre 7 et 8 % de la population adulte, soit plus de 3,5 millions d'individus.

Ces chiffres expliquent le véritable boom du marketing gay constaté à travers la multiplication des messages publicitaires et des projets s'adressant spécifiquement à cette population (pour exemple : succès du lancement de Pink TV fin 2004). Ces données sont en outre à considérer comme des estimations basses dans la mesure où elles se basent sur du déclaratif.

Difficile d'obtenir des chiffres précis sur la répartition de la population homosexuelle dans les différentes branches d'activité puisque l'orientation sexuelle ne peut faire l'objet d'un recensement informatisé (Cnil ; Code pénal : art. 226-19). Dans la mesure où les cultures et les personnalités doivent se rencontrer à l'intérieur du contexte psychosociologique que sont le contrat de travail et l'entreprise, nous pouvons penser que l'homosexualité n'est pas répartie de façon totalement homogène dans tous les secteurs (phénomènes diffus de réseaux affinitaires et d'influences).

Rappel d'extraits de quelques textes importants

Il n'est pas question ici de retracer l'historique de l'homosexualité, considérée comme « fléau social » dans les textes officiels de 1942 à 1968.

▷ **Déclaration à l'ONU (avril 2005) sur l'orientation sexuelle au nom d'un grand nombre de pays (35) dont la France :**

« L'orientation sexuelle est un aspect fondamental de l'identité de chaque individu, inaltérable en soi. »

▷ **Code du travail, 6 novembre 2001, article L. 122-45 :**

« Aucune personne ne peut être écartée [...] en raison de son origine, de son sexe, de ses mœurs, *de son orientation sexuelle*, de sa situation de famille, de son appartenance ou de sa non-appartenance, vraie ou supposée, à une ethnie, une nation ou une race, de ses opinions politiques, de ses activités syndicales ou mutualistes, de ses convictions religieuses, de son apparence physique, de son patronyme [...] »

L'obstacle juridique demeure la notion de preuve. En fait, c'est à l'employeur d'apporter la preuve de non-discrimination, même indirecte...

▷ **La HALDE (2004) :**

La Haute Autorité de lutte contre les discriminations et pour l'égalité est une autorité administrative indépendante, créée par la loi du 30 décembre 2004 et présidée par Louis Schweitzer. Elle a pour mission générale de lutter contre les discriminations prohibées par la loi, de fournir toute l'information nécessaire, d'accompagner les victimes, d'identifier et de promouvoir les bonnes pratiques pour faire entrer dans les faits le principe d'égalité. Elle dispose de pouvoirs d'investigation pour instruire les dossiers. Depuis la loi sur l'égalité des chances (2006), ses pouvoirs sont renforcés. Nombre de grandes entreprises ont signé la charte de la diversité proposée par la HALDE. Elles sont également nombreuses à s'engager dans des accords cadres et conventions sur l'égalité professionnelle.

2. La difficulté à concilier vie intime et vie professionnelle

Nos conventions sociales façonnent notre culture : « Les revendications des homosexuels semblent pouvoir être interprétées comme un mouvement irréversible vers l'égalité des droits, et il paraît douteux que nos sociétés puissent échapper à ce mouvement. »[1]

L'entreprise en tant que système doit apporter des réponses qui débordent les seules relations homme-travail en suscitant fidélisation, implication... et fournir des signes forts de reconnaissance. « Il s'agit de gérer des ressources humaines, non pas au sens où on exploite des ressources minières, mais au sens de l'épanouissement des ressources que chacun porte en soi. »[2]

Ce besoin de reconnaissance adressé à l'entreprise est donc celui d'une reconnaissance du « moi total, ma personne dans sa globalité ». À quelles réponses peut-on s'attendre ?

L'évolution du contexte relationnel en entreprise

Pendant de très nombreuses années, et encore maintenant pour certaines entreprises, le système managérial dominant a été du type : directives - exécution - contrôle.

Les variables de mesure sont alors les tâches, les procédures et le temps dans un contexte post-taylorien où l'individu, en tant que personne autre que « fournisseur », n'a que peu de place. Les questions relatives à la vie privée de chacun ont ainsi pu rester un non-dit, à aborder éventuellement, mais avec beaucoup de précautions et de préjugés.

Le besoin et l'intérêt d'incursions acceptées dans les espaces personnels, voire plus ou moins intimes, vont se manifester avec le développement du travail en équipe et en réseau, la prédominance des modes relationnels, l'enrichissement des relations managériales, le coaching, etc. « Plus le poste occupé laissera d'initiatives, plus la personnalité de chacun sera libre de s'exprimer. Par contre, plus la situation sera structurée par des contraintes et des impératifs forts, moins les différences de comportement individuel seront marquées. »[3]

1. Policar A., « Revendications homosexuelles et droits de l'homme », *Libération*, 11 août 2004.
2. Igalens J., *Tous reconnus*, Éditions d'Organisation, 2005.
3. Lévy-Leboyer C., *La Personnalité*, Éditions d'Organisation, 2004.

En particulier, les entretiens individuels d'évaluation ou d'appréciation sont des moments au cours desquels ce qui se dit de part et d'autre suppose, de façon essentielle, connaissance et reconnaissance mutuelle, respect et tolérance.

Une approche déjà ancienne, la fenêtre de JOHARI (Luft, 1969), peut illustrer le cadre de compréhension et d'amélioration de la relation interpersonnelle. Cette relation devient d'autant plus riche que les zones d'ouverture et de partage sont, entre deux personnes, de plus en plus larges et ouvertes pour chacune vis-à-vis de l'autre. « Je dis mieux ce que je suis, ce que je pense et je ressens, si la fenêtre de l'autre s'ouvre également. »

L'homosexualité, comme partie du « moi intime », peut être connue par les autres sous certaines conditions, liées à l'histoire personnelle de l'individu et au contexte plus ou moins favorable dans lequel il évolue.

Modèle de JOHARI	Connu de moi-même		Inconnu de moi-même	
Moi connu des autres	Zone d'ouverture et de partage : ce que nous avons en commun de connu, on en parle sans problèmes →	Ce que je me refuse d'assumer ? Il faut m'aider. *Zone de progrès*	Ce que je ne connais pas de moi ou de mes comportements (ou que je me refuse à m'avouer) mais que les autres connaissent ou supposent.	
Moi inconnu des autres	*Moi intime ou caché, que je pourrais exprimer si… Zone de progrès*		Difficile à aborder ?	
	Zone cachée Ce qui est important pour moi mais que je ne veux pas ou ne peut pas exprimer			

Le mythe d'une rupture nette entre vie privée et vie professionnelle[1]

Quand bien même, chacun se fait fort de ne pas mêler sa vie privée à sa vie professionnelle, force est de constater que des liens s'établissent d'eux-mêmes. En effet des collègues de travail sont toujours plus ou moins amenés à évoquer leurs loisirs, leur vie familiale ou autres. Pour une personne homosexuelle, il est très rare d'oser raconter ses loisirs avec son compagnon ou sa compagne de même sexe, encore moins d'afficher des photos de famille sur son bureau ?

---

1. Extrait du « Livre blanc », 2003, de l'Autre Cercle, « Contributions à la lutte contre les discriminations fondées sur l'orientation et l'identité sexuelle dans l'univers professionnel ».

Au-delà des rapports interpersonnels informels, l'intrusion de l'intime dans la vie professionnelle est désormais institutionnalisée par la pratique des séminaires, voyages de motivation ou dîners avec conjoints.

Dans les années 1960 ou 1970, ne rien dire sur sa vie familiale dans un cadre professionnel était souvent synonyme d'union libre ou de divorce. Aujourd'hui, ne rien dire suppose plutôt une orientation sexuelle différente.

Selon une enquête de Christophe Falcoz (RCF Management), sur 194 cadres homosexuels, le contrôle de « l'hétéro normalité » se fait dès l'entretien d'embauche dans 24 % des cas, puis dans la pratique quotidienne dans 35 % des cas.

Illustrations concrètes : l'intime en opposition avec les exigences administratives[1]

Pour un magistrat, un greffier ou tout autre salarié du tribunal, se pacser revient à « s'afficher » devant l'institution qui l'emploie.

Dans le cas où une personne travaille pour la DRH de son entreprise, désigner son partenaire comme ayant droit social suppose une révélation de sa vie privée à son environnement professionnel immédiat.

Une personne disposant d'un logement de fonction (militaire, directeur d'école, expatrié…) a l'obligation (notamment pour des raisons d'assurances) de faire savoir à son administration avec qui elle vit.

La difficulté de faire valoir certains droits (mutuelle, vacances, information et droit de visite en cas d'accident du travail…) crée une inéquité de fait entre les couples. Les couples de même sexe vivant souvent en union libre sont assimilés à des célibataires. Le PACS ne règle que partiellement ces inéquités.

Comment changer les attitudes dans l'entreprise ?

Le rapport à l'homosexualité entre dans le champ des attitudes. Nous pouvons définir les attitudes comme des prédispositions mentales *installées* d'un individu qui orientent ses réactions dans un sens donné, quelles que soient les circonstances. Si une attitude « par rapport à » se manifeste, elle devient visible à travers un comportement observable.

1. *Ibid.*

L'éducation et le savoir, à la base de changements d'attitudes et de développement du pluralisme, sont les meilleurs facteurs de lutte contre les conventions, la logique de la connaissance remplaçant les vieux automatismes.

Le meilleur moyen de changer les attitudes (et donc d'influer sur les comportements) est ainsi de parler et de faire parler le plus ouvertement possible de ces sujets à travers des supports à vocation pédagogiques : chartes sur la diversité, lettres internes, infos RH, tables rondes collaborateurs, formations...

3. L'ouverture à la diversité des orientations sexuelles dans les organisations

Les mouvements précurseurs

Depuis de nombreuses années, *certains groupes américains* dont les sièges sont implantés dans les États les plus progressistes ont été amenés à considérer les différences d'orientation sexuelle comme un *facteur positif de la culture* de l'entreprise : amélioration générale du climat et de la communication dans l'entreprise, liens resserrés au sein de l'entreprise, fierté d'appartenir à une entreprise « progressiste ». Sans oublier un avantage commercial auprès des clients « gay-friendly » de l'entreprise.

Citons pour exemple Microsoft : la valeur de « Diversity » joue un rôle clé dans la culture de cette entreprise. À tel point que, lorsque Steve Balmer a voulu remettre en cause la logique progressiste des droits accordés aux « same-sex partners », il a rapidement dû renoncer à toute modification sous la pression de ses propres salariés.

En 2000, les résultats du projet « Be equal, be different » de la Commission européenne ont été publiés sous la forme d'un manuel décrivant les bonnes pratiques et quelques outils pour combattre toute forme de discrimination, et notamment l'homophobie au sein de l'entreprise.

En France, si les syndicats patronaux ne semblent pas encore très concernés par ces réflexions, les syndicats de salariés y sont par opposition, de plus en plus sensibles, notamment sous l'influence des associations apparues au sein des entreprises.

La multiplication des associations Gay dans les organisations

Les associations « gay-friendly » se sont répandues en premier lieu à travers les milieux universitaires, depuis les années 1960 aux États-Unis (Colombia en 1966, Harvard en 1978, etc.), beaucoup plus récemment en France (HEC en 1998, Polytechnique en 2000, ESSEC en 2003, etc.). Ces associations fonctionnent en réseau à la fois conviviaux (sorties, événements sur les campus…) et professionnels (recherches de job, forums de recrutement…).

Les associations intra-entreprises se sont également multipliées en France au début des années 2000 dans les organisations les plus variées. Citons pour exemple Personn'ailes (Air France), EnerGay (EDF), Telles & Tels (France Télécom), Gare ? (SNCF), Homobus (RATP), Flag ? (Police nationale), etc. Ces associations ont vocation à affirmer la visibilité homosexuelle dans l'entreprise et à assurer des actions de préventions. Citons également, parmi les associations professionnelles les plus actives : L'Autre Cercle, Les Managers Gays.

Témoignages de membres de DiverCity : vécu et réalités

Mentionner une implication associative « orientée » sur son CV : quitte ou double ?

▷ **Témoignage d'une étudiante**

« Il est naturel pour un jeune diplômé ayant assumé quelques responsabilités associatives de mentionner cela sous la rubrique finale de son CV, dans l'objectif de capter l'attention du recruteur, de le convaincre de sa capacité à assumer des responsabilités, d'affirmer une passion, de montrer une facette de sa personnalité qui pourrait faire la différence. »

Dilemme lorsque l'association en question a pour objectif la visibilité et l'intégration homosexuelle ?

« J'ai pris la résolution de mentionner mon engagement associatif gay sur mon CV, mon argument principal étant que si le recruteur rejetait ma candidature pour cette raison, et bien il m'éviterait ainsi de signer un contrat avec un employeur homophobe.

Trois processus de recrutement, dans trois entreprises industrielles très différentes (par leur culture, leur nationalité, leur taille), ont suscité trois réactions d'enthousiasme ?

Ce point a soulevé beaucoup de questions : Pourquoi un tel engagement ? Qu'avez-vous réalisé ? Qu'en avez-vous retiré ? Quels ont été les obstacles à surmonter ? Autant de tremplins me permettant de valoriser mon expérience, des questions posées de façon naturelle, une surprise toute relative de la part de mes interlocuteurs. Une réaction à l'opposé de ce que j'avais pu imaginer. Et deux propositions d'embauche au final.

Je conclus de cette expérience personnelle que les entreprises sont ouvertes à la diversité et que les recruteurs sont peu troublés par les indices d'une orientation homosexuelle chez une future collègue. »

Un règlement intérieur gay-friendly mais un sujet encore tabou dans l'entreprise

▶ **Témoignage d'un cadre**

« Dans mon entreprise (grand groupe de service financiers), le règlement intérieur intègre explicitement l'orientation sexuelle comme source potentielle de discrimination et indique noir sur blanc les pénalités fortes encourues par les managers en cas de discriminations à l'embauche ou à l'évolution des collaborateurs. Le contexte est globalement ouvert à la diversité, et l'homophobie peu courante.

L'homosexualité reste cependant un sujet tabou, une éventualité qui ne peut être envisagée dans les conversations les plus simples au quotidien. Chaque fois que je pars en vacances, certains collègues me demandent encore si je pars avec ma copine, ce à quoi je réponds invariablement par un simple non. Jusqu'au jour où j'en dirai plus... »

Des comportements très différents d'une entreprise à une autre, même en restant dans un secteur d'activité

▶ **Témoignage d'un manager**

« J'ai eu au cours de ma carrière l'occasion de travailler dans différents groupes de consulting de dimension internationale. D'une société à l'autre, les comportements pouvaient changer du tout au tout. Je me souviens être venu à de nombreuses reprises avec mon partenaire lors d'événements où les conjoints étaient conviés, cela étant complètement accepté.

À l'inverse, je travaille actuellement dans un groupe où le sujet est complètement tabou, même entre personnes homosexuelles pouvant parfois composer la majorité de certains services. »

Chapitre 14

L'emploi des personnes handicapées

Olivier BACHELARD
Dominique PATUREL
Raphaël VENET
Emmanuel ABORD DE CHATILLON

Des logiques contradictoires se retrouvent dans tout recrutement et tout le monde sait que parfois une logique inattendue prévaut (logique affective) sans rapport avec celle des compétences. La logique de compétence confrontée à la logique du handicap traduit la difficulté rencontrée lors du recrutement de travailleurs handicapés. En effet, l'embauche des travailleurs handicapés est souvent un mix. De là, l'importance d'une part de la préparation et de la procédure d'inté-gration et d'autre part de la prise en compte simultanée des compé-tences et du handicap : préparation des personnes, mise en place d'un recrutement « pluridimensionnel » et suivi pluridisciplinaire.

La logique de compétence à l'œuvre dans les recrutements des tra-vailleurs handicapés est souvent « coincée » entre la recherche d'opérationnalité et l'aménagement du poste de travail. L'aménage-ment du poste de travail, nécessaire en tant qu'apport, soutien, pour le travailleur handicapé reste le plus souvent dans une approche technique et matérielle. L'insertion est alors posée comme une addi-tion entre compétences professionnelles identifiées pour le poste et réponses techniques. Or, l'expérience montre que la dimension sociale est aussi importante que les compétences pour permettre une véritable insertion au sein de l'entreprise.

Pour faire un point sur ces problématiques, nous proposons dans un premier temps de faire un historique du handicap ainsi qu'une ana-lyse chiffrée de la situation actuelle. Puis dans un deuxième temps nous étudierons l'insertion professionnelle des personnes handicapées sous l'angle du cadre légal, des acteurs concernés, et enfin nous nous pencherons sur la gestion des ressources humaines (GRH) des personnes handicapées.

1. Les représentations sociales du handicap

Étymologie et définitions

Le mot handicap est d'origine Irlandaise « Hand in Cap » : la main dans le chapeau désigne le tirage au sort dans un jeu de hasard. Puis, en 1827, le handicap apparaît dans les courses de chevaux. Dans cette définition il y a donc la notion de possibilité de compenser une différence, une infériorité.

Le mot apparaîtra véritablement pour la première fois dans la législation française avec la loi du 23 novembre 1957 (obligation de 10 % qui ne sera jamais réellement appliquée) et remplace l'emploi des mots infirmes, invalides, mutilés, débiles dans les textes officiels.

Pour l'OMS, le handicap est une déficience, une incapacité, un désavantage, termes en opposition à l'idée même de santé, bien-être physique, psychologique et social. Ces trois notions font ressortir un sentiment de mal-être allant à l'encontre de la définition de la santé. Or le handicap peut s'exprimer en termes de capacités, voire davantage, desquels il convient de partir. Il y a des désavantages mais aussi des avantages à engager une personne handicapée.

La loi du 11 février 2005 introduit une définition « du handicap » qui prend en compte le handicap psychique, le polyhandicap et le trouble de santé invalidant : « Constitue un handicap, toute limitation d'activité ou restriction de participation à la vie en société subie dans son environnement par une personne en raison d'une altération substantielle, durable ou définitive d'une ou plusieurs fonctions physiques, sensorielles, mentales, cognitives ou psychiques, d'un polyhandicap ou d'un trouble de santé invalidant. »

Quelques chiffres

- 5 à 6 millions de personnes sont handicapées en France (10 % de la population) et 37 millions en Europe.
- 888 000 personnes handicapées actives sont en âge de travailler (16/64 ans).

Les différents handicaps :

- Handicap d'origine physique : cela concerne des incapacités plus ou moins graves, innées (hémiplégie) ou acquises (fracture, trauma), stabilisées ou évolutives.

- Handicap d'origine sensorielle : visuelle et/ou auditive.

- Handicap d'origine intellectuelle.

- Handicap d'origine psychique : il désigne les conséquences durables de la maladie mentale.

- Maladie invalidante : par ex., l'épilepsie, les insuffisances respiratoires, le diabète…

Qu'est-ce qu'un travailleur handicapé ?

Est considérée comme travailleur handicapé, toute personne dont les possibilités d'obtenir ou de conserver un emploi sont effectivement réduites par la suite d'une insuffisance ou d'une diminution de ses capacités physiques ou mentales. La qualité de travailleur handicapé est reconnue par la Commission des droits et de l'autonomie des personnes handicapées (auparavant dénommée Cotorep).

La définition de la RQTH (Reconnaissance de la qualité de travailleur handicapé) repose sur la reconnaissance de la capacité à travailler. Elle est attribuée au regard d'une situation professionnelle donnée. Elle résulte d'une démarche volontaire de l'intéressé.

Quelques chiffres [1]

- 643 000 personnes handicapées sont salariées dont 492 000 dans le milieu ordinaire (150 000 dans la fonction publique et 342 000 dans le secteur privé).

- 245 000 personnes handicapées recherchent un emploi.

- Taux de chômage des travailleurs handicapés : 25 % (contre 10 % pour les autres publics).

- 39,1 % des demandeurs sont au chômage depuis au moins 1 an (contre 25 % pour les autres publics) en région Rhône-Alpes.

- Les travailleurs handicapés représentent plus de 9 % de la demande d'emploi dans la Loire (contre 5,3 % en France) : 5 000 demandeurs d'emploi handicapés dans le département de la Loire.

---

1.   Club Handi-Loire Entreprises.

Caractéristiques des demandeurs d'emploi handicapés

▶ Population peu qualifiée :

– 37 % ont un niveau inférieur au CAP,

– 29 % des DE ont plus de 50 ans.

▶ Majoritairement masculine (58 %) :

– 48 % recherchent un emploi d'ouvriers ou d'employés non qualifiés.

▶ 30 % recherchent un CDI à temps partiel

2. L'insertion professionnelle des personnes handicapées

Les acteurs/opérateurs principaux de l'insertion professionnelle des personnes handicapées : cas du département de la Loire

Le réseau CAP emploi (animé et financé par l'Agefiph) : accompagnement vers l'emploi de personnes handicapées

CAP Emploi est un label qui regroupe les anciennes EPSR (Équipe de préparation et de suite du reclassement) et anciennes OIP (Organisme d'insertion et de placement).

Il existe au moins un relais CAP Emploi dans chacun des départements de Rhône-Alpes. Leurs missions :

▶ mettre en œuvre des parcours vers l'emploi au bénéfice des travailleurs handicapés,

▶ assurer l'aide au placement.

Mais ils ont également des missions complémentaires, par exemple, celle de préconiser un accompagnement social lorsqu'il est justifié.

L'ANPE

L'ANPE dispose d'un ensemble de services destinés à favoriser l'emploi des personnes handicapées. Dans notre département, une chargée de mission spécialisée est particulièrement attachée à cette question, et en principe dans chaque agence il y a un conseiller emploi référent.

Des partenariats sont développés avec des organismes (tels que l'Afpa) afin de définir avec le demandeur d'emploi un projet professionnel, un parcours de formation… Les travailleurs handicapés bénéficient d'un accès prioritaire aux contrats de travail aidés par l'État (contrat initiative emploi, contrat d'avenir, contrat d'accompagnement dans l'emploi…).

Médecin du travail

Voir le paragraphe 2.3 ci-après.

Le PDITH (co)financé par l'Agefiph et la Direction du travail

Les Programmes départementaux d'insertion des travailleurs handicapés ont été initiés à partir de 1992 et se définissent par une politique globale et concertée au niveau local d'insertion professionnelle des bénéficiaires de la loi du 10 juillet 1987. Leur objectif est de rapprocher les différents acteurs de l'insertion et de l'emploi afin d'optimiser l'accompagnement des TH et d'instaurer une politique cohérente.

Le CREPSE

Le CREPSE est un Centre de rééducation professionnelle (CRP).

En Rhône-Alpes, il y a 11 centres de rééducation professionnelle ; on en compte plus de 90 dans toute la France.

Les CRP sont des structures médico-sociales avec des médecins, des assistantes sociales, des formateurs… pour assurer l'accompagnement et la formation des stagiaires. Le CRP est un acteur central de la réinsertion et vise l'accès à l'emploi en proposant différentes étapes : pré-orientation, préparation à la formation, formation qualifiante et accompagnement à la recherche d'emploi. Certains CRP ont également des unités d'évaluation, de réentraînement et d'orientation sociale et professionnelle destinée aux personnes cérébro-lésés (exemples de formations sur Saint-Étienne : conseiller service client, agent magasinier…).

Des structures spécialisées

Il existe un grand nombre de structures spécialisées souvent mises en place à l'initiative d'associations : l'URAPEDA (Union régionale des associations de parents d'enfants déficients auditifs), la FIDEV, l'APF (Association des paralysés de France)… L'URAPEDA favorise l'insertion des personnes sourdes et malentendantes, la FIDEV, celle des déficients visuels.

Le Club « Handi-Loire Entreprises »

Les organisations professionnelles représentatives (d'employeurs et de salariés) ont mis en place depuis plusieurs années des actions en direction des personnes handicapées. Sur le département de la Loire, le Médef Loire a créé en 2004 le Club Handi-Loire Entreprises. Il constitue un lieu de rencontres, de témoignages et de partage d'expériences pour les entreprises, et permet la mise en œuvre de plans d'actions en faveur de l'insertion et du maintien dans l'emploi des personnes handicapées. Ses missions : informer, accompagner, échanger et communiquer sur le recrutement et le maintien dans l'emploi des travailleurs handicapés.

Les sociétés de travail temporaire

Un certain nombre d'agences ont une politique active en faveur de l'emploi des travailleurs handicapés. Par exemple : Adia, Adecco, Manpower et Vedior Bis délèguent des travailleurs handicapés chez leurs clients. D'autres acteurs (organismes de formation, associations étudiantes…) interviennent également pour favoriser l'insertion des personnes handicapées.

La gestion Ressources humaines des personnes handicapées

Le recrutement et les aides

Comment parler du handicap à l'entretien d'embauche ? C'est au salarié de faire apparaître son handicap et donc de demander une reconnaissance de travailleur handicapé.

Néanmoins, il est important pour les responsables (dirigeants, DRH, responsables de service) de pouvoir connaître les restrictions d'aptitude afin de pouvoir en tenir compte et éventuellement de pouvoir aménager le poste. Car c'est bien de cela qu'il s'agit : le code du travail interdit toute discrimination en raison de l'état de santé de la personne.

Au niveau du doit du travail, le travailleur handicapé est un travailleur comme un autre avec les mêmes droits et obligations. En théorie, l'embauche d'un travailleur handicapé est une démarche valorisante. Dans la pratique, la présence d'une personne handicapée engendre un esprit de solidarité très bénéfique (à condition que son intégration soit bien préparée).

87 % des entreprises qui emploient des salariés handicapés se déclarent satisfaites de cette expérience et ce chiffre monte à 97 % dans les entreprises de 250 salariés et plus (étude Ifop, avril 2004 pour le Médef). L'ensemble des entreprises perçoit les travailleurs handicapés comme motivés, performants, possédant un esprit d'équipe, des qualités de contact et d'intégration.

L'entreprise bénéficie également d'aides pour l'emploi de travailleurs handicapés : les aides de l'Agefiph. Ces dernières ne se substituent pas aux dispositifs existants mais ont vocation à les amplifier qualitativement et quantitativement par l'apport de moyens complémentaires qui viennent compenser le handicap.

Aides à l'emploi

Exemple 1 : la prime à l'insertion

Sont éligibles à la prime à l'insertion les contrats suivants :

▶ Contrat à durée indéterminée ou contrat à durée déterminée de 12 mois minimum.

▶ La durée du travail doit être de 16 heures minimum par semaine (temps de travail hebdomadaire ou moyenne hebdomadaire sur l'année).

▶ La subvention de l'Agefiph se décompose comme suit :

– Subvention forfaitaire de 1 600 € pour l'entreprise (renouvelable pour toute embauche de personnes handicapés respectant les critères d'éligibilité).

– Subvention forfaitaire de 800 € pour la personne handicapée (non renouvelable).

Le dossier de demande de subvention doit parvenir à l'Agefiph dans les 6 mois suivant la date d'embauche.

Aides aux contrats en alternance

Exemple 2 : aide à l'apprentissage

L'objectif est de favoriser la conclusion de contrats d'apprentissage entre jeunes handicapés, entreprises et CFA.

Les modalités d'intervention sont les suivantes :

▶ Pour le bénéficiaire : subvention forfaitaire de 1 525 €.

▶ Pour l'employeur : subvention forfaitaire de 3 050 € par année d'apprentissage (cumulable avec la prime à l'insertion à l'issue), prise en charge de la formation des tuteurs à l'accueil et à l'accompagnement des jeunes handicapés.

Pour cette mesure, la demande d'intervention doit parvenir à l'Agefiph au plus tard 6 mois après la date d'embauche.

L'évolution professionnelle et la notion de maintien dans l'emploi

Un autre aspect que les dirigeants ont à gérer pour les travailleurs handicapés, mais au-delà pour l'ensemble des travailleurs, c'est l'évolution professionnelle de la personne. Devront être prises en compte les aspirations d'évolution, les adaptations technologiques, les apparitions ou aggravations de handicap.

D'après un sondage de novembre 2000, auprès d'un échantillon de 1 500 TH, 9 salariés sur 10 disent avoir été bien accueillis dans l'entreprise. Toutefois, si 40 % des personnes interrogées disent avoir un déroulement de carrière normal (surtout dans la fonction publique), 30 % estiment que leur carrière est freinée par leur situation de personne handicapée.

Si l'insertion des personnes handicapées est un premier challenge, le maintien à leur poste en est un autre, tout aussi fondamental, quand le handicap s'est déclaré au cours de la vie professionnelle.

D'après des études, la capacité à conserver son poste de travail décroît avec l'âge et l'ancienneté du handicap.

La notion de maintien dans l'emploi

De manière générale, le maintien dans l'emploi concerne les travailleurs présentant des difficultés à leur poste de travail pour raison de santé. Cela peut concerner par exemple la population handicapée vieillissante ou avec une déficience évolutive mais aussi les restrictions d'aptitude (par ex., au port de charge) ou les inaptitudes. L'objectif est de prévenir le risque d'exclusion de l'emploi pour cause d'inaptitude au poste de travail.

La notion de maintien dans l'emploi n'est à aucun moment mentionnée dans les textes. En revanche existe une notion voisine en droit du travail : celle du reclassement professionnel, relative à l'avenir du salarié déclaré inapte à son poste de travail et du travailleur reconnu handicapé.

Mais on parle de maintien dans l'emploi car le sens est plus ouvert et le reclassement professionnel n'a pas produit tous les effets attendus, et notamment la procédure pour inaptitude au poste de travail se révèle régulièrement inappropriée pour maintenir l'emploi du salarié dans l'entreprise.

Voici la procédure constatant l'inaptitude au poste de travail :

- reprise du travail
- 1re visite dans un délai de 8 jours
- 2e visite dans un délai de 15 jours
- délai de un mois pour l'employeur (afin de rechercher les solutions de reclassement avec la participation du médecin du travail).

Le délai est très court, la réussite du maintien dans l'emploi réside dans la précocité du signalement.

La notion de maintien est donc plus large car elle prend autant en considération le poste de travail, le reclassement dans l'entreprise, que la possibilité de favoriser une embauche extérieure. Elle fait intervenir une multiplicité d'acteurs.

Le plus important est de préserver une dynamique professionnelle. Des solutions existent pour maintenir la personne accidentée à son emploi initial : au-delà de l'aménagement de son poste, l'entreprise peut recourir par exemple au temps partiel thérapeutique, à la formation qualifiante…

L'Agefiph a également mis en place des aides pour la gestion de l'évolution professionnelle et du maintien dans l'emploi.

Aides à la formation

L'objectif consiste à favoriser l'accès des personnes handicapées au dispositif ordinaire de formation afin de préparer au mieux leur insertion professionnelle en milieu ordinaire de travail ou de leur faire acquérir des compétences nécessaires pour se maintenir dans l'emploi. Par exemple, l'Agefiph prendra en charge le coût pédagogique de l'action de formation réalisée dans le cadre du maintien dans l'emploi.

Aides facilitant l'accès ou le maintien dans l'emploi

- *L'aménagement des situations de travail.* Sur préconisation du médecin du travail, il s'agit de compenser le handicap par la mise en œuvre de solutions techniques ou organisationnelles, dans une situation d'accès ou de maintien dans l'emploi.

- *Maintien dans l'emploi.* En situation d'inaptitude constatée par le médecin du travail, la mesure vise à prévenir le risque de licenciement, par la recherche et la mise en œuvre d'une solution de maintien au poste ou de reclassement.

Le statut au regard de l'emploi doit respecter la condition suivante : salarié en milieu ordinaire de travail.

Les modalités d'intervention sont les suivantes :

- Versement d'une subvention de 5 000 € afin de couvrir les premières dépenses engagées dans le cadre d'une recherche de solutions.

- *Le médecin du travail.* Il joue un rôle essentiel de conseil auprès de l'employeur, des salariés et des représentants du personnel, notamment pour l'intégration et le maintien dans l'emploi des personnes handicapées. Son indépendance est garantie dans l'ensemble de ses missions. C'est à lui qu'il revient de se prononcer sur l'aptitude du salarié à tenir un poste que ce soit à l'embauche ou tout au long de sa carrière.

Désormais, depuis le décret du 28 juillet 2004, les salariés bénéficient d'examens médicaux périodiques tous les 24 mois au lieu de tous les 12 mois jusqu'à présent (mais certains salariés continuent à bénéficier de surveillance médicale renforcée au moins une fois par an).

Le médecin du travail doit consacrer le tiers de son temps aux actions en milieu de travail, c'est un aspect fondamental lui permettant de jouer un rôle actif de prévention dans l'entreprise.

▶ *La coordination du maintien dans l'emploi du département de la Loire.* La coordination traite des situations d'inaptitude au poste de travail. Elle a pour mission d'agir précocement pour le reclassement interne et externe du salarié en situation de risque d'inaptitude. Elle intervient en coordination étroite avec les personnes et organismes concernés (médecin du travail, Service maintien handicap emploi 42, Assurance maladie, Cotorep, Service social…).

Ses trois missions :

▶ piloter et animer le schéma départemental de maintien dans l'emploi,

▶ centraliser, qualifier et traiter les signalements,

▶ jouer un rôle d'étude statistique, d'observatoire et d'évaluation.

D'autres acteurs interviennent, en fonction des situations des personnes, pour permettre le maintien dans l'emploi de salariés « fragilisés » : les ergonomes (plate-forme COACH en Rhône-Alpes), les services de la CRAM…

3. Conclusion

Pour engager un suivi d'insertion socioprofessionnelle, le temps est nécessaire. Or les conditions actuelles de recrutement de nombreuses entreprises ne respectent souvent pas ce timing garantissant la prise en compte de tous les éléments d'une bonne insertion pour un travailleur handicapé. Cependant, selon nous, ce recrutement doit au moins s'appuyer sur trois points essentiels :

▶ *Un travail pluridisciplinaire* avec les différents acteurs de l'insertion professionnelle des travailleurs handicapés est un préalable nécessaire afin de prendre en compte la spécificité du handicap. Il arrive régulièrement que la spécificité soit occultée par ignorance sur la façon d'appréhender « une différence », ou dans une forme de culpabilité mettant en œuvre une logique affective dont la caractéristique essentielle est de laisser dans l'implicite le handicap.

Les difficultés sont majeures lorsque les compétences du travailleur handicapé ne correspondent pas au profil du poste. Toute une série de comportements en termes de culpabilité et de rejet se manifestent et il est bien souvent très dur de faire la part des choses entre ce qui est du registre du manque de compétences *et/ou* du handicap. Cela génère de la confusion qui ne permet pas de rechercher la meilleure solution.

Chaque handicap est différent et il est important de prendre en compte la personne là où elle en est de son histoire. Chacun des éléments de son parcours se doit d'être analysé avec l'objectif de revoir l'insertion professionnelle du salarié, s'il y a lieu.

▶ *La sensibilisation* de l'environnement professionnel, et plus particulièrement de l'encadrement de proximité et de l'équipe d'accueil, fait partie des prérequis pour garantir cette insertion. Ce travail de sensibilisation doit se mener avec une phase qui sera gérée aussi par le travailleur handicapé recruté. Une des façons de sensibiliser les milieux professionnels est d'accueillir régulièrement des stagiaires en partenariat avec des associations engagées dans l'accompagnement d'élèves et d'étudiants handicapés. Les stages aujourd'hui sont des ressources utilisées par les entreprises ; le fait d'y inclure l'accueil de jeunes handicapés permet de « travailler » la culture d'entreprise dans l'acceptation de la différence ; par ailleurs, ces accueils renforcent les pratiques de tutorat ; ces « apprentissages » d'accompagnement de l'insertion socioprofessionnelle amènent, dans l'entreprise, des compétences collectives qui peuvent être sollicitées dans des politiques RH en direction, par exemple, des jeunes et des plus de 50 ans.

▶ *Une communication interne* sur la politique de handicap de l'entreprise fait partie des éléments pour que soit réussie cette insertion. Cette communication est un moyen de mettre à jour la politique de l'entreprise sur cet aspect ; elle évite ainsi une marginalisation en en faisant une politique. L'insertion des travailleurs handicapés peut être une réponse aux obligations réglementaires ; mais nous pensons qu'elle peut être aussi, dans la complexité de l'entreprise aujourd'hui, un champ d'expérimentation pour l'intégration de personnes demandant de l'innovation dans les pratiques de gestion des ressources humaines.

Chapitre 15

Ailleurs en Europe

Giovanni COSTA
Martina GIANECCHINI

1. De la différence à la pluralité

De nombreuses entreprises italiennes, notamment sous la pression de mouvements d'opinion contre des situations déséquilibrées de démographie d'entreprise, ont lancé des politiques de *diversity management*. On ne peut définir la différence que par rapport à la normalité. Cet état requiert un traitement particulier pour qui n'entre pas dans la norme. Mais la normalité existe-t-elle réellement ? Chez les travailleurs se rencontrent de nos jours des différences d'horaires, de nationalités, de contrats, de compétences, d'aspirations. Les entreprises qui opèrent sur le marché global sont organisées selon une variété de rôles qui, entre certaines limites, peuvent être joués par des personnes faisant preuve de comportements professionnels et sociaux variés, ce qui pourrait faciliter la rencontre entre les exigences individuelles et les exigences organisationnelles. Pour que cela se réalise, il faut abandonner toute une série de stéréotypes sur la femme au travail, sur les étrangers, sur les cycles de vie professionnels et existentiels. Passant du concept de *différence* à celui de *pluralité*, on perçoit comment une variété de rôles et de comportements peut se transformer en valeur sociale et économique. Les politiques d'entreprise et les politiques de *welfare* doivent favoriser la compatibilité entre projets individuels et projets organisationnels afin d'empêcher la destruction de capital humain et son utilisation incorrecte. Il serait illusoire de penser que le rééquilibrage puisse advenir sans coûts, même d'entreprise. Mais ces coûts doivent être évalués en rapport avec les coûts de déséquilibre à court terme, et surtout avec la perte d'opportunité à moyen et long termes. Une démographie d'entreprise plus équilibrée par *genre*, par *classes d'âge*, par *ethnie*, plus cohérente avec la démographie générale, peut contribuer à préserver la valeur du *capital humain* et à la développer.

2. La différence de genre

Les forces de travail féminines ont augmenté en Italie ces dernières décennies, passant d'un peu moins d'un tiers de la force de travail en 1984 à 40,4 % en 2005. En particulier, le taux d'activité des femmes sur le marché du travail italien est de 51,2 % (74,6 % pour les hommes), valeur restée constante ces cinq dernières années. À ce pourcentage correspond un taux d'occupation de 45,7 % (69,8 % pour les hommes), mais égal à 27,5 % pour les femmes de moins de 24 ans.

Ces changements dans la participation au marché du travail ont été de pair avec ceux concernant les choix de maternité, avec une réduction du nombre d'enfants et l'élévation de l'âge moyen au premier enfant. Le taux de fécondité des femmes italiennes est de 1,29 enfant (Eurostat, 2003) : l'Italie se classe sous la moyenne européenne (1,48 enfant), loin derrière des pays comme l'Irlande (1,98), la France (1,89), le Danemark (1,76) et les Pays-Bas (1,75).

Comment expliquer cette combinaison d'une natalité réduite et d'un bas taux de participation au marché du travail ? Au regard de telles valeurs, il est difficile d'affirmer que les femmes ne travaillent pas seulement pour s'occuper des enfants, ou bien que le travail empêche les femmes d'avoir des enfants. Les raisons sont également d'un autre type. Il existe certainement un problème culturel, bien que commence à faire son chemin l'idée que la recherche de compatibilité entre travail et enfants est à charge non seulement de la mère mais aussi du couple, non seulement de la société mais aussi de l'entreprise. Au niveau théorique, tout le monde est d'accord. Les difficultés commencent sur le terrain.

Les recherches sur le travail féminin en Italie montrent que les stéréotypes de genre et les phénomènes de discrimination des femmes sont encore courants dans les entreprises (Fontana, 2002 ; Di Pietro, Piccardo et Simeone, 2000 ; Bombelli, 2000 ; Monaci, 1997) :

- *Ségrégation hiérarchique :* les femmes ont du mal à atteindre les niveaux les plus élevés de la hiérarchie d'entreprise. Selon Federmanager (2005), dans les entreprises de petite et moyenne dimensions, seuls 6 cadres sur 100 sont des femmes. Selon l'Union européenne (2005), l'Italie occupe l'avant-dernière place (avant le Luxembourg) parmi les pays européens classés par présence féminine (3 %) dans les comités administratifs des 50 plus grandes entreprises cotées à la Bourse de Milan.

- *Ségrégation d'emploi :* les femmes sont cantonnées dans certains secteurs et professions. Dans le secteur des services (Istat, 2005), 41 % des emplois occupés le sont par des femmes. Dans l'industrie, elles sont seulement 19 %. En ce qui concerne le parcours d'études universitaires, les femmes sont plus nombreuses dans les facultés de lettres, de psychologie et dans les filières débouchant sur l'enseignement.

🔹 *Ségrégation de rémunération* : les femmes sont moins bien payées à parité de tâches et de position dans la hiérarchie au regard de leurs collègues masculins. Dans les petites entreprises (Federmanager, 2005), les cadres féminins ont une rétribution fixe inférieure de 20 % à celle des hommes. Ce *gap* est confirmé par Hay Group (Cuomo, Mapelli, 2006), selon lequel les femmes gagnent 19 % de moins que les hommes.

Encadré 1. La norme de protection de l'emploi féminin

L'entrée sur le marché du travail – L'article 37 de la Constitution italienne affirme, d'une part, la nécessité d'une égalité substantielle de traitement de la travailleuse et du travailleur (mêmes droits et, à parité de tâches, mêmes rémunérations) et, d'autre part, réitère la nécessité d'interventions de protection au bénéfice des travailleuses avec enfants. Les applications de ce principe sont décrites dans la loi n° 903 de 1977, laquelle :

- interdit de pratiquer une discrimination entre les sexes dans tout type de contrat, mais aussi dans les annonces de recrutement, par quelque moyen de communication que ce soit ;

- établit l'égalité de rétribution entre hommes et femmes à parité de tâches effectuées et de prestations demandées ;

- établit l'égalité en ce qui concerne l'attribution des qualifications, des tâches et de l'avancement de carrière.

La protection de la maternité – La législation en faveur de la protection de la maternité remonte au début du xxᵉ siècle. Les années clés de l'évolution législative sont 1943 et 1977, durant lesquelles sont définis l'interdiction d'assigner à la femme enceinte des travaux lourds et dangereux, le congé de maternité obligatoire (deux mois avant l'accouchement et trois mois après) et une période de congé facultative avec indemnité journalière égale à 30 % de la rémunération. Récemment, en 1997 et 2000, deux lois ont été promulguées dans le but de concilier le temps de travail des femmes et les exigences de la famille, non seulement celles qui concernent les enfants, mais aussi les soins médicaux aux proches, l'assistance aux personnes âgées et handicapées, le désir de reprendre des études. Les moyens pour atteindre cet objectif sont :

- la création de services alternatifs aux traditionnelles crèches ou écoles maternelles, les « micro-crèches » où une famille accueille un petit groupe d'enfants du même âge que son propre enfant ;
- l'extension, jusqu'aux huit ans de l'enfant, de la possibilité pour un des parents de rester à la maison pour l'élever en conservant son poste de travail ;
- la possibilité pour le père de bénéficier de congés pour élever les enfants (la proportion de congés de paternité en 2004 est de 23 % chez les travailleurs du secteur public et de 11 % dans le secteur privé).

Les actions positives – La loi n° 125 de 1991 sur les actions positives prévoit :

- la création d'observatoires du développement de l'occupation féminine ;
- l'obligation pour les employeurs de fournir des informations sur le taux de femmes occupées ;
- le maintien de proportions déterminées de main-d'œuvre féminine ;
- l'institution d'un conseiller à la parité, chargé de veiller à l'exercice de la normative.

Les « actions positives » ont pour but de surmonter la disparité « de fait » dont les femmes sont victimes dans les domaines de la formation scolaire et professionnelle, l'accès au travail, la vie professionnelle et la mobilité.

Les pratiques de gestion

Le rapport entre les organisations et les travailleuses a subi une évolution dans le temps passant par trois phases : la *tutelle*, l'*égalité* et la *différence* (Bombelli, Cuomo, 2003). Initialement, les femmes étaient considérées comme un segment faible du marché du travail, à protéger. Par la suite, grâce à la législation, s'affirme une parité normative et rétributive entre homme et femme. Aujourd'hui, dépassée l'idéologie de la parité, la société et les entreprises cherchent à intervenir pour concilier les sphères privée et professionnelle. Le problème que les entreprises doivent affronter est celui de la « double présence », entendue comme la multiplicité de rôles que la femme doit endosser : travailleuse, épouse, mère, fille. Chacun de ces rôles fait référence à différents contextes et requiert que la femme soit capable de gérer simultanément l'engagement professionnel et les activités de support au mari, aux enfants et aux parents âgés.

Une meilleure gestion de la double présence est consentie, d'une part, par les horaires de travail flexibles et d'autre part, par un système de services de support. En ce qui concerne la flexibilité *des horaires*, les contrats à temps partiel représentent pour beaucoup de mères le seul instrument pour rester sur le marché du travail ou y rentrer après une maternité. En ce sens, l'expérience d'Askoll, entreprise de Vénétie qui produit des moteurs électriques appliqués au marché des aquariums, de l'électroménager et du chauffage, est intéressante. L'entreprise, aux commandes d'un groupe international qui facture 140 millions d'euros avec une production de 16 millions de moteurs par an, a activé un programme d'engagement de travailleurs à temps partiel qui s'adresse aux femmes avec enfants, expulsées du marché du travail suite à une maternité. Le programme prévoit trois services quotidiens de 5 heures chacun, à rotation hebdomadaire : 7 h-12 h, 12 h-17 h et 17 h-22 h. Le service du soir, de prime abord le plus incommode, se révèle celui qui a le plus de succès parce qu'il couvre une période où le partenaire est à domicile pour veiller sur les enfants.

Une autre solution est proposée par Telecom Italia Mobile (TIM) à ses collaboratrices. Le projet « TIM Mamma », actif depuis 1988, s'adresse aux mères et se propose de ne pas interrompre la communication entre entreprise et travailleuses, maintenant ainsi le lien professionnel et culturel durant le congé de maternité. Cet objectif est atteint au travers d'activités d'information en faveur des mères sur leurs droits et devoirs et de la création d'une « banque des heures » qui permet aux femmes de bénéficier d'horaires flexibles jusqu'aux huit ans accomplis de l'enfant. Depuis 2000, le projet a été étendu aux pères, qui peuvent obtenir un congé rétribué à l'occasion de la naissance d'un enfant et des congés pour assister aux cours préparatoires à l'accouchement.

La conciliation du travail et de la vie privée, et pas uniquement pour les femmes, peut être approfondie dans l'entreprise à travers plusieurs interventions de *work-life balance* :

- **Organisation du travail :** les nouvelles technologies de l'information et de la communication peuvent consentir aux femmes d'exécuter leur travail à distance (télétravail). Depuis 2003, les travailleurs du Cineca (fournisseur de services informatiques pour les universités du Nord-Est italien) qui en font la demande et exercent des tâches exécutables à distance peuvent travailler en partie à domicile et négocier avec l'entreprise les jours passés sur le lieu de travail. Cela a permis à de nombreuses travailleuses (90 % des personnes qui ont bénéficié du programme sont des femmes) de profiter d'une flexibilité totale et de décider, sur la base des exigences de l'entreprise et de la famille, des jours de déplacement sur le lieu de travail.

▸ **Services pour la famille :** les services à la famille offrent un support à la travailleuse dans ses rôles d'assistance aux enfants, aux parents âgés et au noyau familial. Dans le premier cas, se développent les crèches d'entreprise et services de nursering internes aux entreprises : pour la seule région Veneto, 40 crèches d'entreprise ont été financées en 2001. Le cas de Forall-Pal Zileri, entreprise de Vicence, leader mondial dans le secteur de l'habillement formel et informel pour hommes, est exemplaire. Actuellement, elle occupe 800 personnes, dont 80 % de femmes employées pour la plupart en production. Forall-Pal Zileri a mis sur pied une crèche d'entreprise, la deuxième en Italie après l'expérience d'Olivetti. L'horaire de la crèche est aligné sur celui de l'entreprise, durant un nombre de jours d'ouverture supérieur à une crèche normale. Elle offre une panoplie complète de services : visites pédiatriques, alimentation équilibrée, un menu pour les enfants non catholiques puisque une intégration multiethnique est prévue. En ce qui concerne les soins aux personnes âgées, les entreprises peuvent récolter des adresses de structures de soins et d'accueil, stipulant éventuellement des conventions. Enfin, l'entreprise peut fournir une aide pour faire les courses et accomplir des démarches bureaucratiques (paiement des impôts et des factures, formalités bancaires).

▸ **Services pour les travailleuses :** sont comprises sous ce vocable toutes les solutions organisationnelles que l'entreprise active pour favoriser la mobilité et les déplacements domicile-lieu de travail (du service de transport au *mobility manager*) et les initiatives regardant le bien-être psychophysique du travailleur (salle de sport d'entreprise, centres de bien-être).

Enfin, les organisations peuvent agir au niveau des *politiques d'engagement* et de développement. Chaque entreprise compte des acteurs (propriétaires, managers, responsables du recrutement et du personnel) qui ont le pouvoir de réguler l'accès à l'organisation. Si ceux-ci, dans leurs décisions de recrutement, se basent sur des stéréotypes, ils alimentent la ségrégation au travail. La préparation professionnelle des sélectionneurs, non seulement sur les aspects législatifs mais aussi sur les techniques de sélection, une bonne connaissance du marché du travail externe, la publicité des processus de recrutement et la présence d'un système d'information, sont des facteurs qui peuvent contribuer à réduire les éléments subjectifs et discriminatoires de l'évaluation.

La différence d'âge

L'Italie est un des pays comptant un nombre parmi les plus élevés de personnes âgées avec le plus bas taux de natalité. Les deux phénomènes sont étroitement liés. Le pourcentage de population active diminuera fortement dans les prochaines décennies, et l'Italie comme l'Union européenne est confrontée au vieillissement de la population. Si en 1998 les personnes âgées représentaient 20 % de la population (avec l'Italie en tête de classement, suivie par la Grèce, l'Espagne et l'Allemagne), en 2050 cette proportion augmentera, se situant à 35 %. Le nombre de personnes en âge de travailler (15-64 ans) diminuera, entre 2005 et 2030, de 20,8 millions d'unités (Isfol, 2005). Simultanément, l'espérance de vie de la population augmentera de façon marquée : de 76,3 ans pour les hommes et 82,4 ans pour les femmes en 2000, elle passera en 2030 à 81,4 ans pour les hommes et 88 ans pour les femmes. Ces deux facteurs expliquent pourquoi l'Italie présente le taux le plus élevé de dépendance des personnes âgées (rapport entre la population de 65 ans et plus et celle d'âge compris entre 20 et 64 ans) au sein des pays de l'OCDE, se classant deuxième derrière la Suède (Auer, Fortuny, 2000).

L'allongement de la durée de vie nécessite également un prolongement de la vie professionnelle afin de soutenir la croissance économique, aussi bien côté offre (Tableau 1) que côté demande, et assurer l'équilibre des systèmes de *welfare*, agissant non seulement sur le front des pensions, mais aussi sur le marché du travail, sur les politiques sociales et sur l'organisation du travail.

L'expansion du nombre d'occupés âgés appelle non seulement l'effacement des discriminations basées sur l'âge, mais aussi l'ouverture d'opportunités pour l'emploi des personnes matures. Par exemple, à cause de politiques de rémunération qui récompensent l'ancienneté, le coût d'un travailleur âgé est plus élevé que celui d'un jeune et, par conséquent, les seniors sont les premières victimes des plans de restructuration, par le biais des prépensions.

Tableau 1. Taux d'activité (%) par âge (données 2005)

Classes d'âge	25-49	50-64	65 et plus
Allemagne	86,6	64,8	3,5
Espagne	83	55,2	2,1
France	87,7	56	1,1
Italie	79,3	46	3,1
Suède	89,6	78	4,9
Grande-Bretagne	84,6	66,7	6,6

Source : Eurostat, Enquête sur les forces de travail

Encadré 2. Le système italien des retraites

L'histoire du système italien des retraites est assez récente et, jusqu'aux années 1990, son évolution a été lente et focalisée, d'une part, sur la nécessité pour les travailleurs du secteur privé d'obtenir les mêmes standards de sécurité reconnus aux travailleurs du secteur public et, d'autre part, sur le système de calcul des retraites.

Dans les années 1990, le gouvernement Amato (1992) et la réforme Dini (1995) portent l'âge de la retraite à 57 ans, ou alternativement à 40 ans de cotisation. La réforme récente du système de prévoyance (loi n° 243 du 23.8.04) établit de nouvelles normes dans le but d'augmenter graduellement l'âge de la retraite, le plus souvent sur une base volontaire, à travers des incitants pour les travailleurs, et de développer la prévoyance complémentaire à côté de la prévoyance publique (Salerno, Bernardo, 2004).

L'âge de la retraite – À partir de 2008, il sera possible d'accéder à la retraite seulement après avoir atteint 40 ans de cotisation, indépendamment de l'âge, ou bien, pour les hommes, en combinant 35 ans de cotisation et un âge d'au moins 60 ans, qui sera porté à 62 ans en 2014. Alternativement, l'âge de la retraite est fixé à 65 ans pour les hommes et 60 ans pour les femmes.

Le superbonus – L'« incitant » à poursuivre l'activité (superbonus) s'adresse aux travailleurs qui décident de retarder la sortie du monde du travail bien qu'ayant déjà, ou auront d'ici 2007, les prérequis d'ancienneté. Il s'agit d'un incitant égal à 32,7 % de la rémunération mensuelle (Comegna, Bagnoli, 2004). Qui percevra la pension « d'ancienneté » d'ici fin 2007 continuera à travailler et percevra un salaire majoré de plus d'un tiers jusqu'au 1er janvier 2008, date à laquelle arrivera à terme le bénéfice économique du superbonus, tandis que celui qui n'aura pas encore atteint l'âge de la retraite pourra continuer à travailler.

Les pratiques de gestion

De nombreuses entreprises, tantôt sur la base de stéréotypes, tantôt sur la base de données empiriques, considèrent les travailleurs seniors moins « avantageux », car :

▶ ils coûtent plus cher que les jeunes ;

- ils peuvent avoir des ennuis de santé et ont des qualifications inférieures ou moins actuelles ;
- ils sont moins portés à l'acquisition de nouvelles compétences ;
- ils sont moins favorables à la mobilité que leur fonction exige.

De telles critiques peuvent être surmontées à travers un mélange d'outils en mesure d'offrir de meilleures opportunités de travail aux jeunes, d'augmenter l'emploi des seniors et garantir l'ouverture de possibilités compétitives pour les entreprises (Bombelli, Finzi, 2006 ; Scortegagna, 2006).

Les seniors peuvent par exemple assumer un rôle dans la *formation des jeunes* et dans le transfert de leur expérience. Cela se concrétise par la création de figures comme le coach, le mentor, etc., transformant une source potentielle de conflit et de compétition en une réalité de coopération.

Les travailleurs seniors peuvent suivre des *cours de formation et de remise à niveau* professionnelle afin de maintenir leur employabilité. Au cours de sa réorganisation de 2002, Olivetti a replacé dans d'autres entreprises du groupe plus de 1 000 travailleurs, la plupart âgés de plus de 40 ans. La mobilité interne s'est accompagnée de cours de formation destinés à renforcer les compétences de base des personnes (langues, informatique, résolution de problèmes).

La modification des *horaires de travail*, par exemple en ayant recours au temps partiel, peut aussi maintenir le senior professionnellement actif plus longtemps. L'entreprise Coop Adriatica, une des plus grandes coopératives italiennes du secteur de la grande distribution alimentaire, a lancé un projet de gestion flexible de l'horaire de travail (projet *Orario ad isole*), destiné au personnel de caisse, dont 20 % a plus de 50 ans. Le personnel est divisé en groupes de 20-25 personnes sur la base de l'âge, du noyau familial, de variables logistiques (distance domicile-travail et modalité de transport). À chaque groupe est confiée la couverture d'horaires et de caisses, communiquée 5 semaines au préalable. À l'intérieur de chaque groupe, les personnes se coordonnent pour placer leurs tours de service selon leurs propres exigences personnelles et familiales. L'Azienda Napoletana Mobilità, entreprise de transport public de Naples, a récemment réorganisé son horaire de travail en concentrant les services des travailleurs de plus de 45 ans (qui représentent 58 % du total des chauffeurs) les jours de semaine et engageant de jeunes travailleurs pour la seule couverture des week-ends.

La typologie de contrat pourrait également être reconsidérée dans la même optique. De nos jours déjà, de nombreux retraités restent actifs sur le marché du travail sous des formes contractuelles alternatives au rapport de travail subordonné (*job sharing*, contrats de collaboration). Au niveau de l'entreprise, on tente de surmonter le paradoxe institutionnel qui exige une grande flexibilité de la part des jeunes à l'entrée sur le marché du travail alors que les travailleurs âgés conservent une grande rigidité à la sortie.

Il est important que le travailleur âgé maintienne l'intégralité de sa santé psychique et physique. Selon les résultats du projet de recherche européen Survey of Health, Ageing and Retirement in Europe (SHARE), les travailleurs italiens entre 50 et 64 ans ont une perception négative de leur bien-être physique et psychique. Cela dérive de conditions de travail stressantes et suscite la décision d'anticiper le moment de la retraite (Weber *et al*, 2005). À titre de promotion du *bien-être psychophysique* des travailleurs, Ferrero SpA, entreprise de confiserie aux commandes du groupe homonyme qui emploie 16 000 personnes dans plus de 32 pays, a activé, dans l'usine d'Alba, un cabinet médical à disposition du personnel, qui effectue gratuitement analyses de sang, visites, vaccins antigrippaux.

Enfin, il est aussi important d'agir sur la *culture d'entreprise* afin de favoriser des formes efficaces d'intégration des travailleurs âgés. ZF Marine de Padoue, entreprise de 405 personnes au sein d'une multinationale du secteur des transmissions pour moteurs marins, a, en 2001, rédigé sa propre charte des valeurs d'entreprise, où apparaît l'importance de la différence d'âge pour le développement organisationnel. Ce document, approuvé par les travailleurs, a marqué un changement culturel et a produit des effets concrets : entre 2000 et 2004, 17 travailleurs de plus de 45 ans ont été engagés et, en 2005, grâce à des critères de promotion qui ne tiennent pas compte de l'âge, un travailleur de plus de 50 ans a bénéficié d'une promotion accompagnée d'augmentation de salaire.

La différence de nationalité

L'immigration est une nécessité pour l'économie italienne, même si ce phénomène a été l'objet de fréquentes et contradictoires tentatives de régulation, sinon d'une répression qui est apparue souvent illusoire (Venturini, 2001). À présent, la prise de conscience de la nécessité d'intégrer les immigrés évolue tout doucement, évitant tant l'intégration par séparation tentée en vain en Allemagne que l'intégration par assimilation qui a rencontré des problèmes en France. Pour réussir l'intégration, il est nécessaire de renforcer l'identité nationale. Et cela n'est pas un paradoxe (Costa, Gianecchini, 2006, p. 403).

Le taux de travailleurs immigrés présents sur le marché du travail italien est élevé, non seulement (et plus seulement) pour des travaux peu qualifiés. La possibilité de régulariser des situations irrégulières, prévue par la récente législation, a donné un coup d'accélérateur exceptionnel à la croissance du nombre d'étrangers résidents en Italie, passant de 1 300 000 en 2001 à

2 700 000 début 2005, soit 4,8 % de la population italienne. Selon les estimations de la Fondation Agnelli, revues en 2006, les étrangers en situation régulière seraient 2 817 000 et les irréguliers 540 000, pour un total de 3 557 000. Leur contribution à la production nationale est estimée entre 5 et 7 % du PIB, valeurs proches de celles de leur contribution à l'occupation totale. Des données sur les permis de séjour, il apparaît que :

▷ la communauté roumaine est la plus importante, dépassant les communautés marocaine et albanaise. Viennent ensuite les communautés ukrainienne et chinoise, avec plus de 100 000 permis de séjour ;

▷ la plupart des permis de séjour (63%) sont délivrés pour motif de travail. Étant donné que plus de la moitié des détenteurs de permis de séjour obtenu pour raisons familiales est actif sur le marché du travail, le taux d'activité des travailleurs étrangers peut être estimé aux alentours de 70 %, taux supérieur de 10 % à celui des forces de travail italiennes ;

▷ les étrangers qui ont le statut d'indépendant sont encore peu nombreux. La plupart travaillent dans des entreprises de l'industrie ou des services, en particulier dans le commerce (32 %), la construction (18 %), la mécanique (14 %) et le textile-habillement (5 %) ;

▷ la proportion d'immigrés par rapport au total de l'occupation salariée varie beaucoup en fonction des régions : supérieure à 4 % au Nord, inférieure à 1 % au Sud.

Tableau 2. Travailleurs hors UE
par secteur d'activité et statut professionnel

	1997	1998	1999	2000	2001	2002	Taux de croissance moyen annuel
Travailleurs indépendants	9 557	12 437	17 126	27 228	33 771	38 945	32,4 %
Salariés agriculture	24 251	35 772	45 114	51 911	63 053	67 907	22,9 %
Salariés industrie et services	268 852	298 705	361 898	575 161	688 899	991 520	29,8 %
Travailleurs domestiques	105 998	106 704	113 761	121 456	112 294	126 379	3,6 %
TOTAL	408 658	453 618	537 899	775 756	898 017	1 224 751	24,5 %

Source : élaborations CNEL de données INPS (Istituto Nazionale Previdenza Sociale).

Encadré 3. Les lois sur l'immigration

Jusqu'aux années 1970, l'Italie se caractérisait par une forte émigration d'Italiens à l'étranger. À partir de 1974 ont commencé à se vérifier des phénomènes migratoires dirigés vers l'Italie. Dans les années précédant 1974, la législation de référence en matière d'entrée et de séjour des citoyens étrangers en Italie était composée du *Testo Unico di Pubblica Sicurezza* de 1931, qui avait une optique essentiellement de sécurité publique.

À partir des années 1980, avec l'intensification de l'immigration, est promulguée une série de lois qui culminent, en 1998, avec l'entrée en vigueur du *Testo Unico sull'Immigrazione*, modifié en 2002 par la loi n° 189, dite Bossi-Fini.

- *Les conditions d'entrée.* Les permis de séjour sont délivrés uniquement si le travailleur demande l'entrée pour motif de travail, pour inscription à l'office de placement ou pour regroupement familial.

- *Les flux d'entrée.* Chaque année, les régions établissent un rapport sur les besoins locaux en main-d'œuvre, que le Premier ministre évalue avant de promulguer le « décret des flux » dans lequel sont définis les quotas maxima d'étrangers qui peuvent entrer sur le territoire national. En 2006 ont été admis 170 000 citoyens, le double par rapport à 2005. Les principaux pays de provenance sont : Serbie-et-Monténégro, Croatie, Bosnie-Herzégovine, ex-République yougoslave de Macédoine, Bulgarie et Roumanie.

- *Les contrôles et les sanctions.* La loi Bossi-Fini prévoit :
  - un contrôle accru des frontières à travers le renforcement des pouvoirs de police et le durcissement des peines pour les trafiquants de clandestins ;
  - des aides aux États qui collaborent à la lutte contre l'immigration clandestine et le trafic des êtres humains ;
  - l'expulsion immédiate des clandestins ;
  - le relevé des empreintes digitales des étrangers.

Les pratiques de gestion

Dans de nombreuses entreprises, on est de plus en plus convaincu que, pour favoriser l'intégration professionnelle des immigrés, il est nécessaire d'agir non seulement sur les différences culturelles, qui sont à l'origine des principaux problèmes d'insertion sociale, mais aussi sur les *outils organisation-*

nels. En effet, l'intégration des travailleurs doit advenir tant au niveau des traditions et des coutumes qu'en termes de comportements et routines organisationnels.

Les *politiques de sélection de personnel* par réseau familial et les stratégies de recrutement par groupes ethniques sont des instruments qui favorisent l'intégration et en même temps réduisent les comportements de refus de la différence ethnique. Un bon exemple est la société Deroma en Vénétie qui opère depuis 1995 dans le secteur de la production de pots pour plantes. Actuellement, elle est aux commandes d'un groupe multinational qui produit des pots en terre cuite et en plastique pour intérieur et extérieur. Dans l'établissement principal de Deroma travaillent 350 salariés dont 250 ouvriers (100 étrangers). Les pays de provenance des travailleurs étrangers de Deroma ne correspondent pas aux ethnies présentes dans l'aire géographique de l'entreprise. En effet, si au niveau régional prévalent les ethnies de l'Europe de l'Est et de l'Afrique du Nord, chez Deroma l'ethnie principale est originaire du Bangladesh (plus ou moins 70 %). Comment expliquer cette différence ? La sélection des travailleurs intérimaires, utilisés pour répondre à une forte saisonnalité, ne s'opère pas par agence d'intermédiation mais, comme le dit le directeur du personnel, « souvent, les étrangers qui se présentent à nos bureaux sont des proches, parents, amis ou connaissances d'étrangers qui travaillent déjà dans notre entreprise, lesquels leur ont conseillé de se présenter ici ». Le travailleur, résident dans le pays de destination, favorise l'arrivée de compatriotes à travers le regroupement familial. En utilisant les réseaux de parentèle (Ambrosini *et al*, 2001), Deroma réduit les coûts de recrutement et de sélection et obtient une plus grande efficacité du processus d'engagement : les travailleurs déjà présents sont intermédiaires et garants pour les nouveaux engagés.

L'entreprise peut en outre intervenir sur *l'organisation du travail* :

- planification de services et horaires flexibles ;
- organisation d'espaces de travail favorisant l'intégration ;
- programmation des congés.

La programmation des congés est importante pour les travailleurs qui ne sont pas encore accompagnés par leur famille ou qui viennent de pays lointains.

L'insertion du travailleur étranger dans l'organisation est facilitée par un *tuteur d'entreprise*, qui joue un rôle de référence pour le nouvel engagé, peut orienter les comportements organisationnels et résoudre les conflits (Leonardi, Mottura, 2002). La force des liens personnels et sociaux qui favorisent l'insertion (voir le cas Deroma) peut aussi être à l'origine de problèmes. Chez Castelgarden, entreprise de Vénétie leader mondial dans le secteur de la production de machines de jardinage, l'action des réseaux ethniques a développé trois ethnies dominantes, marocaines, ghanéennes et sénégalaises. Les 320 immigrés représentent 78 % des travailleurs du département production. Les étrangers travaillent en groupes mixtes pour éviter la formation de groupes ethniques qui surclasseraient les hiérarchies « formelles » de l'entreprise. Cependant s'y sont affirmées des figures de référence pour les travailleurs étrangers, les « leaders informels », des travailleurs immigrés qui sont plus à l'aise avec la langue italienne et qui ont plus d'ancienneté. L'entreprise reconnaît leur importance pour les immigrés mais ne leur attribue pas de rôle formel dans la structure de gestion. En effet, selon le directeur du personnel, « appliquer des règles communes pour tous est un moyen efficace de les faire respecter ».

Afin de réduire la méfiance fréquente envers les immigrés et favoriser leur insertion sociale, l'entreprise se pose comme *garant pour l'achat d'un logement*. L'entreprise de fabrications métalliques Officine Garro, opérant dans la province de Padoue, a construit 40 appartements à attribuer à son personnel et à leurs familles : le logement est considéré comme une rémunération en nature et n'est donc pas séparable du contrat de travail. Les effets ont été un allongement de la durée moyenne du rapport de travail (qui auparavant était de seulement 3-4 mois) et la réduction des coûts de turnover (ouverture/fermeture de dossiers administratifs, formation, retard dans les commandes, etc.). Indirectement, la stabilité des travailleurs et de leur famille a favorisé un accès plus constant aux services, l'apprentissage de la langue, la fréquentation scolaire des enfants, l'insertion professionnelle des parents regroupés.

Enfin, d'autres interventions peuvent être pratiquées au niveau de la *formation professionnelle*. Cela ne signifie pas que l'immigration vers l'Italie soit caractérisée par un niveau culturel peu élevé. Au contraire, 12 % des résidents étrangers possèdent un diplôme universitaire, 28 % sont titulaires d'un baccalauréat et 32,9 % ont obtenu l'équivalent du brevet des collèges. Les travailleurs étrangers sont toutefois souvent occupés à des postes moins qualifiés que ceux auxquels ils pourraient prétendre en raison de leur diplôme.

Confier des tâches managériales à un travailleur étranger peut en effet générer des résistances de la part des autres personnes. Il s'agit d'un problème culturel qui peut toutefois être surmonté grâce à des actions de sensibilisation auprès des travailleurs de l'entreprise.

Un dernier obstacle à signaler est la difficile reconnaissance des diplômes. Un cas paradoxal est celui des infirmiers : les besoins s'élèvent à 40 000 unités dans les établissements hospitaliers publics, mais à peine 8 000 postes sont couverts par des étrangers disposant d'un diplôme reconnu ; 20 000 autres infirmiers étrangers travaillent déjà en Italie, mais dans des structures privées, car leur titre n'est pas reconnu.

Chapitre 16

Ailleurs dans le monde

Mohamed BACHIRI
Soufyane FRIMOUSSE
et Abdel-Ilah JENNANE

Les entreprises rencontrent des acteurs divers avec des équipes elles-mêmes différentes. Une compréhension et une gestion de cette diversité sont désormais devenues indispensables car la différence est une opportunité et non pas une menace. La différence est universelle. Elle concerne les couleurs, les individus, les cultures… Comprendre la différence consiste à repérer chez soi et chez les autres des représentations. Pour Schopenhauer, elles sont des interprétations partielles, subjectives, présentées comme des évidences. Elles représentent les prismes par lesquels l'homme voit le monde. Assimiler la variété des représentations permet d'acquérir la maîtrise dans la relation et non la maîtrise sur les autres. Différences culturelles, conflits de valeurs, influences des stéréotypes : les sources de malentendus liées aux cultures sont considérables dans les situations de management. La diversité culturelle se manifeste notamment à travers l'attitude à l'égard de la hiérarchie, l'approche du travail, l'équité. L'enjeu est d'analyser les différences afin d'enrichir l'entreprise sur trois dimensions : le marché, l'organisation du travail, les processus de décision. Apparaît ainsi une gestion de la diversité culturelle qui peut être considérée comme une approche globale du management basée, d'une part, sur la reconnaissance de l'existence de cultures différentes, qu'il s'agisse de cultures nationales ou de cultures organisationnelles ; et d'autre part, sur l'intégration et la combinaison de ces valeurs dans l'exercice des différentes fonctions d'entreprises. Pour Garnier-Moyer (2006), la gestion de la diversité culturelle rassemble l'ensemble des mesures prises par les entreprises afin de recruter, conserver et perfectionner des salariés issus de catégories socioculturelles variées. L'enjeu est d'assurer une éthique et d'accroître les performances économiques grâce notamment à un rapprochement entre les entreprises et les clientèles par l'intermédiaire d'une main-d'œuvre diversifiée (Orlando, 2000).

1. La diversité culturelle, le brassage des différences et l'intercréativité

La gestion de la diversité est aujourd'hui prônée afin de lutter contre les discriminations. La diversité englobe les cultures, les origines ethniques, sociales, les âges, le genre... Elle répond à des pressions économiques et sociétales visant la multiplication d'entreprises diverses. Elle constitue un engagement de l'employeur vis-à-vis de ses salariés en ce qui concerne le respect des différences. Toutefois, la diversité des salariés est à la fois une source de richesses et de difficultés. La gestion de la diversité ne doit pas devenir une gestion des signes d'appartenance. Il ne suffit pas de favoriser la diversité. Il est également nécessaire de la gérer et de la piloter. Les attentes individuelles et collectives sont en effet multiples. L'entreprise doit donc reconnaître et respecter l'identité de chacun dans sa diversité. L'entreprise doit être en mesure de recruter des candidats « divers » et répondant aux exigences qu'elle réclame. La gestion de la diversité s'inscrit dans la problématique de l'investissement socialement responsable qui marque l'émergence de nouvelles revendications telles que la préservation de l'environnement, la non-discrimination, l'amélioration des conditions de travail... (Le Saout et Maux, 2004).

La diversité des salariés peut améliorer, sous certaines conditions, les performances de l'entreprise. Des personnes possédant des expériences, des valeurs mais aussi des approches cognitives différentes, apportent diverses solutions face à certains problèmes (Cox, 1994). Un effectif de salariés varié permet de mieux répondre aux attentes de la clientèle, elle-même diversifiée, et rehausse l'image et la légitimité de l'organisation. Cette diversité est un outil de communication (Landrieux-Kartochian, 2004). Selon Achin *et al.* (2005), les profils variés sont sources de complémentarité et de créativité. Pour Bellard (2005), la gestion de la diversité permet de conserver et de fidéliser les salariés car elle participe à une valorisation du travail de chacun. La diversité au sein de l'entreprise reflète la société et son environnement. Robert-Demontrond et Anne Joyeau évoquent même la logique du miroir (2006). S'engager dans des pratiques de la gestion de la diversité permet également d'éviter des contraintes légales. La révélation de pratiques discriminatoires est mauvaise en termes d'image et de notoriété. Elle engendre également des coûts élevés avec notamment les dommages et intérêts versés par les entreprises. La conduite de la diversité sera la richesse de la société. Apprendre à piloter la diversité permet de rapprocher des hommes de plus en plus éloignés par des peurs réciproques.

Dans le cadre de l'espace méditerranéen, deux ensembles culturels répartis entre la rive nord et la rive sud dominent : les blocs arabo-musulman et occidental. Cette dualité s'est définie comme un affrontement entre ces deux civilisations (Huntington, 1996). Opposition élaborée d'abord sur les deux rives Nord-Sud de la Méditerranée, puis dans toute la sphère géopolitique. Une vision du monde arabo-musulman fondée sur l'hostilité et la méfiance a été présentée à l'Occident. Existe aussi à côté des perceptions erronées du monde arabo-musulman, une image pervertie de l'Occident, athée et matérialiste, dominé par l'impérialisme, et donc tout aussi satanisé, dans le monde musulman (Étienne, 2004). Dans l'optique de l'internationalisation des entreprises, des pratiques et des outils de gestion des ressources humaines, cette diversité des cultures et des représentations réclame une gestion spécifique. La compétence interculturelle qui correspond à la capacité à comprendre, à croiser et à s'adapter aux différentes cultures devient ainsi un atout majeur dans un contexte de plus en plus globalisé (Trompenaars, Hampden-Turner, 1993 ; Bartel-Radic, 2003). Selon D'Iribarne (2003), la culture ne cesse de se démarquer de la tendance à l'uniformisation par sa volonté de diversité. Elle est difficile à décoder car il s'agit d'une question d'interprétation et de contexte. Pour Friedberg (2005), les entreprises ne sont pas seulement encastrées dans une culture ; elles sont elles-mêmes productrices d'une culture. La culture nationale ne doit pas être considérée comme un niveau d'analyse supérieur à tous les autres. La culture a des sources multiples (professionnelle, scolaire…). D'autres contextes fournissent des codes pour comprendre et interpréter la réalité. Ces codes complètent la culture nationale. Ce sont des dimensions locales. Friedberg évoque un bric-à-brac d'univers de sens qui est un lien entre le symbolique, l'imaginaire et le réel. La gestion des ressources humaines ne doit donc pas se contenter de la dimension instrumentale et doit s'inscrire dans la quête du sens, c'est-à-dire mettre de l'humain là où il y a de l'inhumain (Bindé, 2004 ; Yanat, 2005). Arkoun (2004) s'interroge sur la possibilité d'identifier dans la pensée et les cultures méditerranéennes des pistes qui pourraient rendre sa dimension humaine à l'homme. Il s'agit d'une culture de transition capable d'assurer le passage des identités culturelles fermées à la diversité, l'interculturalité et l'intercréativité. Cette voie doit permettre de transgresser et dépasser les grandes oppositions et la persistance de la polarisation de deux imaginaires.

La gestion de la diversité ou vers un pluriversalisme culturel

En Méditerranée, les différentes religions, cultures, démographies, réalités économiques et politiques renforcent l'intérêt de la gestion de la diversité au sein des entreprises. C'est notamment le cas des trois principaux pays du Maghreb. La Méditerranée est une ligne naturelle qui sépare deux mondes et en même temps unifie chacun d'eux. Rufin (2001) évoque le limes méditerranéen. Dans ce contexte, la gestion de la diversité peut permettre d'emprunter la voie de l'hybridation afin de concilier convergence et contingence et de mettre en relation deux univers de sens. Shayegan (2001) et Bindé (2004) invitent à emboîter les cultures les unes dans les autres afin de tirer profit du mélange et du croisement. L'hybridation correspond à un brassage des différences. Cette pensée de l'entre-deux permet d'éviter les réactions brutales suscitées par l'irruption de la modernité. Pour Latouche (2005), le pluriversalisme permet de légitimer toutes les cultures en donnant du sens à la culture de l'autre. Le pluriversalisme autorise un dialogue des cultures sans la négation de l'autre.

Les entreprises au Maghreb sont directement concernées par l'hypothèse de l'hybridation. L'internationalisation des entreprises favorise la logique d'interculturalité marquée par la coopération et la réciprocité. L'hybridation peut permettre de réaliser un ajustement entre l'inévitable globalisation et les réalités locales. Dans le cadre de l'évolution de la fonction Ressources humaines, l'hybridation peut faciliter la convergence des « meilleures pratiques ». Cette dernière ne se révèle réellement productive que si un important effort de formation et d'adaptation à la diversité contextuelle est réalisé. Mutabazi (2005) explique les échecs de développement de certaines multinationales en Afrique par la mésestimation des enracinements culturels, religieux et ethniques des populations africaines. L'apprentissage stratégique des pratiques de gestion des ressources humaines[1] est donc susceptible d'aboutir à une configuration originale combinant certains principes inspirés par le modèle étranger avec la persistance des caractéristiques locales. Apparaît ainsi un phénomène d'hybridation qualifié par Warner (2000) de « soft convergence » ou « de soft divergence ». L'hybridation amène les entreprises du Maghreb à emprunter sélectivement ce qui leur convient, tout en le greffant sur leur noyau culturel.

---

1. La notion d'apprentissage stratégique a été appliquée dans le cadre des pratiques de gestion des ressources humaines par Frimousse et Peretti, 2005.

La volonté de diversité, l'univers de sens et le fonds culturel maghrébin

L'environnement sociétal des trois principaux pays du Maghreb (Maroc, Algérie, Tunisie) est identique : un sentiment communautaire et clanique, un esprit de corps « *açaba* »[1], une dominante patriarcale, un respect des ancêtres, une fidélité à la tradition, une domination de l'homme, un rôle d'éducation et de socialisation pour les femmes, un art de vivre fondé sur la « *hchouma* » (pudeur et honte) et un sentiment de l'honneur. La force du regard de l'autre et de l'opinion du groupe influence le comportement de l'individu. Le groupe fournit solidarité et place à ses membres. La coutume et la tradition dictent les règles. Le non-respect de ces dernières génère de graves conséquences (Hernandez, 2000). La culture s'assimile donc à un pacte collectif supprimant l'individualité dans l'uniformité et la conformité (Bourdieu, 2001). Le Maghreb ressemble donc à des grains de grenade pas tout à fait semblables mais côte à côte dans le même ensemble. De multiples et intenses échanges ont provoqué un fonds commun maghrébin[2] qui dépasse les diversités ethniques. Ce fonds culturel agit sur les rapports dans le travail et les relations de travail individuelles et collectives. Certes, la culture est en constante évolution sous l'effet notamment de la mondialisation et du développement des technologies de la communication, cependant, les valeurs de base demeurent fortement enracinées. Cette notion de fonds culturel se rapproche du concept de « *culture-bound* » développé en marketing, qui représente le noyau dur d'une culture. Elle subit très peu l'influence de son environnement. Elle est très ancrée et influence fortement la société (Horovitz, 1980).

L'entreprise est dominée par des réseaux informels basés sur des affinités souvent régionales. Yanat (1999) parle de « règne de l'émotivité » et de rejet de « la logique froide ». Les procédures de recrutement demeurent fortement influencées par les liens de sang et les affinités avec le groupe dominant. Au niveau structurel, l'entreprise est généralement caractérisée par une hiérarchie aux frontières floues. Au niveau organisationnel, la gestion est centralisée. Selon Eddaki et Maghni (2005), les valeurs culturelles de la société marocaine agissent sur les méthodes et pratiques utilisées dans le domaine de gestion des ressources humaines. En 1998, Mezouar et Semeriva ont mis en évidence, à partir d'observations dans des entreprises

---

1. Dans le Maghreb médiéval, chaque homme fait partie d'une tribu. Le groupe tribal assure sa défense grâce à l'açaba. « L'esprit de corps ne se montre que chez les gens qui tiennent ensemble par les liens du sang ou par quelque chose d'analogue… Sous l'influence de ces sentiments, ils se soutiennent les uns les autres, ils se prêtent un mutuel secours… » (Ibn Khaldun, p. 270). Cf. *Prolégomènes* d'Ibn Khaldun traduit par Mac Guckin De Slane (1863).
2. Cf. Frimousse et Peretti (2006).

publiques et privées marocaines, sept valeurs. Les plus significatives sont la non-recherche de conflits, la hiérarchie du droit à la parole et la non-obliga-tion de résultats. Dans l'esprit des acteurs, le respect de la hiérarchie et des symboles est très important. La considération de la composante humaine apparaît comme un critère décisif dans le cadre des entreprises au Maghreb. L'étude menée par Boudabous (2005) sur les entreprises conjointes en Tunisie montre que les salariés tunisiens sont à la recherche d'un contact émotionnel plus proche de celui qu'entretiennent les membres d'une famille. D'après Eddakir et Maghni (2005), un style de management marqué par une grande distance hiérarchique et une centralisation de la décision et des relations personnelles et informelles conviennent davantage aux salariés marocains. Au sein de l'entreprise, les salariés ont une forte demande affective vis-à-vis de leurs supérieurs. Ces derniers sont des lea-ders exerçant un pouvoir sur les autres membres de l'entreprise. Ce pouvoir se rapproche de l'autorité traditionnelle développée par Weber (1965). Dans ce type de modèle, la notion de respect des supérieurs est essentielle.

La gestion des ressources humaines dans les entreprises du Maghreb, comme dans d'autres pays, a longtemps été sous-estimée, voire ignorée. Désormais, dans les entreprises les plus structurées, elle est guidée par une vision opérationnelle mais également stratégique. L'homme est considéré comme une ressource à valoriser afin d'augmenter les performances. Néan-moins, le salarié est appréhendé à travers un prisme local. Au-delà du col-lectivisme souvent mentionné dans les diverses études sur les comparaisons internationales, nous émettons l'hypothèse d'équilibre pour caractériser l'entreprise au Maghreb.

2. La diversité culturelle, la gestion des hommes et l'équilibre sociétal

Au Maghreb, la gestion des ressources humaines veille avant tout, de manière directe ou indirecte, à maintenir une cohésion sociale et sociétale. Les entreprises n'adoptent pas nécessairement les pratiques de gestion des ressources humaines les plus appropriées aux exigences économiques, mais plutôt celles qui semblent les mieux acceptées socialement. Le fonds cultu-rel maghrébin se rapproche du modèle circulatoire proposé par Mutabazi (2005). Ce dernier correspond à un système cohérent de croyances, de valeurs et de règles partagées dans la vie des communautés africaines. Dans tous les pays étudiés, ce système apparaît comme un modèle organisateur, hérité des ancêtres. Selon Mutabazi, toutes les sociétés africaines se caracté-risent par la circulation des biens, des services et des informations entre les hommes. Ce principe assure la cohésion sociale nécessaire à la survie de la communauté. Il en émane des valeurs et des normes de vie en société telles que la solidarité et le primat de la communauté sur l'individu. Cet ensemble se transpose directement au sein des entreprises. Ce modèle a été utilisé par Lafarge Maroc lors de la fermeture de l'une de ses usines. Le sureffectif a été géré par l'aide à la création de nouvelles activités en s'appuyant sur les réseaux familiaux. La considération du fonds culturel maghrébin a permis d'apporter une solution originale et efficace face à une situation critique. Cette approche hybride a permis de s'adapter à la dimension contextuelle locale et de mieux répondre aux aspirations des salariés locaux. Elle a également facilité la modernisation de l'appareil productif qui est imposée par la globalisation. Lafarge a concilié la dimension globale avec les réalités locales.

L'expérience de Lafarge Tétouan Maroc

L'ancienne usine de Tétouan Maroc avait une capacité de production insuffisante pour répondre aux besoins du marché et plus encore aux perspectives de développement des provinces du Nord. Du fait de sa vétusté, sa productivité était trop faible pour pouvoir affronter la concurrence externe, et ses installations n'étaient pas conformes aux normes environnementales entrées en vigueur en 2003. Cette vétusté et le développement urbain autour de l'usine rendaient impossible toute modernisation efficace et financièrement rentable. Pour faire face à la fermeture inéluctable de la cimenterie, l'entreprise pouvait soit augmenter la capacité de ses autres usines et, à partir d'elles, approvisionner le marché de Tétouan, soit construire localement une nouvelle unité. Les deux hypothèses ont été étudiées de façon approfondie et le conseil d'administration de l'entreprise a opté pour la construction de la nouvelle cimenterie Tétouan II. L'automatisation de la nouvelle cimenterie et la volonté de l'entreprise de se concentrer sur le cœur de son métier ont fait qu'elle emploie aujourd'hui un personnel très qualifié et dont l'effectif est limité. Pour cette raison, seuls les salariés de l'ancienne usine de Tétouan ayant un niveau technique élevé ont été intégrés dans la nouvelle unité, après avoir bénéficié des formations nécessaires. La fermeture de l'usine de Tétouan a obligé l'entreprise à se séparer d'une partie de ces salariés. Mais ce départ s'est fait dans le respect des collaborateurs qui n'ont pas été repris dans une autre unité du groupe ou n'ont pas bénéficié de leur retraite, avec pour objectif prioritaire de favoriser leur réinsertion chez l'un des sous-traitants de l'entreprise ou dans une autre entreprise implantée dans la région ou de leur permettre de créer une activité économique.

La conciliation de l'économique et du social

Chaque salarié présent dans l'usine, non transféré à la nouvelle cimenterie Tétouan II ou dans une autre unité du groupe, s'est vu proposer une réinsertion dans une autre entreprise ou l'aide à la création d'une activité. Dans le premier cas, l'intéressé a bénéficié d'une indemnité conforme aux dispositions légales et aux usages. Elle a été modulable en fonction de l'effort personnel de réinsertion. Dans la seconde option, le collaborateur a bénéficié d'une indemnité supplémentaire et Lafarge Maroc a participé au financement du projet. Le montant, plafonné, a atteint 80 % du coût global du projet (selon le nombre d'emplois créés). Cette contribution financière a été apportée après une étude de la viabilité du projet par les services de Lafarge Maroc. La libération de l'apport financier de l'entreprise s'est fait au fur et à mesure de la concrétisation du projet. L'aide à la création d'entreprise destinée aux collaborateurs de Tétouan a, selon les cas, également bénéficié à leurs enfants ou à leur conjoint. Le collaborateur a créé son activité dans un domaine de son choix ou a opté pour une activité faisant partie d'un éventail de projets étudiés par le consultant de l'entreprise : culture ou élevage, agriculture, services (café, laiterie…), commercial, agricole (élevage, apiculture…) ou à caractère industriel (menuiserie, électricité…). Une équipe de six personnes, implantée dans l'usine, a été constituée afin d'aider les réinsertions.

Le créateur d'entreprise a bénéficié :

▶ de l'appui des services de Lafarge Maroc dans l'évaluation du projet et pour son démarrage (pendant les 2 premières années) ;

▶ d'une formation pour lui et ses collaborateurs éventuels (plafonnée par personne) ;

▶ de l'aide d'un consultant externe, en cas de nécessité, pendant une période d'une année.

Il est à noter qu'en moyenne, chaque personne concernée par ce redéploiement a créé 2,2 emplois dans la région.

Tableau. Les résultats du plan de redéploiement

L'effectif concerné	121
Les créateurs d'activité	112
L'agriculture	37
Les ateliers à caractère industriel	8
Le commerce	42
Le service	25
Les emplois créés	267
La réinsertion en tant que salarié	9

3. Conclusion

Le modèle circulatoire développé par Mutabazi s'applique donc aux pays du Maghreb. Ce fonds culturel semble propre à d'autres espaces, dont notamment les pays d'Amérique latine parmi lesquels la Colombie (Ogliastri, 2004) et le Brésil (Drumond, Guitel, 2003). En Chine, le développement de la plupart des entreprises s'appuie sur une approche spirituelle trouvant ses racines dans le taoïsme et le confucianisme. La famille, la solidarité intergénérationnelle, assurent la cohésion de la société (Féron, 2005 ; Witzel, 2005). Le phénomène de solidarité communautaire n'est donc pas foncièrement un trait culturel africain mais une conséquence des stratégies d'acteurs dans un contexte donné avec un univers de sens et de représentations. Les enquêtes menées par D'Iribarne (2003) auprès de quatre grandes firmes multinationales dans quatre pays (Mexique, Maroc, Cameroun et Argentine) montrent qu'il est possible de concilier les pratiques de management universelles tout en les conciliant aux diversités locales. Ces firmes n'ont nullement copié les pratiques internationales des modèles de management efficaces. Chacune d'elles a façonné un management original, trouvant son sens pour les salariés dans des contextes nationaux.

Partie 3

Les politiques de diversité

Cette troisième partie est consacrée aux politiques des entreprises visant à prendre en compte la diversité. Les politiques d'égalité professionnelles selon le genre sont analysées, en France et aux États-Unis par Françoise De Bry, enseignante et chercheuse, et Michèle Mc Cabe, consultante, dans le chapitre dix-sept. Les politiques à l'égard des handicapés sont présentées par le professeur Charles-Henry Besseyre des Horts et Philippe Salle, président d'un grand groupe de service, dans le dix-huitième chapitre. Le dix-neuvième rédigé par Bernard Coulaty, DRH, et Jean-Luc Cerdin, professeur, est consacré aux politiques de diversité liées à l'internationalisation.

Deux experts en matière de RSE (responsabilité sociale de l'entreprise), Martine Combemale et le professeur Jacques Igalens, étudient dans le chapitre vingt les risques liés à la chaîne de sous-traitance. Le chapitre vingt-et-un, à travers le cas d'une caisse d'allocations familiales présenté par Alain Auger, dirigeant, et Michel Feron, professeur, souligne l'intérêt d'une harmonie entre la diversité du personnel et celle des « clients ». Éléonore Marbot, chercheuse, analyse dans le chapitre vingt-deux les politiques d'allongement de la vie professionnelle aux deux extrêmes. Le chapitre vingt-quatre sous la plume de Thierry Sibieude, professeur, et de Chantal Dardelet étudie les moyens d'une authentique égalité des chances permettant à des enfants de milieux défavorisés d'accéder à des parcours ouvrant des perspectives ambitieuses de carrière.

Face à la diversité des salariés aux attentes multiples, l'entreprise doit proposer de multiples choix. Rodolphe Colle et Jean-Marie Peretti proposent dans le chapitre vingt-trois « l'entreprise à la carte » comme outil complémentaire d'une politique de diversité. Le développement des engagements en matière de diversité nécessite des « audits de la diversité » présentés par Jean-Marie Peretti et Anne Saüt dans le chapitre vingt-cinq.

Pour conclure, le professeur Thévenet, dans le chapitre vingt-six, dégage les limites de l'approche différenciatrice : « Tous les mêmes ? »

Chapitre 17

Les politiques d'égalité profession-
nelle entre femmes et hommes
en France et aux États-Unis

Françoise de BRY
Michele McCABE

Une étude de Catalyst (2001)[1] met en avant, par ordre décroissant, huit obstacles rencontrés par les femmes dans le déroulement de leur carrière : le manque de parrainage, les responsabilités familiales, l'exclusion des réseaux informels de communication, l'absence de modèles féminins, la non-responsabilisation des seniors managers pour l'avancement des femmes, les stéréotypes et préjugés sur leurs rôles et leurs capacités, le manque d'opportunité, et finalement le manque d'expérience dans le management et l'opérationnel.

Qu'il s'agisse des statistiques françaises ou américaines, les constats ne sont guère différents : le taux d'activité des femmes est en hausse, leur taux de chômage est supérieur à celui des hommes, leur carrière se heurte au « plafond de verre », enfin il existe un écart moyen de 20 % entre les rémunérations masculines et féminines. Les politiques d'égalité professionnelles mises en place par les États et les entreprises, en France comme aux États-Unis, reposent sur des principes de politiques publiques différentes (principe d'égalité dans le premier pays, principe *d'affirmative action* dans le second), et sur l'utilisation de bonnes pratiques entrepreneuriales très proches dans les deux pays.

---

1. Catalyst : centre de recherche et organisme de consultants américains travaillant à la promotion des femmes dans l'entreprise : www.catalyst.org

1. L'égalité professionnelle femmes-hommes à la française

Pour lutter contre les inégalités entre les femmes et les hommes dans le monde du travail, des politiques sont mises en place en France tant sur le plan public qu'organisationnel, oscillant entre des politiques familialistes et des politiques féministes. Les premières considèrent que l'accès des femmes au marché du travail s'inscrit dans la continuité des tâches ménagères et n'est tout au plus que le moyen de fournir un salaire d'appoint au ménage, la priorité restant à la famille. Quant aux politiques féministes, elles cherchent à faciliter l'accès des femmes au marché du travail et à assurer l'égalité professionnelle, mais elles restent cependant imprégnées des rôles attribués conventionnellement aux femmes et aux hommes dans la société. Le temps partiel et l'allocation parentale d'éducation (APE) illustrent ces politiques familiales alors que les crèches ou les allocations pour garde d'enfant relèvent des politiques féministes.

L'impulsion des politiques publiques

Depuis une trentaine d'années, les politiques publiques se sont focalisées sur l'éradication de la discrimination des femmes à tous les stades de la relation de travail. Au-delà des lois (trois lois notables en une vingtaine d'années : 1983, 2001 et 2006), des mesures incitatives sont également mises en place : accord national interprofessionnel, charte et label égalité.

Passage d'une logique de protection à une logique d'égalité : la loi Roudy[1]

La loi Roudy (13 juillet 1983) transpose dans le droit français la directive européenne du 7 février 1976. Elle consacre notamment :

▶ Le principe de non-discrimination entre les sexes depuis le recrutement jusqu'au licenciement, en passant par la rémunération, l'évolution de carrière, la formation.

▶ Une certaine forme de discrimination positive puisqu'elle autorise des mesures temporaires d'embauche, de promotion, de rémunération (« à travail égal, salaire égal » pour les emplois de « valeur égale »)… en faveur des femmes pour remédier aux inégalités de fait.

---

1. Yvette Roudy : ministre des Droits de la femme de 1981 à 1986.

Pour promouvoir l'égalité professionnelle (EP), la loi dote l'entreprise de différents instruments :

- Un rapport annuel obligatoire (entreprises de plus de 50 salariés) sur la situation comparée des conditions générales d'emploi et de formation des hommes et des femmes dans l'entreprise.

- La signature d'un plan d'EP entre la direction et les syndicats de l'entreprise, visant par des mesures temporaires à la rétablir.

- Une aide financière de l'État à ces plans d'EP s'ils contiennent des « actions exemplaires » en faveur des femmes dans l'entreprise. Seuls 34 accords d'EP seront signés dont 22 recevront un financement public. Quant aux rapports sur l'EP dans les entreprises, ils seront établis par moins de 50 % d'entre elles.

Force est de constater que, dans un contexte économique difficile (chômage persistant, précarité…), l'EP n'est pas apparue comme prioritaire aux parties prenantes. Devant la persistance de ces inégalités, une nouvelle loi, dite loi Génisson, est votée le 9 mai 2001.

De nouveaux outils pour négocier l'EP : la loi Génisson[1]

Cette loi (9 mai 2001) vise à renforcer la loi Roudy et à mieux assurer l'EP dans la fonction publique. Dorénavant, le rapport annuel de situation comparée des hommes et des femmes (loi Roudy) doit comporter des indicateurs pertinents reposant sur des éléments chiffrés, définis par décret (cf. annexe en fin de chapitre). Ces indicateurs doivent être affichés sur le lieu du travail, après avis motivé du comité d'entreprise. La loi crée également une obligation spécifique de négocier sur l'EP au niveau de l'entreprise (tous les ans) et au niveau de la branche (tous les trois ans). Cette négociation doit porter, notamment, sur les conditions d'accès à l'emploi, à la formation et à la promotion professionnelle, ainsi que sur les conditions de travail et d'emploi.

Dans le domaine des élections professionnelles (élections prud'homales, des délégués du personnel, des représentants au comité d'entreprise), la loi incite à réduire l'écart de représentation entre les femmes et les hommes dans le but d'aboutir, à terme, à une égalité de représentation.

Les dernières statistiques du marché du travail montrent à l'évidence que ces lois n'ont guère modifié les données. Pour répondre à ces préoccupations, une ultime loi est votée le 23 mars 2006.

---

1. Catherine Génisson, députée socialiste du Pas-de-Calais depuis 1987, auteure d'un rapport remis au Premier ministre en juillet 1999, intitulé « Femmes-hommes. Quelle EP ? La mixité professionnelle pour plus d'égalité entre les hommes et les femmes ».

Des inégalités persistantes : loi du 23 mars 2006

Cette loi, initiée en juin 2005, à la demande du président de la République, impose différentes mesures aux entreprises :

- La suppression, d'ici 5 ans, des écarts de rémunération entre les femmes et les hommes, en imposant aux entreprises de définir et de programmer des mesures en ce sens et en neutralisant les incidences du congé de maternité.

- La facilitation de la conciliation vie privée/ vie professionnelle par une aide au remplacement des salariés en congé de maternité dans les entreprises de moins de 50 salariés et la majoration de l'allocation de formation pour frais de garde d'enfant.

- L'incitation des régions à organiser des actions favorisant un accès plus équilibré des femmes et des hommes aux différentes filières de formation.

Parallèlement à cette législation et sous l'impulsion de Nicole Ameline, ministre de la Parité et de l'Égalité professionnelle, l'année 2004 est marquée par de nouvelles mesures qui, selon l'auteure, ont pour objectif de « convaincre plutôt que de contraindre ». Il s'agit de la signature d'un accord national interprofessionnel, de la mise en place d'une charte pour l'EP et de la création d'un label égalité.

Convaincre plutôt que contraindre : accord, charte, label

L'accord national interprofessionnel « relatif à la mixité et à l'égalité professionnelle entre les hommes et les femmes », conclu le 1er mars, a été ratifié le 7 avril 2004 au siège du Médef par les organisations syndicales. Le texte ne comporte ni engagement chiffré ni sanction. Il renvoie pour l'essentiel à des accords de branche et d'entreprise pour permettre un accès équilibré des deux sexes au recrutement et à la formation et pour assurer l'égalité des rémunérations.

Par ailleurs, en 2004, les ministères, les partenaires sociaux, les associations d'élus et les réseaux associatifs signent une « charte de l'égalité entre hommes et femmes ». Les acteurs s'engagent à faire progresser l'égalité dans quatre domaines : la parité politique, le respect de la dignité de la personne, l'EP et l'articulation de la vie privée et de la vie professionnelle.

Enfin, pour valoriser les organisations exemplaires dans le domaine de l'EP, le gouvernement a lancé le 28 juin 2004 un label « égalité hommes-femmes ». Il se matérialise par un logo qui apparaîtra sur les produits et les services de ces organisations, récompensées pour leur application de l'EP.

© Groupe Eyrolles

Le label[1] est délivré pour une durée renouvelable de trois ans, avec un contrôle intermédiaire à 18 mois. Les syndicats regardent cette initiative avec scepticisme.

Trois lois en 20 ans sur l'EP, des mesures incitatives et, malgré tout, un sentiment partagé que la situation n'a guère progressé, voire régressé dans certains domaines.

Ce contexte d'inégalité n'est pas l'apanage de la France, il concerne une grande partie des pays développés[2] (à l'exception des pays du nord de l'Europe où la situation, sans être totalement égalitaire, a fortement progressé dans ce sens). Si les politiques publiques sont peu performantes, on peut maintenant s'interroger sur l'efficacité des politiques des entreprises dans le domaine de l'EP.

Des politiques d'EP conformes à l'intérêt de l'entreprise

Faire progresser l'EP dans l'entreprise, c'est d'abord sensibiliser et former les salariés, et les premiers d'entre eux les dirigeants, c'est ensuite l'inscrire dans la stratégie de l'entreprise.

Pourquoi les entreprises sont-elles concernées par le travail des femmes ?

L'intérêt bien compris de l'entreprise. Les deux guerres mondiales et l'évolution des mentalités ont modifié progressivement l'image de la femme au travail. Un pays démocratique ne peut pas faire l'impasse sur la nécessaire égalité des hommes et des femmes dans le travail. L'entreprise, elle-même, modifie progressivement son comportement lorsqu'il s'agit de son intérêt bien compris : image de l'organisation qui assoit sa légitimité, avantage de la diversité des points de vue et besoin en main-d'œuvre qualifiée. Aujourd'hui, l'égalité des hommes et des femmes dans l'entreprise relève du politiquement correct. Les organisations peuvent se faire condamner juridiquement (même si cela reste difficile à prouver) pour salaires inégaux entre

---

1. Dix-sept entreprises sont aujourd'hui labellisées, la première étant PSA Peugeot Citroën, les autres sont les suivantes : Airbus France SAS, Airbus SAS, Astrim, Barbin Associés Assurances, BETC Euro RSCG, Cetelem, Deloitte, Dexia Sofaxis, EADS France, EADS Space Transportation SAS, Eau de Paris, Eurocopter SAS, Matra Électronique, Orange France, Services funéraires Ville de Paris, Transports Wim Bosman Paris SA.
2. Cf. notamment aux États-Unis, les poursuites engagées par des salariées pour discrimination sexuelle chez Wal-Mart et à la banque Morgan Stanley (juin 2004).

les hommes et les femmes, harcèlement sexuel ou discrimination à l'embauche. Des hebdomadaires publient des articles sur des entreprises où il fait bon travailler pour les femmes[1].

Un autre facteur intervient en termes de management : c'est l'évolution des méthodes et le passage d'une gestion guerrière, autoritaire et pyramidale, réputée masculine, à une gestion plus consensuelle, en équipe et de conviction, réputée plus féminine.

Le déficit en cerveaux dans certains domaines (notamment dans les sciences) et le souci de ne pas passer à côté d'un grand nombre de talents constituent également des facteurs favorables au recrutement des femmes ou à leur évolution de carrière. À défaut d'hommes, les firmes embauchent des femmes, l'évolution démographique confortant cette tendance.

Les dirigeants d'entreprises voient donc aujourd'hui dans le recrutement et la promotion des femmes un moyen, non seulement d'améliorer l'image de leur entreprise, mais encore de rester compétitifs dans l'avenir, et éventuellement de réexaminer leur mode de fonctionnement à la lueur de l'arrivée des femmes dans leur organisation. Dans son étude, Catalyst (2004) montre que les entreprises qui se préoccupent des carrières des femmes sont plus motivées par la rentabilité que par l'égalité ; 78 % des 500 directeurs généraux interrogés par le magazine Fortune 500 ont cité « la présence accrue des femmes talentueuses », comme une motivation pour augmenter la représentation des femmes[2].

Une justification quantitative : l'existence d'un lien entre la performance des entreprises et la mixité de la main-d'œuvre. Des études américaines montrent qu'il existe un lien entre les performances financière, humaine et commerciale et la diversité femmes/hommes dans les entreprises. Ainsi, l'étude de Catalyst (2004) démontre que les entreprises, où les femmes sont nombreuses dans le « top management », ont des performances financières supérieures à celles qui ont peu ou pas de femmes à ce niveau[3]. D'autres études montrent que l'introduction de la mixité exerce une influence positive sur les cours de bourse (Wrigth *et al.*, 1995) ou qu'il existe un lien entre le pourcentage de femmes dans l'équipe dirigeante et les performances financières de l'entreprise (Welbourne, 1999).

---

1. Le mensuel américain *Working mother* publie tous les ans, au mois d'octobre, depuis 20 ans, les « 100 Best companies which are the family-friendlest ».
2. Cité par S. Belghiti (2002).
3. L'échantillon de Catalyst concerne 353 entreprises Les deux indicateurs retenus pour mesurer la performance financière de l'entreprise sont : Return On Equity (ROE) et Total Return to Shareholders (TRS).

En termes de ressources humaines, la diversité (plus large que la mixité) apparaît également comme un avantage concurrentiel. Elle rend le travail en équipe plus efficace (Watson, 1993) et a un impact fondamental sur le moral des salariés (Thomas, Ely, 1996). Enfin, une enquête de Catalyst (1998) montre que 70 % des femmes sont prêtes à quitter leur emploi si elles ne sont pas satisfaites de la gestion de leur carrière.

La diversité peut aussi être au service des performances commerciales. L'innovation est d'autant mieux stimulée qu'elle est perçue par une main-d'œuvre représentative. Dans la mesure où une grande partie des achats sont effectués par les femmes, il est important pour l'entreprise de mettre en avant son respect de l'EP. Selon Le Quéau (2000), quatre Français sur cinq se déclarent prêts à défendre l'EP femmes/hommes par leur consommation.

Les bonnes pratiques des entreprises

Ainsi, sous la pression des parties prenantes, de la législation et de leurs inté-rêts bien compris, certaines entreprises mettent en place, volontairement ou non, des bonnes pratiques pour favoriser l'embauche des femmes, mais aussi leur déroulement de carrière. Ces actions peuvent être classées en six catégories[1].

Des actions de sensibilisation et de formation. Pour lutter contre les stéréo-types et montrer l'intérêt de la direction sur ce sujet, des entreprises mettent en place des actions de formation et de sensibilisation à tous les niveaux. Seule une prise de conscience collective sur la nécessité de l'EP pourra faire avancer le sujet.

Des bonnes pratiques de recrutement. Certaines entreprises mettent en place des politiques accordant une priorité systématique (voire des quotas) à l'embauche des femmes sur les hommes, à compétence égale. D'autres inter-pellent les directeurs des ressources humaines lorsqu'il apparaît que, dans un service, aucune femme n'accède au processus de recrutement et qu'aucune femme n'est jamais embauchée, en dépit de candidatures féminines.

Des bonnes pratiques de promotion. Elles concernent surtout les femmes cadres. Il s'agit de repérer les femmes à haut potentiel et de faciliter leur promotion grâce au coaching ou au tutorat. L'entreprise s'assure que les femmes ne se heurtent pas au plafond de verre en employant des mesures plus ou moins directives : incitation, interpellation des directions des res-sources humaines (DRH) qui n'ont pas de femmes sur la liste des hauts

---

1. Cette classification a été établie par F. de Bry et J. Ballet (2004) à partir d'un échantillon de 117 entreprises françaises. Il s'agit de données recueillies dans la presse et différents ouvra-ges. L'échantillon ainsi constitué n'est pas représentatif, mais donne une première photogra-phie de ces bonnes pratiques.

potentiels, ou encore, plus directif, l'existence de demande explicite d'identification de candidates internes pouvant accéder à des postes de direction.

Des bonnes pratiques favorisant la mobilité professionnelle des femmes. Elles se font notamment par le biais de réseaux. Ainsi, General Electric a créé « l'European Women Network », réseau intranet des filiales européennes, qui vise à favoriser les évolutions de carrières des femmes au sein du groupe. Il en est de même avec le réseau « Elle » proposé par IBM ou avec le réseau « Great place for women work » chez Accenture.

Des bonnes pratiques par une assistance personnelle. Elles visent à permettre aux salariés (qu'il s'agisse de salariés masculins ou féminins) de concilier plus facilement leur vie professionnelle et leur vie privée par la création de services appropriés dans l'entreprise : service de nettoyage, appel d'un médecin, mini-marché, livraison des courses au parking de l'entreprise, service pour une nounou de remplacement, crèches, dépannage de la voiture...

L'aide au retour de congés de maternité et du congé parental. Les entreprises mettent en place des politiques de lissage des carrières, notamment en évitant les ruptures trop brutales lors de ces différents congés. Elles proposent par exemple à la salariée de garder le contact avec l'entreprise grâce aux technologies informatiques. Plus rarement, elles procèdent à une formation de quelques jours au retour de ce congé.

Ces bonnes pratiques ont souvent des effets pervers, stigmatisant encore davantage la place des femmes dans les organisations.

2. L'égalité professionnelle femmes-hommes à l'américaine

La situation actuelle aux États-Unis semble mitigée : d'une part, une prise en compte de l'importance stratégique de la mixité et de la diversité a été actée dès les années 1970. D'autre part, certaines évolutions récentes posent la question de savoir si oui ou non le sol américain restera celui de la liberté... pour la femme, en ce début de troisième millénaire.

Le rôle influent de la sphère des pouvoirs publics

La sphère des pouvoirs publics a servi aux États-Unis de catalyseur au changement dans le monde des affaires. Dans les années 1970, l'*affirmative* action[1] a été lancée afin de bannir toute discrimination et assurer une opportunité d'emploi équitable pour tous les individus, sans distinction de race, de couleur, de religion, de sexe, d'origine nationale ou de handicap. Cette initiative incluait également les appels d'offres et les sous-traitants du gouvernement fédéral américain. Grâce aux contrôles systématiques, soutenus par des sanctions pour faire respecter cette initiative, l'*affirmative action* a aidé surtout à améliorer le ratio femmes/hommes dans les entreprises depuis 1970[2]. Si les États-Unis pensent faire évoluer cette législation aujourd'hui, c'est parce que le programme a répondu à son objectif de faire progresser la diversité au travail à une époque donnée, avec des spécificités précises, non en raison d'un échec.

L'implication et l'aide des pouvoirs publics envers le secteur privé continuent aux États-Unis. Ainsi, l'US. Secretary of Labor, Elaine L. Chao[3], constate en mai 2006 qu'aux États-Unis, « les femmes ont mis la pression sur le gouvernement et les entreprises pour briser le plafond de verre : aujourd'hui elles détiennent presque la moitié des postes de manager et d'exécutif. Elles sont nombreuses dans la création d'entreprise, créant des emplois et enrichissant l'économie nationale. La croissance d'une entreprise est multipliée par deux quand elle est dirigée par une femme ; elles emploient plus de 9 millions de salariés et génèrent plus d'un trillion de dollars en chiffres d'affaires. La femme est le moteur de la croissance économique américaine et le vecteur d'un énorme changement dans la culture des affaires du pays ».

Chao explique également que « depuis 1997, la croissance des entreprises tenues par une femme a augmenté surtout dans les secteurs "non traditionnel", tels que la construction, les finances et les transports. Le US Department of Labor et le Small Business Administration ont créé récemment un site web : www.women-21.gov dédié à la femme entrepreneuse. Ce « guichet unique » pour les femmes offre des informations sur les appels d'offres et les achats, l'accès au capital, les assurances santé et prévoyance. Le Department of Labor a lancé également un site web interactif, *First Step Employment Law Advisor*, afin d'aider l'employeur et l'employé à se conformer au Code du travail américain[4].

---

1. *Affirmative action :* en français, cela est traduit par discrimination positive ou action positive. La traduction étant approximative, nous garderons la locution anglaise.
2. Voir Données du gouvernement des États-Unis : www.eeoc.gov/. EEOC = Equal Employment Opportunity Commission, agence fédérale américaine qui fournit notamment des données sur la discrimination par catégorie d'individus.
3. www.dol.gov
4. www.dol.gov/elaws

D'autres réseaux existent également, tels que le National Foundation of Women Business Owners (NFWBO) et le Small Business Administration, qui a créé Online Women's Business Center, un site web qui aide la femme à créer ou à développer son entreprise.

Le « Women's Business Enterprise National Council » (WBENC) développe des partenariats avec les entreprises du réseau « Minority & Women Business Enterprises » (M/WBEs) en les incorporant dans le processus des achats et d'appels d'offres. L'initiative de ces fournisseurs vise à favoriser la diversité à travers le processus d'achats par le développement de fortes relations d'affaires avec un groupe comme M/WBEs qui fournit des produits et services de qualité, un service client excellent à un coût compétitif. Les catégories de diversité reconnues sont : Asian-American, African-American, Hispanic-American et Native American.

L'absence patente de femmes dans le monde des affaires

L'exemple du secteur du capital risque

Dans le secteur du « capital risque », les femmes représentent moins de un tiers des créatrices et dirigeantes de PMI-PME. Susan Lucas Conwell, fondatrice et présidente de Clear Day (Paris/Palo Alto) et de Forum for Women Entrepreneurs, conseillent deux actions pour augmenter le nombre de femmes candidates :

1. Les femmes ont besoin de se faire connaître auprès des investisseurs de capital risque qui ont tendance à travailler avec des individus qu'ils connaissent. Il est donc indispensable qu'elles fassent partie de réseaux visibles.

2. Les femmes ont besoin d'un mentor capable de leur expliquer les rouages de ce secteur, et ainsi de les aider à créer leur entreprise.

Eleanor Tabi Haller-Jorden, Head of European Operations, de Catalyst[1], souligne le progrès que pourrait constituer le *partenariat femmes-hommes*. Elle évoque le piège simpliste dans lequel le débat hommes-femmes s'enlise souvent : le stéréotype de la femme « anti-risque » et « malaise avec les capitaux risqueurs et l'entrepreneuriat ». En conséquence, les femmes sont peu aidées dans leurs investissements. Un partenariat femmes-hommes apparaît comme la meilleure solution, mais avec une responsabilité conjointe. Les investisseurs doivent aller chercher les femmes entrepreneuses ; elles existent. Afin d'avancer sur le plan économique, Miss Haller-Jorden

---

1. www.catalystforwomen.org

constate qu'il faudrait faire évoluer le conflit « innovation *ou* efficience » vers une approche dualiste innovation *et* efficience.

L'exemple parfait d'une approche dualiste se trouve chez Volvo, avec sa voiture YCC, qui a bénéficié d'une conception et production entièrement féminine, en réponse aux souhaits des femmes. Cette initiative a donné naissance à la voiture YCC, 215 chevaux, facile à garer, entretenir et nettoyer. Hans-Olov Olsson, P.-D.G. de Volvo, lors de la sortie du véhicule, a souligné que cette initiative lui a appris qu'en répondant aux besoins des femmes, on surpasse les résultats des hommes, preuve que l'entreprise peut travailler de manière innovatrice, tout en restant efficiente.

Les pratiques et modèles d'entreprise favorables à la mixité

Depuis plus de vingt ans, des politiques ont été mises en œuvre pour faire évoluer les mentalités et les pratiques dans l'entreprise américaine. Ainsi, des organisations tiennent des séminaires de sensibilisation sur l'égalité femmes-hommes au travail et sur le harcèlement. D'autres procèdent à un audit de l'existant quantitatif et qualitatif dans le domaine de la mixité et une remise à plat de tous les processus clés des ressources humaines. Ce processus est propice à donner de la visibilité à un *baseline* pour une entreprise donnée. Le fait que le vice-président Director Women's Initiatives ou Director Diversity dépende hiérarchiquement directement du P.-D.G démontre son rôle stratégique dans l'entreprise américaine.

Il est toujours délicat de prôner la transposition simpliste d'une approche américaine en Europe. Chaque pays a sa propre culture et son propre contexte. En revanche, il est intéressant et efficace d'analyser les principes qui ont fonctionné ou non dans d'autres États, afin d'éviter de « réinventer la roue ». Qui peut ignorer la décision de la Norvège d'atteindre 40 % de femmes dans les conseils d'administration des entreprises cotées, ou le débat en Espagne de légiférer pour que 40 % des membres des partis politiques et des conseils d'administration soient des femmes. Quelle belle reconnaissance que le talent existe, côté femmes comme côté hommes ? Quelle belle volonté d'accélérer la pleine participation des talents dans la création de valeurs d'un pays ?

Une analyse comparative récente et inquiétante

Le « Global Competitiveness Network » du « World Economic Forum » a mené l'étude « Gender Gap » afin de quantifier l'écart femmes-hommes dans 58 pays, incluant les 30 pays de l'OCDE et 28 pays émergents[1].

---

1. L'étude utilise des données et indicateurs d'organisations internationales et des informations qualitatives de l'« Executive Opinion Survey » du Forum dans le calcul du classement. Près de 9 000 dirigeants d'entreprise à travers le monde ont été consultés en 2004.

L'étude montre que, pour que les femmes accèdent à une égalité complète avec les hommes, cinq mesures sont déterminantes :

1. Égalité économique : à travail égal, rémunération égale.
2. Opportunité économique : accès au marché du travail hors postes non spécialisés à rémunération basse.
3. *Empowerment* politique : représentation de femmes dans les organes de décision.
4. Accès plus large à l'éducation.
5. Santé et bien-être : accès à des soins permanents.

Cette étude place les États-Unis en 17ᵉ position. Ce pays développé possède le taux le plus élevé de grossesse parmi les adolescentes, ce qui a réduit leur résultat global. Le volet santé de la femme (« *reproductive health rights* ») n'est pas l'objet de cette étude ; pourtant, il faut garder à l'esprit le fait que les droits de la femme américaine à l'éducation, à la contraception, ou à l'avortement (dans le cas d'inceste, de viol ou de mise en danger de la vie de la mère), sont en train d'être progressivement supprimés depuis la fameuse décision de Roe *vs* Wade en 1973. Sans prôner une politique ou une autre, on peut simplement constater une entrave à la liberté individuelle de la femme[1]. Les faibles résultats des États-Unis dans le domaine de l'égalité économique et de l'*empowerment* politique, ainsi que la faible durée de ses congés de maternité et le manque d'aide aux crèches ou aux garderies qui obligent les femmes à choisir entre leur carrière et leur famille, expliquent également cette 17ᵉ place.

Dans le classement effectué par l'étude « Gender Gap », les cinq premiers pays retenus sont dans l'ordre : la Suède, la Norvège, l'Islande, le Danemark et le Finlande, séparés par des écarts minimes[2]. L'étude constate également que la transparence gouvernementale d'un pays et l'accès égal aux ressources pour la femme et l'homme créent un niveau de vie élevé pour les deux sexes. Pourquoi les pays nordiques sont-ils précurseurs en Europe ? Des études accusent certains pays d'Europe d'avoir adopté des politiques familialistes (longs congés de maternité, temps partiel, salaire parental) qui « cocounent » tellement la femme qu'elle quitte le monde du travail.

Miss Haller-Jorden, Catalyst Europe, pose la question suivante : « Sur quelle base devons-nous mesurer le progrès ? La responsabilité sociale des entreprises (RSE) est de plus en plus mesurée dans les entreprises par les parties

---

1. Une féministe américaine a dit : « Si l'homme pouvait être enceinte, l'avortement serait un Sacrement… »
2. Autres pays classés avant les États-Unis : la Nouvelle Zélande (6), le Canada (7), le Royaume-Uni (8), l'Allemagne (9), l'Australie (10), la Lettonie (11), la Lituanie (12), la France (13), les Pays-Bas (14), l'Estonie (15) et l'Irlande (16).

prenantes. Est-il possible d'analyser aujourd'hui l'entreprise avec une approche plus systémique ? » La RSE vise à mesurer l'impact de l'activité d'une entreprise dans sa communauté. Quels seront les coûts futurs sur l'économie d'un pays si on ignore l'environnement holistique : la couverture sociale des employés, la qualité de l'éducation, l'infrastructure, l'accès aux crèches et leur coût, l'impact des lois concernant la maternité sur l'embauche des femmes, la participation de la femme dans le secteur du travail et l'impact des inégalités de rémunération. Quel est le rôle de l'entreprise dans l'évolution du cadre holistique d'un pays ?

Mörtvik et Spänt (OCDE, 2005) démontre que parmi les « sociétés modernes » ayant une attitude fortement ou modérément favorable à l'égalité des sexes : le Canada, les États-Unis et les pays nordiques, affichent un taux de naissance plus élevé, ce qui est plus propice au développement démographique et économique à long terme. Les pays ayant une attitude moins favorable à l'égalité des sexes sont le Japon, l'Allemagne, l'Italie et l'Espagne. Sans un changement de mentalité, ces pays risquent de tomber dans la spirale d'un taux de naissance et d'une croissance économique moins élevés. Cet écart entre les pays lié à l'égalité femmes-hommes se retrouve dans les écarts des PNB entre ces mêmes pays. En conclusion, les pays qui n'exploitent pas la moitié de leurs ressources humaines handicapent fortement leur potentiel concurrentiel.

Nous, pays « démocratiques » occidentaux, devons rester exemplaires dans l'égalité femmes-hommes. Promouvoir l'égalité des sexes et l'autonomisation de la femme est un des huit objectifs[1] du Millenium Development Goals de l'ONU (New York, 2005), qui conditionne la réussite des sept autres. Les régions du monde qui ont réussi à éliminer les écarts d'éducation femmes-hommes depuis quelques décennies ont également atteint un plus haut niveau sur les plans économique et social : ce sont l'Asie de l'Est et du Sud-Est et l'Amérique latine. Le taux d'analphabétisation des femmes le plus élevé se trouve en Asie du Sud, dans le monde arabe et l'Afrique sub-saharienne. Mohammed Yunus, le fondateur de la Grameen Bank au Bangladesh, a promu le micro-financement auprès des femmes parce qu'elles remboursent leur emprunt de manière plus sérieuse que les hommes. Les femmes représentent 80 % des 70 millions de micro-emprunteurs du monde.

---

1. Les huit objectifs du Millénaire pour le développement sont les suivants : 1) Réduction de l'extrême pauvreté et de la faim. 2) Assurer l'éducation primaire pour tous. 3) Promouvoir l'égalité des sexes et l'autonomisation de la femme. 4) Réduire la mortalité des enfants de moins de 5 ans. 5) Améliorer la santé maternelle. 6) Combattre le VIH/sida, le paludisme et d'autres maladies. 7) Assurer un environnement durable. 8) Mettre en place un partenariat mondial pour le développement.

En conclusion, la méthodologie d'audit d'une entreprise au niveau de la mixité existe depuis des années ; les bonnes pratiques en matière de sensibilisation, de mise à niveau des processus ressources humaines et de reporting ont également cours. Aujourd'hui, les entreprises atteignent une plus grande mixité parmi les jeunes recrus ; il suffit maintenant d'oser incorporer plus de femmes au niveau des directions, des comités exécutifs et des conseils d'administration. Le stéréotype de la « femme alibi » a vécu ; il est essentiel désormais d'atteindre la masse critique. Les jeunes ont besoin de modèles, les aînés de faire table rase de quelques paradigmes et stéréotypes. Tout le monde, femme, homme et famille, ainsi que l'économie, gagneront à un meilleur équilibre femmes-hommes. Continuons à oser créer une nouvelle page où « Liberté » de choix, « Égalité » de traitement et « Fraternité » entre tous deviennent la réalité quotidienne pour les femmes et les hommes.

Annexe

Indicateurs obligatoires du rapport sur la situation comparée des hommes et des femmes (art. D. 432.1 du Code du travail)

Art. D. 432.1 (décret n° 2001-832 du 12 sept. 2001)

Le rapport annuel mentionné à l'article L. 432.3.1 comporte des indicateurs qui doivent permettre la réalisation d'une analyse de la situation comparée des femmes et des hommes dans l'entreprise, et de son évolution.

Ces indicateurs comprennent des données chiffrées permettant de mesurer les écarts et, le cas échéant, des données explicatives sur les évolutions constatées ou à prévoir.

Ces indicateurs sont les suivants :

1. CONDITIONS GÉNÉRALES D'EMPLOI

Effectifs

Données chiffrées par sexe :

▶ répartition par catégorie professionnelle selon les différents contrats de travail ;

▶ pyramide des âges par catégorie professionnelle.

Durée et organisation du travail

Données chiffrées par sexe :

- répartition des effectifs selon la durée du travail : temps complet, temps partiel > 50 % ou < ou égal à 50 % ;
- répartition des effectifs selon l'organisation du travail : travail posté, travail de nuit, horaires variables, travail atypique dont travail durant le week-end…

Données sur les congés

Données chiffrées par sexe :

- répartition par catégorie professionnelle selon :
  - le nombre et le type de congés dont la durée est supérieure à six mois : compte épargne temps, congé parental, congé sabbatique.

Donnés sur les embauches et les départs

Données chiffrées par sexe :

- répartition des embauches par catégorie professionnelle et type de contrat de travail ;
- répartition des départs par catégorie professionnelle et motifs : retraite, démission, fin de contrat à durée déterminée, licenciement.

Positionnement dans l'entreprise

Données chiffrées par sexe :

- répartition des effectifs selon les niveaux d'emplois définis par les grilles de classification au sens des conventions collectives.

Promotions

Données chiffrées par sexe :

- répartition des promotions au regard des effectifs de la catégorie professionnelle concernée ;
- nombre de promotions suite à une formation.

2. RÉMUNÉRATIONS

Données chiffrées par sexe, et selon les catégories d'emplois occupés au sens des grilles de classification ou des filières/métiers :

- éventail des rémunérations ;
- rémunération moyenne annuelle ;
- nombre de femmes dans les dix plus hautes rémunérations.

3. FORMATION

Données chiffrées par sexe :

- répartition par catégorie professionnelle selon :
  - la participation aux actions de formation,

- la répartition par type d'action : formation d'adaptation, formation qualifiante, congé,
- individuel de formation, formation en alternance ;
▶ le nombre moyen d'heures d'actions de formation.

4. CONDITIONS DE TRAVAIL

Données générales par sexe :
▶ répartition par poste de travail selon :
- l'exposition à des risques professionnels ;
▶ la pénibilité, dont le caractère répétitif des tâches.

Chapitre 18

Les politiques
à l'égard des handicapés

Charles-Henri BESSEYRE des HORTS
Philippe SALLE

1. Introduction

La question de la diversité dans l'entreprise est posée depuis longtemps mais ce n'est que récemment que celle-ci est présentée comme facteur de performance car elle constitue un levier essentiel pour répondre aux trois défis suivants : la raréfaction des talents, la diversité croissante des clients et la recherche permanente d'innovation (Jayne, Dipboye, 2004). Dans cette perspective, peut-on dire que le handicap – en tant que facteur de diversité – est source de performance ? On peut en douter quand on observe le comportement frileux des entreprises françaises de plus de 20 salariés qui ne satisfont toujours pas pour la plupart, près de 20 ans après la loi du 10 juillet 1987, aux exigences légales de l'emploi de 6 % de travailleurs handicapés (TH). Traditionnellement, en effet, le handicap est associé à des coûts (d'insertion, de fonctionnement…) plus élevés et à une productivité plus faible. Mais ces conceptions stéréotypées ont évolué au cours des dernières années sous l'effet, il est vrai, de nouveaux dispositifs réglementaires (loi du 11 février 2005) mais surtout en raison du fait que l'insertion des handicapés dans l'entreprise apparaît comme facteur de positionnement de l'entreprise sur des marchés nouveaux auprès de clients sensibles à l'image *corporate* et de cohésion interne auprès des personnels de plus en plus à la recherche de sens. Ce chapitre se propose en premier lieu de décrire la place du handicap dans l'entreprise à partir du cadre juridique, et de ses relations avec la performance, et en second lieu d'établir une typologie des politiques des entreprises et de montrer en particulier la place du travail temporaire dans ces politiques.

2. La place du handicap dans l'entreprise : un cadre d'analyse

Le cadre réglementaire français

En France, dès 1924, la loi impose aux entreprises le recrutement de mutilés de guerre. Les lois ultérieures ont peu à peu élargi les bénéficiaires de cette obligation qui a été généralisée par la loi du 10 juillet 1987 en faveur de l'emploi des travailleurs handicapés. Depuis l'entrée en vigueur de ce texte, tout employeur occupant au moins 20 salariés doit employer des handicapés dans la proportion de 6 % de l'effectif de l'entreprise. Ces dispositions ont été renforcées le 11 février 2005 par la loi pour l'égalité des droits et des chances, la participation et la citoyenneté des personnes handicapées. Pour la première fois, le loi introduit une définition du handicap : « Constitue un handicap toute limitation d'activité ou restriction de participation à la vie en société dans son environnement par une personne en raison d'une altération substantielle, durable ou définitive d'une ou plusieurs fonctions physiques, sensorielles, mentales, cognitives ou psychiques, d'un polyhandicap ou d'un trouble de santé invalidant. »

Au-delà de le notion de quota de 6 % qui est conservée, la loi introduit de nouvelles dispositions : lutte contre la discrimination, obligation de négocier, simplification du décompte de l'effectif des TH, contribution modulée en fonction du handicap, contribution augmentée en cas d'absence de politique volontaire d'insertion des TH, droit à la compensation individuelle, droit à la scolarisation des enfants handicapés, mise progressive aux normes d'accessibilité des lieux et transports publics... La liste des dispositions n'est pas ici exhaustive mais elle montre néanmoins clairement la volonté du législateur d'inciter fortement les entreprises à développer des politiques beaucoup plus proactives en faveur de l'insertion des handicapés (*Entreprise & Carrières*, 2006).

Une comparaison internationale : les dispositifs légaux en Europe et aux États-Unis

Au plan européen, les dispositifs réglementaires relatifs au handicap dans l'entreprise présentent certes des similitudes mais restent largement divergents (Hvinden, 2003). Une étude récente[1] du Sénat présente une comparaison des principales mesures prises dans plusieurs pays européens

---

1. Voir http://www.senat.fr/lc/lc116/lc1160.htm

(Allemagne, Danemark, Espagne, Italie, Pays-Bas et Royaume-Uni) ainsi qu'aux États-Unis pour promouvoir l'insertion des handicapés dans l'entreprise. L'examen des dispositions étrangères fait apparaître un clivage entre trois pays (Allemagne, Espagne, Italie) qui, à l'instar de la France, ont créé une obligation d'emploi des TH à partir d'une certaine taille d'entreprise et les autres pays (Danemark, Pays-Bas, Royaume-Uni et États-Unis) qui ont privilégié l'élimination des discriminations à l'encontre des TH sur le lieu de travail.

Les trois premiers pays (Allemagne, Espagne, Italie) ont fixé des seuils différents (respectivement : 20, 50 et 15 salariés) au-delà desquels l'entreprise doit réserver des postes de travail pour les TH : 5 % en Allemagne, 2 % en Espagne, et variable selon l'effectif en Italie (jusqu'à 7 % pour un effectif dépassant 50 salariés). Dans ces trois pays, les employeurs ne satisfaisant pas aux obligations légales doivent verser une contribution de substitution à un fonds, public ou privé, qui finance des actions en faveur de l'insertion des TH. Par ailleurs, en Espagne, le paiement de cette contribution peut être remplacé par de l'emploi indirect (contrat de fournitures de biens et services auprès d'un centre de travail protégé ou d'un TH en situation de travailleur indépendant). Enfin, des mesures complémentaires (prise en charge des dépenses d'adaptation et réduction des charges sociales) sont prises dans ces trois pays pour inciter les entreprises à recruter des TH.

Dans les autres pays (Danemark, Pays-Bas, Royaume-Uni et États-Unis), l'accent est mis sur l'élimination des discriminations à l'encontre des TH sur le lieu de travail. Une différence d'approche de cette question existe cependant entre, d'une part, le Danemark, le Royaume-Uni et les États-Unis et, d'autre part, les Pays-Bas. Les premiers ont promulgué des législations permettant d'agir directement sur les discriminations alors que la législation aux Pays-Bas reste purement incitative. Au Danemark, à compétence égale, les TH bénéficient d'une priorité d'emploi dans le secteur public, ce qui n'est pas sans rappeler le débat récent en France sur la « discrimination positive ». Le Royaume-Uni et les États-Unis ont adopté des législations très similaires interdisant, pour les entreprises de plus de 15 salariés, toute forme de discrimination à l'encontre des TH. Cette disposition se traduit par une double obligation : les employeurs doivent non seulement traiter les TH, candidats à un emploi ou salariés, de la même façon que les autres, mais ils doivent également adapter les conditions de recrutement et de travail à la situation des TH. Les Pays-Bas se démarquent des autres pays par un ensemble de dispositions purement incitatives (réduction des cotisations sociales, subvention des surcoûts occasionnés pour l'adaptation des postes, prise en charge totale d'un TH en période d'essai pendant 6 mois) mais la loi néerlandaise prévoit néanmoins de pouvoir légiférer le cas échéant sur l'obligation d'emploi des TH si les efforts « volontaires » des entreprises en faveur des TH ne s'avèrent pas suffisants aux yeux du législateur.

La question se pose de savoir si ces dispositions légales sont les seuls facteurs de développement de l'emploi des TH quel que soit le pays ? La réponse à cette question est évidemment négative s'il est possible de montrer que, au-delà de la contrainte juridique, l'entreprise a intérêt à intégrer des TH dans son effectif pour des raisons de performance comme le montre maintenant la courte synthèse des études sur le lien entre le handicap et performance.

Handicap et performance : une synthèse des études disponibles[1]

Les études disponibles sur la relation entre handicap et performance s'intéressent principalement à la perception et à l'évaluation de la performance des TH. Plus spécifiquement, les investigations ont porté, d'une part, sur les attitudes et valeurs des employeurs quant à la performance des TH et, d'autre part, sur l'analyse de la performance des TH, notamment par des analyses coûts-bénéfices.

Un certain nombre d'études ont été consacrées à la perception des employeurs ayant embauché un (des) TH(s). Deux études (S. Reisman, J. Reisman, 1993 ; Tse, 1994) ont examiné les perceptions des supérieurs hiérarchiques de TH atteints d'un handicap mental : elles concluent à une performance supérieure des TH notamment en termes de sérieux, de fiabilité, de motivation et d'absentéisme. S. Reisman et J. Reisman (1993) notent cependant une performance inférieure dans le domaine de la mémoire, des compétences sociales, des capacités de transfert et d'apprentissage. D'autres études (Kregel, Unger, 1993 ; Schafer et al., 1987) ont mis en évidence les perceptions très positives des employeurs à propos de l'embauche potentielle de TH, notamment en raison de leur ponctualité, de leur assiduité et la prise en compte de la sécurité. La satisfaction générale des employeurs concernant la perception de la performance des TH est rapportée dans la plupart des études disponibles avec des réserves cependant sur leur capacité à apprendre (principalement dans le cas de handicap mental) et le besoin accru de supervision. D'autres études se sont intéressées à l'attitude des employeurs et managers au sein de la population générale envers les TH. Levy et al. (1993) ont démontré une attitude favorable envers l'embauche

---

1. Ce paragraphe doit beaucoup à la synthèse réalisée par le professeur Jean-François Amadieu en 2005 pour le compte de l'agence Entreprises et Handicap.

des TH et ont souligné qu'une expérience antérieure positive d'emploi de TH était liée significativement aux attitudes positives. Rimmerman (1998) a examiné l'attitude de 120 responsables en Israël par rapport à l'emploi de personnes ayant un handicap intellectuel. Les résultats ont confirmé qu'un contact antérieur et la taille de l'organisation étaient associés à une attitude favorable à l'égard des TH.

La littérature est sensiblement moins importante sur les analyses coûts-bénéfices pour l'employeur qui embauche des TH, ce qui peut expliquer en partie la réticence des entreprises à recruter des personnels ayant un handicap physique ou mental. Tse (1994), dans une étude à Hong Kong, avait demandé aux employeurs de classer par ordre d'importance 25 critères du travail et ensuite de noter leurs salariés possédant un handicap intellectuel sur chacun de ces critères. Les TH étaient bien notés sur les trois critères les plus importants (assiduité, ponctualité et volonté de se dépasser au travail) avec des nuances concernant leur expérience et leur niveau d'éducation. Sur d'autres critères (sérieux, fiabilité, motivation…), ils ont été notés comme réussissant significativement mieux que les attentes des employeurs. En revanche, ils étaient moins bien notés en ce qui concerne l'apparence, l'éducation, l'expérience et la personnalité. Dans une étude de cas, Fenn (1995) a étudié les facteurs de coûts et bénéfices pour une entreprise de restauration après embauche de TH : après insertion des TH, la productivité a augmenté de 30 %, le turnover et l'absentéisme ont diminué de 5 %. Enfin, une étude australienne (Smith *et al.*, 1998) portant sur 643 employeurs a mis en évidence une productivité individuelle plus faible des TH, mais ces derniers ont été perçus comme un groupe d'employés engagés et dignes de confiance. Par ailleurs, les employeurs dans leur majorité ont déclaré que l'insertion des TH a eu un impact positif sur la productivité globale de l'entreprise, les profits, les compétences et pratiques du travail et les relations avec les consommateurs.

En conclusion, les études qui s'intéressent à la relation entre handicap et performance montrent que, au-delà des stéréotypes de coûts plus élevés et de productivité plus faible, l'insertion des TH dans l'entreprise peut être facteur de performance sous réserves que les politiques d'insertion soient cohérentes comme le souligne le paragraphe suivant.

3. Les politiques d'insertion des TH dans l'entreprise

En France, l'insertion des TH relève autant de la culture de l'entreprise et de la sensibilité de ses dirigeants que de la volonté de respecter les obligations légales d'intégration de personnes en situation de handicap.

Si la notion de discrimination positive a disparu dans la loi du 11 février 2005, elle reste présente dans les esprits dès lors que chaque entreprise de plus de 20 salariés est tenue de respecter un quota minimum de 6 % de handicapés dans ses effectifs. Toutefois, la volonté du législateur était de placer les compétences d'un candidat, seul critère qui importe, en position dominante, que la personne soit valide ou handicapée, alors que dans les habitudes de recrutement la notion du handicap passe encore trop souvent avant celle des compétences.

Typologie des politiques d'insertion des handicapés dans l'entreprise

Aujourd'hui, il existe deux formes de mise en œuvre d'une politique TH au sein d'une entreprise : l'accord ou la convention.

L'accord est la négociation d'un projet entre la direction de l'entreprise et les partenaires sociaux, avec au moins l'aval d'un partenaire social. Cet accord, pour être effectif, devra également obtenir l'agrément de la Direction départementale du travail, de l'emploi et de la formation professionnelle, qui s'assurera, notamment, que sont précisés des modalités et des objectifs minimaux, conformément au Code du travail. L'intérêt d'une telle procédure est l'obligation d'associer les partenaires sociaux, ce qui permet une forte implication de leur part dans la démarche. De plus, tous les sites d'une entreprise peuvent se trouvent concernés par l'accord, même ceux disposant de moins de 20 salariés, sites pour lesquels la loi ne prévoit pas d'obligation d'intégration de TH (l'exception étant l'accord d'établissement).

La contribution à verser à l'Agefiph (Association de gestion des fonds pour l'insertion des personnes handicapées), proportionnelle à la non-réalisation des 6 % de handicapés dans les effectifs, se transforme en budget dédié à la mise en place de l'accord d'entreprise. Cette forme de mise en œuvre d'une politique TH a été choisie en France par près de 200 entreprises comme Air France, la SNCF ou Casino.

La convention, quant à elle, est un contrat de droit privé conclu entre la direction de l'entreprise et l'Agefiph. Il n'y a pas d'implication directe des partenaires sociaux, bien que rien n'interdise de les consulter sur la question, et surtout si les informer sur ce thème semble approprié. Le paiement de la contribution à l'Agefiph est maintenu en cas de non-respect du quota de 6 %, mais l'Agefiph alloue en parallèle un budget pour permettre la réalisation des actions et des objectifs inscrits dans la convention. Les objectifs fixés dans la convention pourront être très larges, mais devront bien évidemment toujours prendre en compte le recrutement et l'insertion directe de TH.

Le principe de la convention a pour intérêt d'être très souple et de ne réunir que deux partenaires : l'entreprise et l'Agefiph. Toutefois, une entreprise ne peut pas signer plus de deux conventions à la suite. Cette limitation ne concerne pas les entreprises de travail temporaire, en raison de leur activité spécifique. Une vingtaine d'entreprises en France sont signataires d'une convention avec l'Agefiph ; c'est notamment le cas de Vediorbis, France 3 ou de Castorama.

Pour compléter cette présentation synthétique des deux principales formes « encadrées » de mise en œuvre d'une politique TH, il faut préciser que nombre de grandes entreprises en France n'ont réalisé aucune de ces formalisations mais engagent, malgré tout, des actions ponctuelles ou durables en faveur de l'insertion des personnes en situation de handicap.

Enfin, au-delà des engagements formels au sein d'une entreprise, la loi du 11 février 2005 « pour l'égalité des droits et des chances, la participation et la citoyenneté des personnes handicapées » a inclus une disposition obligeant la négociation annuelle avec les partenaires sociaux dans l'entreprise ou tous les trois ans pour les branches, sur le thème de l'emploi des personnes handicapées dans l'entité concernée.

Une politique d'insertion particulière : le travail temporaire (le cas Vedior France)

Le travail temporaire met en jeu une relation tripartite réunissant l'entreprise utilisatrice qui exprime un besoin de personnel, l'entreprise de travail temporaire qui met à disposition un intérimaire, et l'intérimaire.

Dans cette relation, le législateur n'autorisait que trois motifs de recours au travail temporaire : le remplacement provisoire d'un collaborateur, l'accroissement temporaire d'activité, ou l'emploi temporaire par nature, comme un emploi saisonnier.

Alors que ces motifs de recours sont uniquement liés à l'activité de l'entreprise, la loi de cohésion sociale du 18 janvier 2005 prévoit deux nouveaux cas de recours :

▶ lorsque la mission de travail temporaire vise à faciliter l'embauche de personnes sans emploi rencontrant des difficultés sociales et professionnelles particulières ;

▶ lorsque l'entreprise de travail temporaire et l'entreprise utilisatrice s'engagent à assurer un complément de formation professionnelle au salarié recruté. Dans ce cas, la durée et les conditions du contrat sont fixées par décret ou accord de branche étendu.

Ces deux nouveaux motifs de recours liés à la situation de la personne, et non plus à celle de l'entreprise, peuvent évidemment être favorables aux personnes handicapées, et optimiseront, à l'avenir, leur chance d'insertion professionnelle par le biais du travail temporaire.

Le travail temporaire constitue, en effet, un réel tremplin vers l'emploi. C'est notamment le cas pour les jeunes, pour les personnes disposant de peu ou pas de qualification, ou pour celles victimes potentielles de discriminations à l'embauche, comme par exemple certaines personnes handicapées.

Le Groupe Vedior France, filiale du n° 3 mondial du recrutement et des ressources humaines, groupe socialement engagé, notamment dans la promotion de la diversité dans l'entreprise et l'égalité des chances dans l'accès à l'emploi, a mis en place, dès l'année 2000, une politique spécifique permettant aux TH d'accéder au marché de l'emploi.

Pour renforcer l'efficacité de son engagement en faveur de l'employabilité des personnes handicapées, ce groupe a intégré, depuis 2001, au sein de sa direction générale des ressources humaines, une coordination nationale « Travailleurs handicapés ».

Depuis juillet 2000, ce groupe est partenaire de l'Agefiph. Chaque année, plus de 3 000 TH sont délégués auprès de ses entreprises clientes sur l'ensemble du territoire national. En France, les délégations de TH en mission d'intérim s'effectuent, non seulement dans tout type de secteur d'activité, mais aussi dans tout type d'emploi et de qualification.

Par l'intermédiaire du travail temporaire, les emplois auxquels accèdent les handicapés deviennent des emplois durables pour près de 40 % d'entre eux, alors qu'ils ne représentent que 18 % pour l'ensemble des emplois intérimaires. Du fait d'une activité où l'humain est la priorité, il est possible de sensibiliser les acteurs économiques. Par exemple, le Groupe Vedior France a organisé, en 2005, plus de 50 rencontres régionales avec des décideurs d'entreprises, afin de promouvoir l'emploi des TH. L'ensemble de ces manifestations spécifiques a permis de sensibiliser plus de 600 entreprises.

Au-delà de la délégation en entreprise, le travail temporaire permet aussi de développer les compétences des personnes en situation de handicap à travers la formation. Les entreprises de travail temporaire consacrent, chaque année, 270 millions d'euros à la formation des intérimaires. Les formations peuvent prendre différentes formes, en fonction des besoins des personnes et des entreprises, notamment formation de perfectionnement ou en alternance.

Enfin, les entreprises de travail temporaire peuvent également mettre en place des actions de sourcing spécifiques. La difficulté de trouver un emploi est encore plus forte pour une personne handicapée dont l'égalité des chances n'est pas respectée en raison de critères pourtant sans lien avec ses compétences. Les refus d'embauche sont alors encore plus démotivants pour les personnes concernées qui finissent parfois par renoncer dans leurs recherches.

C'est pour casser ce système qui peut démobiliser les demandeurs d'emploi handicapés que le Groupe Vedior France a décidé d'aller à leur rencontre. Il organise depuis 2004 des forums de recrutement dédiés aux handicapés. Bilan : 800 participants en 2004 et 25 % de candidats retenus, 1 000 participants en 2005 et 50 % de candidats retenus pour des missions d'intérim ou des contrats en CDD et CDI. Initié les deux premières années en Île-de-France, ce forum de recrutement dédié aux TH a été organisé dans cinq autres régions en 2006, afin de démultiplier les impacts très positifs d'une telle initiative.

Ce dernier exemple illustre, une fois de plus, le rôle majeur que peut jouer le travail temporaire dans l'insertion professionnelle des TH.

4. Conclusion

En tant que facteur de diversité, le handicap a sans doute une place particulière tant les réticences quant à l'insertion des TH dans l'entreprise sont fortement ancrées dans les mentalités individuelles et collectives. Bien souvent, il faut le reconnaître, ces freins proviennent d'une méconnaissance voire d'une peur à l'égard de personnes qui font l'objet, beaucoup plus que d'autres, de conceptions stéréotypées et qui les obligent bien souvent à ne pas révéler leur handicap par crainte d'être mises à l'index.

Ce chapitre a montré que, au-delà d'un cadre réglementaire de plus en plus incitatif et contraignant, l'entreprise devait réfléchir à la mise en œuvre d'une véritable politique d'insertion des TH, et ce d'autant plus qu'elle s'inscrit dans une démarche de « responsabilité sociale de l'entreprise » (RSE) dans laquelle la satisfaction équilibrée des parties prenantes (clients, collaborateurs, communautés et actionnaires) est déterminante. Une politique volontariste d'insertion des TH peut jouer, en définitive, un rôle clé en tant que catalyseur d'une image différente de l'entreprise lui procurant par là même un avantage concurrentiel durable, notamment vis-à-vis de ses clients et futurs collaborateurs.

Chapitre 19

Internationalisation et diversité

Bernard COULATY
Jean-Luc CERDIN

L'internationalisation des entreprises et la diversité sont intimement liées. Les entreprises, en se développant à l'international, ont plusieurs options. Elles peuvent par exemple acquérir des entreprises et leur laisser une entière autonomie dans une approche polycentrique, ou bien les contrôler totalement en expatriant des cadres du siège social selon une approche ethnocentrique. L'approche régiocentrique séduit de plus en plus d'entreprises, où ces dernières recherchent à devenir transnationales dans leur gestion des ressources humaines. Les compétences prennent alors le pas sur les nationalités pour les postes clés de l'entreprise.

Nous proposons dans ce chapitre d'examiner le lien entre internationalisation et diversité à partir du cas Pernod Ricard.

1. Racines locales : ambitions mondiales

Pour Pernod Ricard, la question de l'internationalisation et de la diversité peut s'articuler autour de deux autres :

▶ Comment accompagner la croissance à l'international en diversifiant les profils des managers, tout en conservant la culture et les valeurs de l'entreprise ?

▶ Comment construire un groupe qui « ressemble à sa géographie et respecte son histoire » ?

Le slogan de Pernod Ricard : « Racines locales, ambitions mondiales », est une bonne synthèse du *business model* et du mode d'organisation sur lequel repose l'internationalisation : la décentralisation.

1.1 Contexte

Pernod Ricard a vécu une mutation profonde depuis sa création en 1975, date du rapprochement des sociétés Ricard et Pernod. Numéro 10 mondial des Vins et spiritueux en 1975, Pernod Ricard se retrouve aujourd'hui propulsé au deuxième rang mondial de ce même secteur.

La stratégie qui a permis ce résultat repose sur deux points :

- des acquisitions successives de marques fortes conservées au sein de leurs sociétés locales ;
- une intégration réussie de ces sociétés, sur le plan économique et social.

Les ventes ont été multipliées par trois depuis 2001, notamment grâce aux deux acquisitions majeures réalisées depuis : le canadien Seagram en 2001, le britannique Allied Domecq en 2005.

Le Groupe Pernod Ricard réalise aujourd'hui un chiffre d'affaires de 5,7 milliards d'euros et emploie 16 000 collaborateurs dans 80 pays. Signe de l'internationalisation rapide et constante, la part de la France est en diminution sensible ces dernières années.

Deux raisons principales expliquent ce succès :

- Un *business model*, soit un mode d'organisation particulièrement décentralisé, et qui laisse la place aux décisions prises le plus près possible du terrain. Le « corporate » est maigre ; il est composé d'experts qui animent les filiales autour des « best practices », et les compétences business clés sont dans les filiales, soit au niveau des propriétaires de marques, soit au niveau des sociétés locales de distribution.
- Des valeurs clés partagées : simplicité, convivialité, intégrité, responsabilité, esprit entrepreneur, engagement fort, transparence. Une « charte » a été publiée en interne il y a quelques années, à partir des valeurs réellement vécues et pratiquées sur le terrain, et non de celles « qu'on voudrait bien voir appliquer ».

Pourquoi internationaliser les RH ?

Dans ce contexte, l'internationalisation des RH répond à une variété de préoccupations :

- répondre à des besoins locaux de compétence ou d'expertise ;
- diffuser la culture et les valeurs Pernod Ricard ;
- développer l'image d'acteur global de Pernod Ricard sur le marché des vins et spiritueux ;

▷ gérer la mobilité des collaborateurs et développer leurs compétences à travers des expériences variées : passage de l'opérationnel au fonctionnel, d'un propriétaire de marque à une société de distribution, etc.

L'histoire de Pernod Ricard à l'international s'est construite par la contribution d'expatriés français, de profil financier le plus souvent, partis « défricher des marchés » et constituer progressivement une véritable société « Pernod Ricard » à l'étranger. Les brassages et acquisitions des récentes années ont fait évoluer ce schéma vers des profils davantage orientés marketing/ vente, et aussi vers des nationalités de toutes origines.

L'expatriation poursuit trois objectifs principaux, à savoir la réponse à un besoin de personnel, le développement de l'organisation et le développement des managers.

Objectifs principaux	Contribution
Applications en termes de business (= Pouvoir des postes)	• Application de savoir-faire managérial • Application de savoir-faire professionnel • Formation au savoir-faire proressionnel • Transfert technologique • Promotion de l'image de groupe/relations externes
Applications organisationnelles (= Développer l'organisation)	• Coordination/réseau • Transfert de la culture/socialisation • Transfert de politique/contrôle • Transfert des meilleures pratiques
Apprentissage de l'expatrié (= Développer les managers)	• Business international/expérience professionnelle • Perspective globale de l'entreprise

Source : Hocking, Brown & Harzing, 2004.

Pour Pernod Ricard, pourvoir certains postes, notamment lors d'acquisitions, a nécessité de recourir à des expatriés français (financiers, directeurs généraux...). Le développement de l'organisation locale nécessite néanmoins le développement de profils locaux à dimension internationale, pour lesquels une expatriation hors de leurs pays d'origine est organisée avec pour perspective un possible retour quelques années plus tard. La part de ces profils « expatriés non français » a ainsi augmenté de 15 à 20 % ces dernières années en Europe par exemple. C'est le signe que l'internationalisation est en marche.

2. Talents : mobilité et diversité

Le challenge pour Pernod Ricard aujourd'hui est de combiner deux approches :

◗ Développer des politiques RH (recrutement, intégration, rémunération, développement, mobilité) permettant de diversifier les profils dans le cadre de l'internationalisation.

◗ S'assurer dans le même temps de concilier diversité et intégration dans le système de valeurs de Pernod Ricard quels que soient les pays.

Accompagner la diversité

Les politiques et les initiatives RH de Pernod Ricard se sont progressivement adaptées à la nouvelle dimension du groupe ces dernières années :

	2000	2006
Recrutement	Essentiellement local.	Mise en œuvre à l'initiative du Corporate d'une politique de recrutement de jeunes diplômés internationaux (communication avec les meilleures business schools, création d'une « marque employeur », mais le pilotage des recrutements reste local.
Intégration	Accueil local. Séminaire d'intégration organisé par le Corporate pour les nouveaux entrants (2/3 français, 1/3 internationaux).	Le « mix » du séminaire d'intégration a évolué : 50 % de Français et 50 % d'internationaux.
Rémunération	Disparité des politiques de rémunération variable (bonus) selon les sociétés. Suivi central des expatriés.	Mise en œuvre d'une politique de procédure de rémunération variable unique quelles que soient les nationalités, et cohérente avec les niveaux de responsabilité.
Développement des talents	Centre de formation interne piloté par le « corporate », lieu d'apprentissage et de brassage de cultures. Suivi des cadres à potentiel par le groupe.	Révision des critères d'identification des hauts potentiels et ressources clés. Organisation de « managers reviews » pour chaque filiale. Création et mise en œuvre de référentiels de compétences dans les métiers clés (marketing, vente). Organisation de cycles de management et réflexion sur le leadership.
Mobilité	Nombreux Français expatriés (dont 50 % dans la fonction financière). Statut d'expatriation.	Ouverture à des profils marketing/vente. Augmentation de 20 % des profils « non-Français expatriés ». Création d'un statut « local + » pour les profils de jeunes internationaux.

L'internationalisation des RH repose notamment sur trois types de population, les nationaux du pays d'origine, les locaux et les nationaux de pays
tiers. Comparés les uns aux autres, ces salariés ont tous des avantages et des
inconvénients.

	Avantages	Inconvénients
Expatriés (NPO)	Contrôle et coordination organisationnels maintenus et facilités. Développement des managers prometteurs via une expérience internationale. Compétences techniques et managériales parfois supérieures aux locaux et NPT.	Diminution des opportunités de promotion des « locaux ». L'adaptation au pays d'accueil peut être longue. Style de management pas toujours adapté. Coût élevé de l'expatriation.
Locaux (NPA)	Coûts d'embauche réduits et pas besoin de permis de travail. Amélioration dans la continuité du management puisque les nationaux du pays d'accueil restent plus longtemps en poste. Opportunités de carrière comme source de motivation.	Problèmes de contrôle et de coordination de la société mère. Opportunités de carrière limitées à l'extérieur de la filiale. Opportunités limitées pour les nationaux du pays d'origine d'obtenir une expérience internationale. Risque d'encourager une fédération de nationaux plutôt que des unités globales.
Tiers (NPT)	Rémunération souvent plus faible que pour les expatriés. Meilleure connaissance de l'environnement du pays d'accueil que les expatriés.	Animosités nationales possibles (Inde et Pakistan par exemple). Embauche de nationaux d'un pays tiers limitée ou interdite par le gouvernement du pays d'accueil. Réticence éventuelle à rentrer dans leur pays après l'affectation.

Source : adapté de Cerdin, 2002, p. 296

Pour Pernod Ricard, sur la zone Europe, dans les deux dernières années, le
pourcentage de nationaux de pays tiers (NPT ou internationaux) a augmenté fortement alors que le nombre d'expatriés français est stable. En
2004, sur les 115 personnes qui dirigeaient les filiales et leur comité de
direction, 23 personnes étaient des expatriés français (20 %), 83 personnes
étaient des locaux (72 %) et 9 personnes étaient des expatriés non français
(8 %). En 2006, les directeurs généraux des filiales et leur comité de direction représentent 137 personnes avec 27 expatriés français (20 %),
93 locaux (68 %) et 17 internationaux (12 %). Le recours aux internationaux apparaît nettement pour certaines fonctions comme la finance ou le

marketing. En 2006, 21 % des directeurs marketing sont des internationaux contre 9 % en 2004, ce qui traduit un accroissement important de la diversité aux fonctions clés de l'entreprise.

Concilier diversité et intégration

C'est un véritable challenge permanent, tant la culture et la volonté de la préserver sont fortes, et tant est nécessaire aussi une diversification des profils des dirigeants, compte tenu de la nouvelle dimension de « Numéro 2 mondial ».

Il s'agit de veiller à traduire ces valeurs en comportements observables localement : la convivialité peut s'exprimer différemment en Espagne et en Norvège... et en Chine ? Le brassage d'expatriés français, de « locaux internationaux » et de managers locaux, apporte un équilibre favorisant cette traduction et cette pérennité culturelle. La fonction RH veille également à cet équilibre dans les recrutements, le choix des hommes-clés dans le cadre des mobilités internationales, etc.

Combiner diversité et intégration est également à l'ordre du jour lorsqu'il s'agit de piloter les acquisitions « en douceur » sans perturber l'équilibre interne. Les deux acquisitions majeures récentes de Pernod Ricard étaient des sociétés plutôt centralisées et orientées « process », aux antipodes donc de l'organisation et du style de management de Pernod Ricard.

Le succès de ces intégrations repose sur trois piliers RH :

- Le mode décentralisé de conduite de l'intégration, avec une coordination du « corporate » sous forme de « Integration HR principles » guidant l'action sur la manière de communiquer et de gérer les différentes situations. Le corporate intervient principalement sur les choix de dirigeants et de membres de comité de direction.
- La gestion humaine et sociale des départs qui, tant sur le plan de la proximité de communication avec les collaborateurs concernés que sur le plan du « package », doit être conforme aux valeurs affichées : transparence dans les décisions, simplicité de communication, force de l'engagement à aider ces personnes à se réorienter...
- La qualité de l'intégration et de l'« acculturation » des nouveaux entrants. Force est de constater que des collaborateurs issus d'une société fortement centralisée sont parfois un peu désorientés par cette culture de simplicité et de décentralisation, car il s'agit pour eux de prendre des décisions et d'agir sans attendre le process venant du corporate ? Après quelques semaines de pratique de Pernod Ricard, les réflexes sont bien souvent déjà là et les mêmes collaborateurs deviennent très vite exigeants dans le maintien du modèle décentralisé ?

3. Leadership RH, internationalisation et diversité

L'internationalisation et la diversité se développent avec l'appui d'une fonction RH innovante et exerçant un véritable leadership. Le leadership RH se trouve ainsi au service de l'internationalisation et de la diversité, notamment en mobilisant les grands rôles de la fonction RH.

Quatre rôles de la fonction RH

Internationaliser l'entreprise, et par voie de conséquence la gestion de ses ressources humaines, repose sur une fonction RH centrée sur les quatre rôles proposés par Ulrich et Brockbank, à savoir être un partenaire stratégique (expert du business, agent du changement, consultant), un expert fonctionnel (spécialiste de certains domaines de la fonction), l'avocat des salariés (ou le champion des salariés en voyant le monde de leur perspective) et un développeur du capital humain (aider les salariés à se préparer pour le futur).

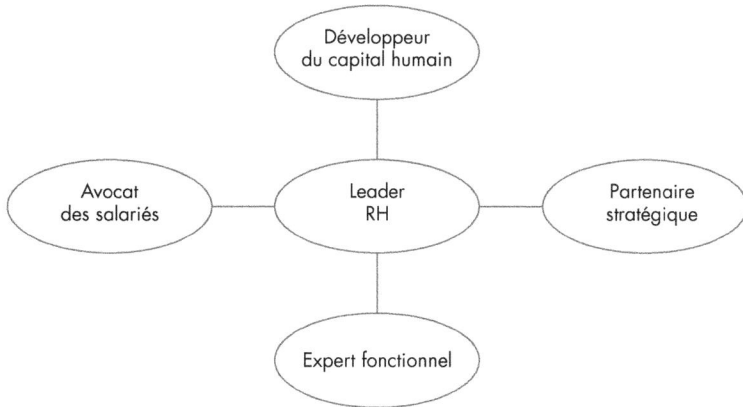

Source : adapté de Ulrich, Brockbank, 2005, p. 200.

Cette fonction RH anticipe et pilote l'enjeu d'internationalisation et de diversité en sortant de ses schémas locaux et traditionnels. Il ne s'agit plus d'assurer la maîtrise des relations sociales locales mais d'être capable de penser global, de raisonner « business » et d'apporter du support aux opérationnels, tout en challengeant ceux-ci en particulier sur le maintien et la diffusion des valeurs du groupe.

Leadership RH et Pernod Ricard

La fonction RH est ainsi amenée à développer elle-même son rôle de « leader fonctionnel » à l'international. Pour Pernod Ricard, le leadership RH à l'international se focalise particulièrement sur trois rôles :

▶ *Partenaire stratégique*. Agir en partenaire du business, ce qui nécessite de nouveaux comportements : proximité des opérationnels (directeurs généraux des filiales), visites terrain dans les filiales, apport de solutions adaptées aux situations et non seulement de conseils et d'obligations. Il s'agit d'être un « business partner », mais non un « serviteur », pour garder du recul et la « tête froide ».

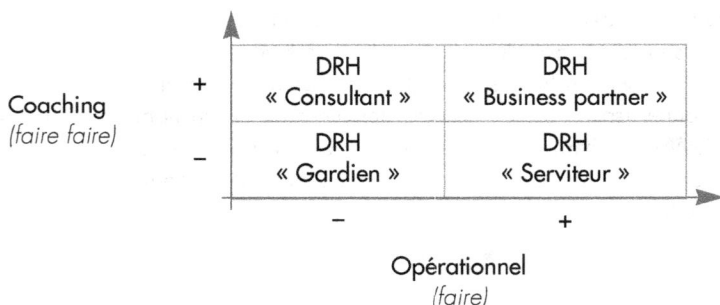

Source : Coulaty B., 2002, p. 16.

▶ *Expert fonctionnel*. Agir en animateur des « best practices » : en particulier dans un mode de gestion décentralisée, la fonction RH internationale doit coordonner ses différents pays en appuyant sa crédibilité non pas sur le « reporting » mais sur le développement de l'expertise des fonctions RH locales. Cela est possible en développant le sentiment d'appartenance des DRH locaux à un « réseau d'experts », les meilleures pratiques ou les meilleurs outils étant alors mis à la disposition de tous.

▶ *Développeur du capital humain*. Agir en développeur de futurs leaders, en redéfinissant les critères d'évaluation du « potentiel » et en faisant en sorte que chaque manager développe au maximum ses talents de vision stratégique et de leadership, le tout dans une dimension internationale.

Chapitre 20

La chaîne de sous-traitance et la diversité

Martine COMBEMALE
Jacques IGALENS

1. Introduction

Le consommateur des pays développés attache de plus en plus d'importance aux conditions dans lesquelles sont produits les biens qui lui sont proposés. Certes, cette tendance est loin d'être dominante et le succès incontestable des « discounteurs » en montre les limites. Cependant, le développement du commerce équitable, des labels écologiques et des labels sociaux devient dans certains secteurs – tels que les produits alimentaires, le jouet, le textile, la chaussure – une réalité incontournable. Dans les relations interentreprises, et notamment la sous-traitance, les comportements évoluent également et, en plus des exigences anciennes de qualité, apparaissent de nouvelles exigences relatives au management environnemental, au respect de certains principes touchant aux droits de l'homme et à ceux du travail.

La question que posent ces développements récents est double ; elle concerne les techniques de contrôle aussi bien que les valeurs. Le contrôle prend souvent la forme de l'audit et on peut légitimement poser la question du respect de la diversité dans les conditions actuelles d'accomplissement de certains d'entre eux. Mais plus fondamentalement c'est bien la question des valeurs qui se pose aujourd'hui, car on peut se demander si l'« universalisme » dont se réclament les référentiels les plus courants doit être accepté sans discussion.

Pour répondre à ces deux questions, nous rappellerons quelles sont actuellement les pressions qui pèsent sur les fournisseurs et la chaîne de sous-traitance, ainsi que les méthodes les plus courantes pour exercer les contrôles qui ont été mis en place suite à ces pressions. Nous évoquerons plus longuement les problèmes que ces méthodes soulèvent avant de proposer une piste de réflexion.

Les pressions pour un contrôle de la chaîne de sous-traitance

Les sous-traitants des grandes marques, et tout spécialement dans les secteurs qui requièrent une main-d'œuvre importante, mais de peu de qualification, sont souvent localisés dans des pays en voie de développement où le droit du travail est généralement très peu élaboré, et surtout peu appliqué.

C'est dans ce contexte propice aux abus que, dans les années 1980, les ONG ont dénoncé le travail des enfants et, plus généralement, les conditions de travail abusives des employés des sous-traitants des grandes marques du sport. Nike a été une des premières multinationales américaines visées par ces campagnes. Choqués par ces informations, les consommateurs ont alors exigé une transparence sur les conditions de travail dans les usines sous-traitantes ou les plantations.

Les ONG ont réagi avant les pouvoirs publics, modifiant même profondément à cette occasion leur rôle traditionnel : certaines d'entre elles ne se sont plus cantonnées à la contestation et à une fonction de contre-pouvoir, mais ont accepté de travailler en collaboration avec les entreprises.

Les premières initiatives ont pris naissance aux États-Unis avec la création d'organisations réunissant des ONG, des entreprises, des universités, et parfois des syndicats. Dès 1977, SAI (Social Accountability International) a ainsi proposé une norme (SA 8000) autoproclamée « norme universelle pour les entreprises qui cherchent à garantir le droit des travailleurs ». Ce mouvement a été largement suivi dans le monde avec de nombreuses organisations telles que FLA (Fair Labor Association), qui réunit 15 multinationales du sport (Nike, Adidas, Reebok…) ou, en France, l'ONG Infans créée par Carrefour et la FIDH (Fédération internationale des droits de l'homme).

Chacune des organisations a diversifié sa stratégie pour améliorer les conditions de travail en usine ou dans l'agriculture. Pour ce faire, elles ont dû établir des codes de conduite s'inspirant plus ou moins des conventions du BIT (Bureau international du travail), de l'Onu et de l'OCDE, et que tous les sous-traitants, quel que soit le pays de leur implantation, se doivent d'appliquer.

Toutefois, la pression continue exercée sur les multinationales, allant parfois jusqu'au boycott, a forcé les entreprises et les organisations multipartites à franchir un pas supplémentaire en mandatant des missions de « social accountability audit » visant à vérifier que leurs fournisseurs ou sous-traitants respectent ce « minimum social » exigé. Aujourd'hui, il existe plus de 300 initiatives recensées par le BIT.

2. Les méthodes actuelles pour réaliser ce contrôle

Les termes d'« audit », « inspection », ou « contrôle » – appelé parfois « monitoring » – sont utilisés pour traduire en français « social accountability audit », ce qui engendre une certaine confusion. Aucune définition internationale n'étant encore acceptée par tous, une des approches pour différencier ces notions consiste à s'appuyer sur celles données par le BIT, l'ONG Clean Clothes Campaign ou l'Institut international de l'audit social, ainsi que sur l'observation de la méthode d'investigation sur le terrain.

Il apparaît alors que la différence entre audit, inspection et contrôle porte essentiellement sur la méthodologie et sur l'objectif donné aux différentes analyses des conditions de travail chez les fournisseurs.

L'audit social est né dans les années 1980, et le mot « social » désignait alors essentiellement les méthodes de gestion du personnel. Mais la pression de la société civile a petit à petit amené ce type d'audit à englober l'impact des décisions des entreprises sur leurs parties prenantes et leur environnement, interne comme externe. Il s'adosse à une méthode d'observation, d'écoute, de diagnostic et d'analyse, qui tend à prouver qu'une entreprise agit selon un référentiel qu'elle a mis en place, une politique et des procédures conformes à cette politique, et qu'elle gère ainsi les risques sociaux et sociétaux.

L'audit doit ainsi tenir compte de toutes les parties prenantes et des différentes cultures qui cohabitent dans l'entreprise sous-traitante, souvent composée de travailleurs migrants ne parlant pas la langue nationale et de managers étrangers à la culture du pays dans lequel ils exercent. Cette analyse permet de comprendre les raisons qui conduisent l'entreprise à respecter, ou non, un code de conduite, pour mieux en évaluer les risques de non-conformité.

L'inspection, quant à elle, se limite à vérifier que le fournisseur ou sous-traitant respecte le code de conduite de l'acheteur. Elle peut être menée par l'acheteur lui-même, un cabinet externe local ou international (SGS, ITS, Veritas...), ou encore une ONG. Mais elle n'est qu'une partie de l'audit et ne porte que sur la conformité au résultat par rapport à ce qu'il devrait être. Elle s'adosse aussi sur le fait qu'un référentiel peut être opérant de la même façon, quels que soient le pays et la culture. Si l'audit requiert de nombreux jours de travail dans l'entreprise sous-traitante, la durée de l'inspection s'échelonne de quelques heures à quelques jours seulement.

Le contrôle, enfin, contrairement à l'audit social ou à l'inspection qui ne donnent qu'une photo de l'entreprise, comporte une surveillance suivie et régulière d'un dispositif mis en place à la suite d'un audit ou d'une inspection. Certaines ONG, comme Coverco au Guatemala, exigent ainsi cette étape supplémentaire, un contrôle pendant au moins six mois de l'entreprise sous-traitante du donneur d'ordre après une inspection. Des groupes d'ouvriers sont formés afin de maîtriser eux-mêmes les conditions de travail dans l'entreprise.

Dans les trois cas – audit social, inspection ou contrôle – l'examen de la documentation, l'observation sur le lieu de travail et la conduite d'entretiens avec les cadres dirigeants, les ouvriers et le management constituent les éléments principaux pris en compte.

3   Les problèmes posés par ces méthodes

Relativement à la diversité, deux niveaux d'interrogation peuvent être successivement envisagés. Le premier renvoie aux insuffisances, voire aux contradictions, qui existent entre les valeurs et les principes qui guident les inspections et les méthodes que nous avons évoquées ; le second est plus profond car il concerne les valeurs elles-mêmes.

Les problèmes méthodologiques

Dans les faits, on constate que très peu d'audits sont conduits dans les chaînes de sous-traitance, si ce n'est sous la forme de projets pilotes. Dans la plupart des cas, il s'agit d'inspections intitulées abusivement « audits ».

En revanche, le sous-traitant est soumis à autant d'inspections que de clients, ce qui peut entraîner pour lui jusqu'à une dizaine d'inspections par mois, aux conclusions divergentes en fonction du référentiel de chaque donneur d'ordre. C'est donc essentiellement l'inspection que nous prendrons en considération.

Prenons l'exemple des conditions de travail. De nombreux référentiels les évoquent et, de façon assez générale, on peut avancer qu'il s'agit, à travers eux, de définir des conditions de travail décentes permettant à l'ouvrier ou au producteur agricole de vivre dans un environnement sain, à l'abri du danger, avec une rémunération suffisante pour entretenir sa famille. Il ne s'agit pas ici de comparer les référentiels entre eux mais plutôt d'en évoquer l'esprit. Ainsi on trouve dans SA 8000 les exigences suivantes en matière d'hygiène et sécurité : « L'entreprise [...] procurera un environnement de travail *sûr et sain* et prendra les mesures *adéquates* pour éviter les accidents et les dommages corporels... L'entreprise fera en sorte que les dortoirs éventuellement mis à la disposition du personnel soient *propres, sûrs et répondent aux besoins de base du personnel.* »

Traduite dans un guide « d'audit », cette exigence normative prendra la forme d'une trentaine de questions face auxquelles l'auditeur devra cocher la case « conforme » ou « non conforme » avec des observations éventuelles.

La question n'est pas ici celle de la qualité du travail de l'inspecteur (encore que cette question soit loin d'avoir trouvé réponse) mais bien de la méthode d'analyse : quelle est la capacité d'une telle méthode de rendre compte du vécu en termes de conditions d'hygiène et de sécurité de la part des travailleurs de l'entité auditée ? Comment s'assurer par exemple que « les dortoirs répondent aux besoins de base du personnel » ?

Certes, l'auditeur doit également interroger des salariés de base, mais les conditions mêmes dans lesquelles cette interrogation a lieu posent problème. Comme nous l'avons vu dans le chapitre précédent, la conduite de l'interview nécessite d'appréhender les différentes cultures dans l'entreprise et dans le pays, ainsi que celle du donneur d'ordre. Connaître la langue du pays ne suffit plus. Ainsi, l'ONG Coverco exige de ces « auditeurs » qu'ils aient une formation appropriée, mais qu'ils soient surtout issus de la population qu'ils doivent interviewer, ce qui est une exigence qui s'ajoute à la nécessité d'être un inspecteur local. Ils ne peuvent recueillir un matériau qu'ils jugent exploitable qu'après une mise en confiance des personnes interviewées, ce qui peut prendre plusieurs mois. On est donc loin des quelques minutes que consacrent les inspecteurs aux interviews dans l'entreprise.

Ainsi, la dynamique des échanges, la confiance résultant de la situation, permettent la collecte d'un matériau verbal plus riche, plus libre, plus diversifié, qu'il appartiendra ensuite à l'« auditeur » d'analyser par rapport au référentiel.

En d'autres termes, si l'un des objectifs d'audit des conditions de travail consiste à savoir si, sur tel ou tel sujet des besoins sont satisfaits, la méthode appropriée devrait toujours consister à organiser une expression de l'ensemble des acteurs, qui tienne compte de toutes les cultures en présence, dans l'entreprise ou dans un lieu plus neutre, lorsque le fait de s'exprimer peut engendrer des représailles parfois mortelles.

Le problème des valeurs

Au-delà de la méthodologie se pose le vaste problème des valeurs. Ce problème est le plus souvent évacué par ceux qui bâtissent les référentiels, qu'il s'agisse des référentiels d'audit ou d'évaluation extrafinancière, dans la mesure où ils partent de textes de portée dite « universelle ».

Ainsi, la Déclaration universelle des droits de l'homme de 1948, la charte internationale des droits de l'homme de 1976, les conventions de l'ONU sur les droits de l'enfant ou sur la discrimination, les conventions de l'OIT relatives aux principes et droits fondamentaux au travail, les principes directeurs de l'OCDE à l'intention des multinationales, la charte des droits fondamentaux de l'Union européenne, forment un ensemble souvent redondant mais qui évite de poser la question de la relativité des valeurs dans la mesure où ces textes apparaissent comme le résultat d'un consensus mondial. Ainsi, les dix principes du Pacte mondial lancé par le secrétaire général de l'Onu, de nombreux codes de bonne conduite, des normes de responsabilité sociale, de nombreuses méthodes d'évaluation, sont directement inspirés de ces textes.

Suffit-il de s'appuyer sur un texte ayant fait l'objet d'un consensus universel pour éviter de poser le problème de l'universalité des valeurs ? On peut en douter, notamment en ce qui concerne le problème de la diversité.

Notre exemple des conditions de travail et plus particulièrement des conditions d'hygiène et de sécurité en fournit l'illustration. Si l'hygiène ou la sécurité peuvent être considérées comme des valeurs universelles, leur traduction dans des dispositifs d'entretien, de prévention, de mesure (des dangers ou des nuisances), n'est pas indépendante des particularismes locaux. Il y a une véritable construction des représentations sociales du danger ou de la propreté, et le caractère « propre » ou « dangereux » de certaines situations varie énormément en fonction des latitudes et des cultures. Pour reprendre l'exemple du dortoir, il ne s'agit plus ici de la manière dont doit procéder l'auditeur pour savoir s'ils sont propres mais de la conception de la propreté dans le milieu concerné, et plus encore de la relativité même du concept de propreté par rapport à d'autres qui peuvent apparaître plus adaptés dans certains contextes.

Ainsi, l'orientation des lits, les appariements entre personnes, l'espace collectif *versus* privatif et bien d'autres critères peuvent apparaître préférables à celui de propreté concernant un dortoir. De nombreux référentiels (pour ne pas dire tous) donnent l'impression d'avoir été construits sur les seules valeurs occidentales ou bien sur des valeurs universelles mais avec une déclinaison exclusivement occidentale.

C'est d'ailleurs à partir de cette distinction opérée entre la définition d'une valeur et sa déclinaison que nous proposons une piste de réflexion de nature à permettre aux différentes méthodes d'investigation de la chaîne de sous-traitance de mieux respecter les exigences de la diversité.

4. Une piste de réflexion

Une première idée pourrait être d'appliquer le principe de subsidiarité, c'est-à-dire de laisser les niveaux locaux définir eux-mêmes les valeurs et les méthodes nécessaires pour réaliser leurs audits sociaux, le niveau central se contentant soit de collecter et d'analyser les résultats, ou bien d'intervenir dans le cas où il serait en mesure de prouver une efficacité supérieure aux interventions locales, c'est-à-dire lorsque ne se pose aucun problème relatif aux valeurs.

Cette solution nous semble dangereuse car elle interdit en pratique tout pilotage depuis le centre et ne garantit nullement que les engagements que prend l'entreprise vis-à-vis de ses parties prenantes seront tenus.

Une autre piste consisterait à analyser le risque fournisseur. En effet, le référentiel ne peut se suffire de quelques conventions choisies, il devrait intégrer aussi le respect par le donneur d'ordre de son fournisseur ou sous-traitant. Ce qui conduit l'auditeur à analyser les relations commerciales qu'entretient le donneur d'ordre avec son sous-traitant fournisseur et les injonctions paradoxales auxquelles est soumis ce dernier afin de comprendre dans quelle mesure il peut respecter le Code de conduite dans un contexte culturel à multiples facettes. La méthodologie de l'audit social pourrait être alors appliquée dans le cadre d'un audit des « risques fournisseurs » en remontant au niveau « corporate » jusqu'au sous-traitant choisi dans des secteurs et des pays à risques. Le contrôle des conditions de travail dans des pays où l'inspection du travail n'est pas un corps constitué fiable est alors ensuite indispensable et ne peut s'appuyer que sur des représentants du personnel indépendants et formés. FLA a par exemple poussé ses entreprises adhérentes à aider leurs sous-traitants à mettre en place des élections libres de représentants du personnel, y compris en Chine, et à les former.

Ce schéma nous paraît pouvoir constituer une piste de réflexion intéressante qui concilie respect de la diversité et efficacité dans les relations d'un client ou d'un donneur d'ordre vis-à-vis de ses fournisseurs ou de ses sous-traitants. Ainsi, les valeurs au vu desquelles les référentiels sont bâtis pourraient faire l'objet d'une déclinaison locale, à charge pour le service central d'audit ou d'achat d'accepter cette déclinaison avant de construire les instruments d'audit ou de contrôle.

5. Conclusion

Le respect de la diversité dans les relations d'un donneur d'ordre avec ses sous-traitants ou ses fournisseurs passe par une réflexion renouvelée sur les méthodes et les démarches d'audit.

Qu'il s'agisse de créer de nouveaux espaces d'expression pour les audités ou qu'il s'agisse de contextualiser les référentiels, il nous semble qu'il devient urgent de remettre en cause les pratiques actuelles pour que la diversité ne soit plus limitée à quelques indicateurs mais se traduise également par une profonde évolution des méthodes de travail.

Chapitre 21

« De nécessité faisons vertu » : le cas de la Caisse d'allocations familiales de la Seine-Saint-Denis

Michel FERON
Alain AUGER

1. Témoignage : Alain Auger, directeur de la CAF 93

Lorsque j'emmène un visiteur dans nos bureaux, la variété des profils des salariés de la Caisse saute apparemment aux yeux, et la discussion s'oriente systématiquement vers mes choix « stratégiques » en faveur de la diversité.

À chaque fois, mon interlocuteur s'étonne quand je lui explique que la réalité est bien plus prosaïque et que cette situation est plus le fruit d'un enchaînement de décisions pragmatiques liées par une conception d'ensemble que d'un grand élan idéologique (même si, bien sûr, ma sensibilité personnelle et mon adhésion profonde aux valeurs du service public y sont vraisemblablement pour quelque chose).

En fait, un événement déclencheur majeur a été le constat, au début des années 1990, d'une grande difficulté à recruter des techniciens[1], et donc à revoir nos pratiques d'embauche.

La CAF de Seine-Saint-Denis est en effet un gros organisme de 1 150 salariés, gérant 280 000 bénéficiaires (quatrième de France par sa taille), dans un environnement parfois difficile, même s'il est loin de l'état de guerre civile complaisamment décrit par les médias.

---

1. Les techniciens constituent la plus grande part des effectifs et sont chargés de traiter les dossiers des allocataires.

La culture ouvrière – voire ouvriériste – de ce département, la diversité des origines de sa population, faisaient que les emplois de bureau étaient peu recherchés, et qu'il était quasiment impossible de trouver des candidats pour notre concours de technicien.

En outre, les études de Gestion prévisionnelle des emplois et des compétences menées en 1993 faisaient craindre une rupture démographique vers les années 2007-2010 (les pyramides des âges sont impitoyables ?).

À une époque où chacun ne parlait que de réduction d'effectifs, il me semblait au contraire indispensable d'élargir notre recrutement en m'appuyant sur le potentiel du département, même si une grande part de la population n'avait pu suivre un cursus classique.

2. Le recrutement

Mon premier chantier a donc été celui d'un réaménagement des procédures de recrutement des techniciens.

Le concours « classique »

Le premier volet a consisté à enrichir la procédure incontournable du recrutement par concours en améliorant l'information sur le futur métier et en aménageant les modalités de l'entretien avec les candidats.

Avant de s'inscrire au concours, les intéressés, prévenus de l'ouverture d'un recrutement de techniciens par les moyens classiques (presse, Assedic, Internet…) sont invités à passer une journée à la Caisse. Ils peuvent alors rencontrer des employés et des cadres, tous volontaires, qui leur présentent très concrètement ce que pourrait être leur futur travail avant qu'ils décident ou non d'être candidats. Quant à l'entretien, il est mené par trois ou quatre personnes, qui évaluent en particulier la volonté et la capacité d'apprentissage.

La barre a été fixée en effet à un « niveau bac + 2 », de quelque filière que ce soit, sans exiger le diplôme, mais un important effort de formation va être demandé durant la première année.

Par ailleurs, ces entretiens prennent appui sur une grille d'items relativement précis et uniquement d'ordre professionnel, remplie de façon détaillée par chacun des évaluateurs, ce qui assure in fine une certaine objectivité de l'appréciation.

Le passage par le métier d'animateur d'accueil[1]

Le deuxième volet a été d'ajouter une nouvelle filière, celle des « animateurs d'accueil », qui sont recrutés selon une procédure de concours similaire, avec comme seule différence un accès au « niveau bac ». Ce poste permet à ses titulaires d'acquérir de nombreuses connaissances sur les prestations servies par la CAF et les « usages » de la Caisse, et est positionné comme un tremplin pour accéder ultérieurement au poste de technicien.

Toutefois, et en dépit des demandes réitérées des organisations syndicales, il n'y a pas de concours spécifique aux animateurs d'accueil afin d'éviter le risque d'une population « à deux vitesses », avec d'anciens animateurs d'accueil qui pourraient se voir qualifier d'embauchés « au rabais ». Quand un animateur d'accueil se sent prêt, il se présente au concours classique de technicien.

Comme la plupart ont su tirer profit de leur intégration progressive, ils le réussissent dans les six à douze mois qui suivent leur embauche. La côte d'alerte est située à dix-huit mois : un animateur d'accueil qui n'a pas réussi le concours d'embauche au bout de ce délai (quelques personnes sur les centaines embauchées à ce jour) fait l'objet d'une évaluation fine par la responsable formation, qui cerne avec lui les problèmes et lui propose les formations qui lui permettront de les surmonter. Le concours suivant est quasiment toujours couronné de succès…

3. L'accueil des nouveaux embauchés

La procédure d'accueil est ritualisée. Les entrants sont accueillis par le directeur général et par les responsables de la formation, les tuteurs et les moniteurs. Au cours de la première demi-journée, le directeur général présente la Sécurité sociale et la CAF de Seine-Saint-Denis, en insistant sur la logique de service qui anime l'institution et sur les perspectives de formation, de métiers, et de carrière.

La fin de la réunion est consacrée à la présentation, à chaque nouveau, de son tuteur (qui sera chargé d'apports didactiques) et de son moniteur (qui se consacrera à la professionnalisation), puis a lieu un « pot » de bienvenue, suivi d'un repas par « trinôme » qui scelle les équipes d'apprentissage.

---

1. Les animateurs d'accueil assurent le premier niveau d'accueil de notre nombreux public (environ 800 000 visiteurs par an).

Les arrivants, au cours de la première semaine, sont ensuite accueillis par tous les directeurs de branches, qui leur présentent leur secteur, ses objectifs et ses métiers. C'est aussi une occasion de constater que la parité des sexes n'est pas un vain mot au plus haut niveau de la hiérarchie, et que l'apparence n'est pas un critère de choix des responsables.

4. La formation au métier

La formation de technicien dure un an, alternant les phases théoriques – dispensées par des praticiens choisis parmi les meilleurs des volontaires et formés à cet effet – et les phases pratiques. Pour l'application, le stagiaire est en contact permanent avec son tuteur et son moniteur, ce qui favorise indiscutablement l'apprentissage du métier, mais aussi de la culture de l'entreprise.

Les tuteurs et moniteurs sont des cadres et des employés volontaires, choisis pour leurs qualités relationnelles et professionnelles, sans considération d'âge ou d'ancienneté, et qui ont été formés (une semaine à temps complet) aux techniques pédagogiques (il ne suffit pas d'être « le plus pointu » pour arriver à faire passer les messages).

Quant aux animateurs d'accueil, leur parcours d'apprentissage est organisé selon les mêmes principes, avec des tuteurs et des moniteurs, avec comme seule différence une durée de formation plus courte (un mois).

5. La vie professionnelle

L'intégration aux groupes de travail

Après leur formation, les techniciens sont intégrés aux groupes de travail en fonction des besoins de l'entreprise. Ils traitent alors les dossiers, accueillent le public et répondent au téléphone, car la polyvalence fonctionnelle est de règle et toutes les fonctions sont accomplies par rotation : pas question de laisser les tâches les plus ingrates à des CDD sous-payés.

La proximité entre les nouvelles recrues et le public accueilli peut d'ailleurs poser problème et la distance nécessaire à un accueil de qualité est parfois difficile à maintenir entre un technicien et un bénéficiaire vivant dans la même cité.

Les psychologues de la Caisse animent donc des « groupes de parole » où les employés qui le souhaitent échangent sur leur gestion de la distance et de l'agressivité. La relation avec les tuteurs et moniteurs n'est pas rompue pour autant, les jeunes techniciens ayant souvent besoin de conseils avisés. Les liens personnels jouent aussi, et il n'est pas rare de voir un trinôme déjeuner ensemble, plusieurs années après la fin de la formation.

Ce système de formation fait que le fossé entre les générations semble ici moins profond qu'ailleurs.

La formation permanente

Les techniciens n'en ont pas pour autant fini avec la formation, car le perfectionnement est permanent. Ainsi, la CAF de Seine-Saint-Denis consacre selon les années 8 à 10 % de sa masse salariale à la formation (deux fois plus que l'investissement informatique, pourtant omniprésent). Chaque récent embauché a ainsi l'occasion de progresser dans son métier, mais surtout de « se frotter » à des collègues divers hors du cadre habituel de travail, ce qui constitue un puissant facteur de cohésion de l'entreprise.

La participation à des équipes projet

Un organisme comme la CAF de Seine-Saint-Denis évolue continuellement (par exemple, changements de législation ou de modèles informatiques, amélioration des processus, nouvelles implantations de locaux), et toutes ces modifications sont gérées en mode projet. Ici encore, pas d'a priori : chaque volontaire peut apporter sa pierre à l'édifice.

Les groupes de projet sont en effet composés d'employés et de cadres des secteurs concernés, aidés par des professionnels de l'organisation. Un rituel est là aussi nécessaire : je discute personnellement les résultats des travaux avec le groupe pour la validation finale.

Les changements ayant été proposés par ceux qui les appliqueront, inutile de préciser qu'ils ne sont pas soumis au traditionnel phénomène de rejet des réorganisations.

6. Un rêve ?

Certains lecteurs trouveront le tableau bien idyllique, voire le taxeront « d'humanisme bêlant ». Je m'en tiens pourtant aux faits, car « ils ont la tête dure » : en dix ans, la CAF de Seine-Saint-Denis est devenue une de celles qui présentent les meilleurs ratios d'efficience, et elle l'a fait grâce à ses « anciens », mais aussi grâce à ses nouveaux embauchés, des femmes et des hommes dont la plupart des entreprises ne voulaient pas malgré leur qualité. La facilité avec laquelle ces techniciens obtiennent leur mutation en province montre d'ailleurs que cette qualité est reconnue des autres organismes.

Un regret quand même : il serait très utile de suivre l'évolution des embauchés de façon fine pour améliorer nos procédures, mais la Cnil veille et les critères pourtant pertinents tomberaient sous le coup de la loi.

Alors parfaits ? Non, car le faciès n'est pas le seul élément discriminant de notre société. Aujourd'hui, la CAF de Seine-Saint-Denis respecte – de justesse – les 6 % de personnes handicapées dans ses effectifs. Je suis donc en train de modifier de nouveau les procédures d'embauche pour dépasser les 8 % en 2009…

7. Analyse du témoignage

Nous nous proposons ici d'analyser les actions menées à la CAF 93 par rapport à un certain nombre de problématiques classiques en matière de diversité, et de montrer in fine que ces choix sont sous-tendus par des principes forts qui sortent quelque peu des schémas de pensée habituels dans ce domaine.

Afin d'aller à l'essentiel, nous retiendrons trois interrogations essentielles :

▶ Une politique de diversité permet-elle à une organisation d'améliorer sa performance ?

▶ Quelle place donner aux « actions positives » dans une politique de diversité ?

▶ Le souci de cohésion sociale de toute organisation est-il compatible avec le fait de mettre l'accent sur la diversité de ses membres ?

8. Diversité et performance

L'axe fondamental de la politique décrite dans la première partie est que la CAF 93 apparaît comme la recherche d'un degré de diversité en interne équivalent à celui de son environnement.

Cette orientation s'inscrit bien évidemment dans une logique de service public[1], qui suppose de mettre en œuvre une politique affirmée d'égalité des chances. Mais elle est aussi la conséquence directe de l'analyse d'un contexte économique et social souvent difficile, qui amène à deux constats cumulatifs :

▶ d'une part, ce contexte exige du personnel de la CAF un effort important et soutenu pour comprendre dans toute leur complexité des situations parfois bien éloignées des modes de vie considérés habituellement comme « normaux » ;

▶ et d'autre part, il constitue un terreau de volonté et d'affirmation de soi pour des individus qui ne peuvent compter que sur eux-mêmes pour s'intégrer et réussir dans une société qui ne les attend pas forcément.

L'influence de la diversité sur la performance de la CAF 93

Si nous retenons comme définition élémentaire de la performance le fait d'atteindre les objectifs que s'est fixés l'organisation avec le meilleur rapport coût/ efficacité possible, nous constatons que la grande majorité des objectifs fixés dans les CPOG[2] successives ont été régulièrement atteints, voire dépassés.

Un premier constat s'impose donc : mettre l'accent sur la diversité n'a pas nui à la performance de la Caisse. Pouvons-nous penser pour autant qu'elle y ait contribué ? Il est évidemment toujours très délicat de trouver des relations spécifiques de cause à effet qui expliquent une réussite, mais nous pouvons évoquer quelques hypothèses vraisemblables.

La première est vraisemblablement le fait que beaucoup de salariés ont conscience que l'opportunité qui leur est offerte doit être saisie à tout prix, et qu'il faut qu'ils continuent à apprendre avec la même volonté que celle qui leur a déjà permis d'atteindre un niveau bac + 2.

Cet engagement professionnel se reflète dans les indicateurs mesurant la productivité du travail, pour lesquels la CAF 93 obtient des résultats la situant parmi les meilleures en France[3]. Une autre illustration peut être trou-

---

1. Nous parlons ici *du* service public, entendu en tant qu'ensemble de valeurs, et non pas *d'un* service public, qui désigne une entité chargée d'une mission de service public.
2. Une Convention d'objectifs et de gestion (CPOG) est signée, en principe tous les trois ans, entre chaque CAF (qui est dotée de la personnalité juridique) et la Caisse nationale d'allocations familiales (son organisme de tutelle), avec fixation d'objectifs très précis et généralement quantifiés.
3. En ce qui concerne le « coût de l'allocataire pondéré » (ratio de productivité le plus significatif pour une CAF), la CAF 93 se situe en 4e place sur 123 caisses en France.

vée dans le taux de participation des salariés aux mouvements de grève nationaux, qui reste modéré par rapport aux autres caisses en dépit de représentants du personnel très investis dans leur mission.

Citons aussi le rôle de vivier que joue la CAF 93 our les autres CAF : la qualité des profils recrutés associés à une farouche volonté d'apprendre font que de nombreux salariés postulent avec succès dans d'autres caisses après quelques années d'activité.

Une deuxième hypothèse est celle d'une compréhension fine des attentes du public grâce au brassage ethnoculturel des salariés qui les gèrent. Nous pouvons effectivement estimer qu'un personnel diversifié permet d'éviter les blocages qui ne manqueraient pas d'apparaître dans le public si celui-ci percevait ses interlocuteurs comme un « bloc sociologique » totalement homogène.

Pour autant, la diversité n'apparaît pas comme un levier majeur pour favoriser l'apparition d'une relation de confiance, qui semble devoir être cherchée d'abord dans le professionnalisme dont les salariés de la Caisse ont pu faire preuve pour traiter des dossiers antérieurs et faire bénéficier les allocataires de la plénitude de leurs droits.

Il y a même lieu de s'interroger sur le frein que pourrait éventuellement représenter pour un allocataire le fait d'avoir comme interlocuteur une personne trop proche d'elle alors qu'elle évoque des questions personnelles très marquées culturellement ou qu'elle espère trouver de l'aide en s'adressant à un « représentant du système » pleinement représentatif.

Pour finir sur ce point, il est fortement possible que la diversité des salariés ait aussi une incidence indirecte sur la capacité du personnel à utiliser des schémas de pensée nouveaux, voire dérangeants. En effet, la capacité à relier un univers légal et réglementaire fortement contraint à des cas complexes et mal identifiés est certainement stimulée par la fréquentation au quotidien de collègues qui présentent des différences marquées de tout type.

Cette « normalité de la différence » oblige en permanence à relativiser ses critères d'affinités et à élargir son champ de l'« acceptable ». Elle constitue donc un processus d'apprentissage pour inventer de nouvelles grilles de décodage des situations, et favorise par là même la créativité pour comprendre des situations parfois totalement originales parmi les allocataires.

9. Les « actions positives »

Un raisonnement fréquent consiste à considérer que la diversité (qui est un « constat ») est forcément synonyme de discrimination (qui est, pour sa part, un « jugement » avec une connotation négative), et que, face à une situation défavorable pour certains individus, il est impératif d'intervenir et de la compenser par des « actions positives ».

Cette approche s'accompagne souvent parallèlement d'une confusion autour du concept d'égalité – indissociable du concept de service public – qui peut être décliné :

▶ soit en termes d'« égalité des chances », avec comme objectif de garantir à chacun un accès équitable à toutes les opportunités de la vie ;

▶ soit en termes d'« égalité des situations », avec alors comme objectif de mettre chacun dans la même situation qu'autrui.

La première lecture considère fondamentalement que chacun est maître de son destin et que la responsabilité de la société est d'éviter que la diversité des situations empêche certains d'avoir les mêmes chances que d'autres. Mais, bien évidemment, il n'est pas sûr que les mesures prises seraient suffisantes pour modifier substantiellement la position des plus défavorisés, et la discrimination qui en résulte peut perdurer.

La seconde interprétation pose, quant à elle, comme principe que chacun a droit à la même situation, et que la responsabilité de la société est de fournir à chaque individu un statut social équivalent. Dans cette hypothèse, le risque est de voir retenir comme situation cible pour chacun celle qui se présente comme le plus petit dénominateur commun, et que cette démarche égalitaire débouche sur un nivellement par le bas.

Dans le cas présent, le directeur de la CAF 93 se situe clairement dans une logique d'équité, et aucun principe de type « discrimination positive/ action positive/ égalité positive »[1] ne préside aux politiques et pratiques de management de la diversité. Cette orientation fondamentale vers l'égalité des

---

1. La « discrimination positive » (déclinée de l'« affirmative action » américaine) désigne « toute action visant à favoriser certains groupes sous-représentés afin de corriger les inégalités [et] est souvent associée à la technique des quotas » (Robert-Demontrond, Joyeau, 2005). « L'action positive » vise à « réaliser l'équité dans l'accès à l'emploi, à qualifications et talents égaux, sans adopter de quotas [et sans] que rien n'oblige à engager ou sélectionner qui que ce soit qui n'ait pas les qualifications requises » (Sabeg, Méhaignerie, 2005). « L'égalité positive » consiste à faire bénéficier certains individus « d'une intention particulière de la part de l'entreprise en raison du risque qu'ils soient ou aient été victimes de discrimination du fait de leur différence visible » (Blivet, 2004).

chances permet de retrouver dans l'entreprise la diversité de son environnement sans modifier les exigences professionnelles et sans courir le risque de la médiocrité.

Si nous prenons l'exemple du recrutement à la CAF 93, la banalisation de la diversité au sein du personnel de la Caisse laisse penser que l'appréciation qui est portée sur le (la) candidat(e) lors de l'entretien n'est pas significativement biaisée par des considérations non professionnelles (même si le regard d'une personne sur une autre n'est jamais totalement « objectif »).

De plus, plusieurs garde-fous limitent fortement les risques de dérive : utilisation de critères formels strictement liés à l'emploi, obligation de formuler les appréciations individuelles de façon qualitative et par écrit, collégialité de la décision sur la base d'une approche multisubjective. Une autre disposition révélatrice est le refus de créer un concours de technicien spécifique pour les animateurs d'accueil, en dépit de la pression des représentants du personnel.

Le fait de pouvoir développer par la pratique une bonne compréhension du fonctionnement de la Caisse, l'accès à des formations spécifiques de préparation au concours, l'accompagnement par un tuteur et un moniteur permettent aux animateurs d'accueil de compenser le handicap que représente au départ leur niveau d'étude inférieur au standard requis à condition qu'ils s'en donnent les moyens.

L'unicité du concours permet aussi de traiter équitablement les candidats « classiques », pour lesquels un concours dérogatoire signifierait un nombre de places réduit à proportion des places réservées pour des candidats n'ayant pas fait le même investissement éducatif qu'eux.

Enfin, puisque les exigences professionnelles du poste sont les mêmes pour tous les techniciens, une procédure dérogatoire risquerait fort d'aboutir au recrutement de salariés avec des compétences limitées, ce qui ne manquerait pas de poser des problèmes en termes de performance individuelle et collective.

10. L'articulation cohésion sociale/ diversité

Toute organisation combine en permanence une logique d'intégration, qui assure sa cohésion interne, et une logique de diversification, qui assure l'adaptabilité à son environnement. Dès lors que l'accent est mis délibérément sur la diversité, il est nécessaire de prendre des mesures préventives et/ou de régulation afin d'éviter les dérives portant atteinte de façon dangereuse à la cohésion sociale.

Un premier risque est celui du développement de pratiques de management privilégiant les caractéristiques intrinsèques de la personne plus que ses compétences, en posant comme postulat qu'à certaines caractéristiques individuelles serait systématiquement associée l'existence d'un potentiel ne demandant qu'une intervention spécifique pour se réaliser.

Cette vision déterministe, qui occulte la façon dont un individu conduit sa vie et oriente ses efforts, est rejetée à la CAF 93, où, comme nous l'avons mentionné précédemment, la logique d'action positive est clairement écartée.

Il reste en revanche à surveiller de près le registre émotionnel, qui peut conduire en particulier à adopter une attitude compassionnelle susceptible d'entraîner des écarts notables. De plus, la compassion peut être mauvaise conseillère, et les bonnes intentions qui engendrent des comportements d'aide, voire de substitution, peuvent s'avérer totalement inadéquates quant à la gestion ou à la reprise en mains de la situation par la personne concernée.

Entendons-nous bien : il ne s'agit pas ici de prôner la déshumanisation de la vie au travail et de rester indifférent aux émotions des personnes, mais de rester vigilant quant à l'instauration et la stabilisation de pratiques managériales fondées uniquement et constamment sur des critères émotionnels.

Un deuxième risque concerne le communautarisme, qui va amener les individus d'un groupe à se rassembler sur la base de critères ethnoculturels. Fondamentalement, le communautarisme naît d'un sentiment d'insécurité éprouvé par un individu à l'égard de l'environnement, ce qui le conduit à se réfugier dans un groupe de rattachement connu. *Donc, pour lutter contre l'apparition d'un tel sentiment, il faut mettre en place des processus facilitant la construction de repères, comme par exemple l'accompagnement de chaque nouvel(le) embauché(e) à la fois par un moniteur et par un tuteur.* Même si le dispositif peut paraître très structuré, il est aussi très structurant et semble bien répondre au besoin de socialisation des jeunes diplômés qui n'ont le plus souvent qu'une vision extrêmement sommaire et réductrice du monde du travail. Par la suite, l'organisation des tâches donne une large place au travail en équipe et au développement de compétences collectives, ce qui crée des possibilités multiples d'intégration dans des groupes de rattachement.

Un autre risque est celui d'un éclatement individualisant, c'est-à-dire qu'à force de porter attention aux différences entre les individus, chacun finit par demander à être traité différemment d'un autre. La demande de reconnaissance que traduit cette volonté d'être identifié en tant qu'entité à part entière constitue un effet pervers notable de la prise en compte de l'accent mis sur la diversité.

Plus une différence entre des individus est reconnue, plus elle provoque une volonté de différenciation d'autres individus, qui réclament à leur tour un traitement de même type. Puisque l'apparition d'un tel cercle vicieux trouve son origine dans un déficit de reconnaissance, l'action doit donc porter sur la mise en œuvre de processus générant et exprimant de la reconnaissance.

À cet égard, nous pouvons penser que l'importance donnée par les responsables de la CAF 93 – son Directeur en tête – à l'expression visible de leur intérêt pour l'implication et la contribution des salariés assure un niveau de reconnaissance perçu comme suffisant pour éviter des dérives individualisantes (par exemple, présence systématique lors de l'accueil des nouveaux embauchés, participation aux restitutions des groupes de travail)

Enfin, nous avons aussi le risque de victimisation, c'est-à-dire le fait pour un groupe donné de faire valoir qu'il aurait été opprimé par un autre groupe dans le passé, et que ce dernier lui doit donc des compensations. Ce processus se rencontre dans le contexte français lorsque certains groupes rappellent que la France a été un État colonial, et même éventuellement que leurs ancêtres ont été réduits au rang d'esclaves. L'utilisation « renversée » des stéréotypes de la période coloniale peut induire un sentiment de culpabilité chez les descendants du groupe anciennement dominant, qui s'estiment alors dans l'obligation morale de réparer le préjudice causé par leurs ascendants.

A priori, la diversité des racines ethniques des salariés de la CAF 93 et le fait que la majorité d'entre eux aient grandi dans un contexte culturel français évitent un rappel à une Histoire dans laquelle la majorité d'entre eux ne se reconnaissent pas.

De toutes façons, la priorité donnée à l'équité de traitement sur la base de critères professionnels, déjà mentionnée précédemment, ne donnerait aucune chance de recevabilité à une telle demande.

11. Conclusion

Quelles sont les principales leçons à tirer de ce témoignage ?

Au travers du témoignage d'Alain Auger et de l'analyse qui peut en être faite se dessinent quelques principes qui structurent cette politique de management de la diversité.

Le management de la diversité, c'est d'abord du management tout court

Les processus de management d'une organisation se définissent fondamentalement en alignement avec la mission et la stratégie, et pas par rapport à une série de demandes spécifiques et non hiérarchisées qui n'ont d'autre légitimité que celle que voudraient leur donner des individus réclamant un traitement de faveur.

Le principe d'égalité des chances dérivé du concept de service public permet de structurer une politique de management de la diversité. Face à des situations présentant régulièrement de forts risques de dérive, le référentiel que constitue le principe d'égalité des chances et son corollaire, le principe d'équité, aident à garder le cap et à donner une cohérence aux actions de management de la diversité.

L'égalité des chances et l'équité sont d'abord dans le regard que chacun porte sur autrui, mais elles doivent s'accompagner de procédures pour les concrétiser et les encadrer

Si l'égalité des chances et l'équité s'apprennent et se renforcent d'abord par la pratique quotidienne, les systèmes de représentation de chaque individu restent évolutifs, et il est nécessaire de les adosser à des cadres organisationnels formels pour garantir une mise en œuvre efficace et systématique.

Quelles sont les zones de progression ?

Parmi les challenges qui restent à relever, nous en retiendrons trois.

Le challenge de l'instrumentation

Mener une politique avec la plus grande conviction ne dispense pas de disposer d'outils pour s'assurer du bon déroulement des opérations et de l'atteinte des résultats, tant pour prouver l'efficacité des actions menées que pour mettre en œuvre une politique de progrès continu.

Pour autant, le législateur a fait montre d'une telle prudence face au risque d'alimenter des mécanismes de discrimination qu'il a fini par empêcher le recueil de la majorité des informations nécessaires au management de la diversité (au risque d'ailleurs de voir les images, les impressions ou les rumeurs servir de réponses à des interrogations bien réelles).

Le challenge de l'élargissement des types de diversité

Les individus sont tous différents dans leurs caractéristiques physiques et mentales, et la société identifie certains comme « handicapés ».

L'accueil d'un nombre plus important de handicapés est une nouvelle étape pour la CAF 93, mais qui pose de multiples questions au plan par exemple du type d'emploi disponible face à l'accroissement général des niveaux de qualifications, des conditions matérielles d'activité, de la productivité du travail (souvent à tort présumée faible), et globalement de l'acceptation sociale de certains handicaps par les autres salariés.

Le challenge de l'adéquation entre la sociologie de l'environnement et la sociologie de la CAF 93 dans le long terme

La diversité interne telle qu'elle existe aujourd'hui présente des caractéristiques qui vont se pérenniser dans le futur du fait de la stabilisation d'une partie des salariés pour une durée qui pourra, à l'extrême, atteindre 40 ans.

Or, il est loisible de penser que les caractéristiques de la diversité de l'environnement de la CAF vont évoluer de façon significative d'ici 10-15 ans, et il est donc fort possible qu'un décalage entre l'interne et l'externe apparaisse à nouveau.

Une grande vigilance pour identifier les mutations sociologiques de l'environnement est donc indispensable pour ne pas laisser se créer des écarts irréversibles (sous réserve de l'accès difficile aux informations pertinentes mentionné au paragraphe précédent).

Enfin, et sur un plan plus général, nous conclurons par l'espoir que la vigueur des débats actuels sur la diversité incitera le législateur à mieux caractériser la frontière diversité/ discrimination et à délaisser l'approche par les interdictions au profit d'une vision positive, en levant le voile sur le sujet tabou de la différence ethnique et en définissant rigoureusement un champ d'intervention et de règles d'action permettant de mettre en place des politiques beaucoup plus structurées et pertinentes qu'à l'heure présente.

Chapitre 22

Allonger la vie professionnelle à ses extrêmes par un renouvellement des pratiques de GRH

Éléonore MARBOT

Depuis une trentaine d'années pour que les salariés âgés puissent sortir du marché du travail sans qu'ils se sentent exclus de la société, il a fallu que le salarié vieillissant soit considéré :

- comme contre-performant au regard des plus jeunes ;
- comme inapte à s'adapter aux changements technologiques modernes ;
- comme ayant droit à une retraite bien méritée, et ce le plus tôt possible ;
- comme devant mettre le loisir au centre de sa vie.

Parallèlement, des normes d'âges pour les plus jeunes se sont insidieusement instaurées :

- pas d'études supérieures, pas d'emploi ;
- pas de diplômes du supérieur, pas de compétence ;
- entrer sur le marché du travail trop jeune, c'est perdre ses chances d'évolution.

Dans ce contexte, l'équilibre et la coopération intergénérationnels risquent d'être menacés : les 30-49 ans accepteront-ils encore longtemps de travailler pour les autres âges ?

Face à la pénurie de main-d'œuvre qui se profile, les salariés comme les entreprises devront augmenter la durée de vie professionnelle. Ils devront remettre en cause leurs représentations d'une vie professionnelle concentrée et intense, et les stéréotypes erronés sur le vieillissement. Au-delà de ces représentations collectives erronées, les pratiques de GRH devront être modifiées afin de prendre en compte tous les âges de la vie au travail. L'objectif de ce chapitre est de recenser quelques pratiques de gestion de ressources humaines innovantes, qui permettent de prendre en compte les âges extrêmes de la vie au travail.

1. Vers un recrutement de tous les âges ?

Le recrutement à tous les âges doit devenir une évidence dans l'esprit de tous les acteurs. Le recrutement des juniors doit permettre de leur insuffler durablement le sentiment de vie professionnelle. Le recrutement des seniors doit devenir banal afin que ceux-ci retrouvent leur place sur le marché du travail et évitent un sentiment précoce de fin de vie professionnelle.

Recruter des jeunes et valoriser leur intégration

Le recrutement a une importance primordiale dans l'allongement de la vie professionnelle à ses extrêmes. La perception de la vie professionnelle s'élabore dès les premières phases du recrutement. Parallèlement, la question de l'intégration et de la fidélisation des plus jeunes ne peut se traiter sans avoir une vision de l'équilibre souhaitée des âges dans l'entreprise. Des outils d'intégration simples, peu coûteux et efficaces peuvent être mis en place par toutes les entreprises.

Un carnet d'intégration, un parcours d'intégration et un séminaire d'intégration peuvent favoriser l'acquisition du sentiment de vie professionnelle et le développement du jeune adulte. L'entreprise peut développer le lien social entre juniors et seniors à travers le parrainage et renforcer la cohésion du collectif du travail. Le lien transversal, et primordial, entre tous ces outils efficaces est le don de sens pour le jeune : sens indispensable à tout développement humain et organisationnel.

Quelles que soient les caractéristiques du salarié recruté (sexe, âge, fonction, etc.), le processus de recrutement doit être institutionnalisé. Il doit comporter un ensemble de règles partagées par tous, afin de garantir la satisfaction des intérêts de la collectivité, c'est-à-dire de l'entreprise, de ses collaborateurs et de ses nouvelles recrues. Grâce à cette institutionnalisation, le sentiment de vie professionnelle sera renforcé par l'intermédiaire des rôles que les salariés doivent jouer. Le terme de rôle ne doit pas être pris à la légère : construire une identité au travail via son rôle de salarié est indispensable au développement de l'adulte, et ce quel que soit son âge. La fidélisation des jeunes ne passera que par un processus de recrutement et une intégration de qualité. Tous les acteurs de l'entreprise doivent être sensibilisés sur le sens de ce processus. La socialisation permet :

- d'intérioriser les normes et valeurs de l'entreprise ;
- de construire son identité sociale ;
- de contribuer au développement et à l'équilibre psychosociologique de l'individu ;
- de concourir à la cohésion sociale des salariés. Même si l'individualisme dominant de notre société tente de le faire oublier, le collectif d'une entreprise est sa première valeur ajoutée.

Recruter des seniors

Tant que nos représentations individuelles et, *a fortiori*, celles des décideurs, direction, DRH et managers, ne modifieront pas leurs représentations liées à l'âge, le recrutement des seniors restera une utopie. Pourquoi l'expérience d'une infirmière lui apporterait de la valeur ajoutée aux regards de l'entreprise, alors que, pour une vendeuse, elle serait signe d'obsolescence ? Les deux ont une connaissance accrue du fonctionnement humain grâce à leur expérience. Pour exercer ces deux métiers, cette connaissance de l'humain est une réelle valeur ajoutée. Afin que les acteurs de l'entreprise en prennent conscience, peut-être faudrait-il lors de la définition des fonctions de chaque métier, ou de la mise en place d'une référence compétence, analyser le rôle de l'expérience dans la maîtrise du poste ? Pour faciliter la sensibilisation des entreprises françaises sur le sujet, il faut interdire les mentions d'âge sur le curriculum vitæ.

Dans certains pays, la pénurie de main-d'œuvre se fait déjà sentir. Les entreprises doivent innover dans leurs recrutements. Ainsi, aux États-Unis, certaines entreprises payent des bourses d'études pour les enfants des seniors recrutés. Elles se rapprochent de toutes les organisations ou associations qui pourraient connaître des seniors à embaucher : chambres de commerce locales, églises et associations de retraités.

Le recrutement des seniors se révèle même être un avantage compétitif sur un marché de consommateurs vieillissants. Ainsi, B et Q Bricolage est le plus grand détaillant de bricolage du Royaume-Uni : 23 000 personnes dont 15 % ont plus de 50 ans, et 10 % plus de 55 ans. Sa principale problématique résidait dans l'instabilité de son personnel : le taux de turnover y était élevé et l'absentéisme fort. En recrutant des plus de 50 ans, elle a réussi à rendre son personnel plus stable. Parallèlement, les enquêtes marketing montrent que les salariés expérimentés répondent mieux aux besoins des clients. Selon cette entreprise, les travailleurs plus âgés savent mieux travailler en équipe, s'adaptent bien à la culture de l'entreprise et disposent d'excellentes qualités relationnelles. Les plus de 60 ans ont la possibilité de travailler moins et d'aménager leurs horaires de travail. Les travailleurs de plus de 50 ans ont les mêmes possibilités de promotion interne et de formation que les autres salariés. Une telle politique constitue un véritable avantage compétitif. « Dans un de ses magasins, l'entreprise a décidé de recruter uniquement des salariés de plus 50 ans. Une telle politique de recrutement lui a permis d'augmenter son profit de 18 %, de réduire son taux d'absentéisme de 39 % et d'augmenter le taux de satisfaction de ses clients de manière significative. »[1]

Au Danemark, une chaîne de supermarché a pris deux initiatives pour retenir et attirer les seniors, dont les effets positifs se cumulent.

▶ Créer des « seniors supermarkets ». Dans ces magasins, les salariés ont une moyenne d'âge élevée, qui contraste avec le profil d'âge beaucoup plus jeune des employés de la chaîne. Les clients âgés aiment avoir affaire à des employés de leur âge. Les trois magasins seniors font aujourd'hui partie des plus performants de la chaîne. Les frais de personnel sont relativement plus élevés que dans les magasins « normaux » du fait d'un grand recours au temps partiel et à des arrangements spécifiques. Cependant, le coût des arrêts maladie est bien plus faible. La satisfaction et la consommation des clients sont très élevées dans ces trois magasins.

▶ Recruter dans tous les magasins des profils qui représentent toutes les catégories d'âge. Ce recrutement de la diversité optimise, selon la direction, la satisfaction des clients et elle est source de profit.

L'argument consumériste qui consiste à employer des personnes d'un certain âge parce qu'elles apportent une réelle valeur ajoutée à la satisfaction des clients du même âge doit être utilisé avec parcimonie sous peine de tomber dans l'excès inverse : créer des groupes d'âges sclérosants et des conflits générationnels ? En revanche, s'appuyer sur la proximité des valeurs entre les âges et le lien générationnel, en étant conscient des limites de l'effet d'âge et des générations, peut être source de performance pour l'entreprise.

---

1. Cité dans le rapport Brunhes (2001).

2. La gestion de la mobilité à tout âge

Pour faire face à l'incertitude économique, l'entreprise ne peut, sous peine de contre-performance à moyen terme, utiliser systématiquement l'éviction des seniors et la précarité des contrats de travail des juniors comme leviers de gestion. À cette fin, affiner sa gestion des mobilités lui permettra de faire face aux fluctuations du marché sans mettre à mal le sentiment d'appartenance de la main-d'œuvre et dévaloriser l'image de l'inexpérience ou de l'expérience, qui est partie prenante du sentiment de vie professionnelle.

La mobilité à tout âge doit intégrer les temps d'apprentissage. Ainsi, une entreprise pétrolière française s'apercevant qu'elle s'étouffait elle-même en réservant les promotions et la gestion des carrières aux 30-45 ans a décidé de redéfinir le rythme d'apprentissage, et donc de mobilité. La temporalité des carrières internes a été revue pour prendre en compte le temps nécessaire à la maîtrise du poste et créer les mêmes opportunités de mobilité, y compris dans les tranches d'âge les plus nombreuses : allonger la période d'apprentissage, retarder les mobilités tout en les rendant plus systématiques, intégrer des temps de formation (*sur le tas* et traditionnelles), permettant ainsi d'assurer une gestion des compétences sur le long terme et une mobilité hiérarchique équitable à tout âge.

Une expérience intéressante a été testée dans un hôpital d'Espagne pour permettre aux plus âgés de travailler plus longtemps sans que cela prive les plus jeunes de leurs ambitions et de leurs promotions. En effet, le plus grand hôpital public de Catalogne (Hospital clinico de Barcelone) a mis en place une pratique originale qui devrait retenir l'attention de toutes les entreprises. Les médecins voulaient prolonger leur activité professionnelle au-delà de 65 ans. Par accord, ils en ont désormais le droit à condition de réduire leur temps de travail et d'abandonner leur poste à responsabilité.

3. La gestion des compétences pour dépasser la barrière de l'âge

La mise en place d'une gestion par les compétences peut avoir un effet intégrateur et même être source de coopération intergénérationnelle. D'abord, parce qu'une bonne gestion des compétences interroge systématiquement le rapport entre travail individuel et coopération collective. Ensuite, parce que si on sait que le temps, et donc l'âge, permet d'acquérir des compétences, on sait également que les compétences ne sont pas propres à l'âge. Les savoir-être se repartissent de façon différente entre les âges et les générations, mais tous sont indispensables à la performance collective. Enfin, la gestion par les compétences permet de valoriser l'activité de tutorat et de reconnaître l'incompétence des débutants. Or, la reconnaissance de la part de l'entreprise et des salariés de la non-maîtrise de certains savoir-faire, agir ou être, des nouvelles recrues est nécessaire au développement des compétences, c'est-à-dire à leur apprentissage.

Par exemple, l'accès à un poste de management ne devrait pas être confié immédiatement à des juniors. Ils n'en ont généralement pas les qualités humaines, quel que soit leur niveau de développement. Un accès plus tardif à un poste de management permettrait de créer un appel d'air dans les parcours de carrière et d'éviter les plateaux de carrière, qui arrivent souvent vers la trentaine. La responsabilité managériale pourrait, dans certains cas, être confiée rapidement à un junior, mais une fois que celui-ci a passé quelques semaines ou mois au sein de l'équipe.

La gestion des compétences permet aussi de prendre en compte les capacités ou incapacités individuelles à tous les âges. Par exemple, aux Pays-Bas, The environnement Service Department (ESD) de Groningen a pour but de collecter les déchets, de nettoyer les endroits publics, de contrôler la pollution de l'air, du bruit et la contamination de sols. Un employé sur deux a plus de 40 ans. La politique de l'emploi mise en place est simple : le salarié a droit à un emploi à vie, mais l'entreprise a un droit total sur la mobilité des salariés. Le travail des employés pourra varier en fonction des circonstances et des événements. L'employabilité interne du personnel est donc centrale. Une attention considérable est donnée au management afin qu'il prenne en compte les besoins et les capacités des plus anciens et qu'il anticipe leur mobilité si elle est nécessaire.

Pour maintenir l'employabilité, la DRH utilise plusieurs instruments :

▶ Une formation constante est proposée aux employées pour les responsabiliser à leur propre développement, leur formation, leur avancement de carrière dans le dessein qu'ils investissent sur leur propre futur.

▶ Une attention régulière est portée au développement individuel grâce au supérieur hiérarchique.

▶ Si une personne n'a pas temporairement les capacités de faire son travail, un autre emploi, qui répond mieux à ses capacités, lui est attribué immédiatement. Ce nouveau travail n'est pas artificiel puisqu'il aura pour but de réduire la surcharge de travail temporaire d'un autre département. Les managers sont donc formés à l'évaluation, la détection et la communication de leur besoin en travail temporaire.

▶ Si un des salariés n'a définitivement plus les capacités de faire son travail, il est formé pour devenir « coach » et intégrer l'encadrement d'une équipe, chargée de la propreté.

4. La formation

Pour maintenir l'employabilité des seniors, il faut leur ouvrir largement l'accès à la formation en choisissant des modalités adaptées à leurs attentes et à leurs capacités d'apprentissage. Aux États-Unis, les formations destinées aux seniors utilisent souvent une pédagogie adaptée.

Un grand groupe pétrolier français a mis en place un séminaire de formation nommée « Managing expérience » destiné aux seniors à des postes élevés. En effet, ce groupe a constaté que des formations existaient pour les seuls hauts potentiels ou pour la population des futurs dirigeants. Ce groupe a pris le parti de cibler cette population avec une formation spécifique. Cette formation offre l'avantage au salarié d'élargir son réseau et de recevoir une très forte marque de reconnaissance. Le groupe reste toutefois attentif à ce que ce stage ne soit pas alloué à ceux qui ne sont pas dirigeants, mais il constate déjà un fort succès dans la demande d'inscription. Comme le constate le responsable du département Développement et méthodes de ce groupe : « Statistiquement on sait que la majorité des gens qui deviennent dirigeants le sont avant 50 ans, il faut donc donner autre chose aux autres afin de leur montrer qu'on a besoin d'eux. »[1]

Si les formations sont primordiales à tout âge, elles ne doivent pas avoir le même contenu et la même pédagogie. En termes de formation, prendre en compte l'hétérogénéité des âges, c'est individualiser les réponses formation en fonction de l'expérience de chacun.

Le relèvement du taux d'emploi des juniors et des seniors passe par la prise en charge par tous les acteurs de leur part de responsabilité dans l'évolution de la gestion des âges de la vie et du travail. L'âge ne doit plus être un prétexte à l'exclusion. Il doit devenir un repère pour la gestion de la diversité, une variable de contrôle du respect de l'équité entre les générations. La prise de conscience de la manipulation idéologique, qui peut être attribuée à l'âge, permettra de relayer cette donnée biologique au rang d'un facteur identitaire, aussi dépourvu de sens et unique qu'une empreinte digitale. La société a toujours eu besoin de classifier, stratifier et classer. Mais l'âge ne doit pas devenir une justification à la stratification sociale. L'âge dans une société peut autant être le reflet d'une classification sociale, non formalisée et manipulante, que celui de la diversité acceptée.

---

1. *Cahiers de l'Anvie*, 2003.

Chapitre 23

L'« entreprise à la carte » : une réponse à la diversité

Rodolphe COLLE
Jean-Marie PERETTI

La diversité des salariés se traduit par des attentes et des besoins différents dans leur emploi. Ces différences dépendent de diverses variables individuelles et/ou organisationnelles. Le 30ᵉ Baromètre EPSY a montré l'influence de certaines caractéristiques sur l'importance attachée aux éléments de motivation dans le travail : le genre, l'âge, la situation familiale, ou encore le niveau de qualification et du poste occupé. De nombreux changements démographiques et sociologiques peuvent être des causes d'attentes diverses en matière d'espaces de choix dans l'entreprise.

Les attentes des salariés varient selon diverses caractéristiques individuelles et/ou organisationnelles. Dès lors, il n'est pas possible d'apporter une réponse uniforme à ces attentes. Pour améliorer l'efficacité des pratiques de gestion des ressources humaines comme éléments de motivation, il faut tenir compte de cette diversité des attentes. On assiste à l'émergence d'un « salarié-consommateur » qui, à l'instar des tendances constatées dans l'univers de la consommation, exige aujourd'hui une écoute et une attention personnalisées.

L'offre d'espaces de choix aux salariés dans leur emploi peut permettre aux entreprises de relever ce défi de la satisfaction des besoins individuels des salariés. L'évolution de la fonction RH vers la prise en compte croissante de la diversité des attentes des salariés (1) permet l'émergence d'une « entreprise à la carte » (2).

1. Prendre en compte la diversité croissante des attentes des salariés

La logique de personnalisation irrigue progressivement tous les domaines de la gestion des ressources humaines dès les années 1980 (Peretti, 2006). Les débuts timides de l'individualisation concernent au début des années 1970 deux domaines à forts enjeux : la formation avec la création du congé individuel de formation (Cif, loi 1971) et l'aménagement des temps avec la création des horaires individualisés (loi 1973). Il s'agit de prendre en compte la diversité des attentes du fait de l'arrivée massive des jeunes baby-boomers dans les entreprises. Dans les années 1980 se développe l'individualisation des salaires avec une part croissante des augmentations individuelles dans les enveloppes d'augmentation.

La mise en œuvre de la logique de personnalisation s'accélère dans les années 1990. Ainsi, le Centre des jeunes dirigeants d'entreprises considère que la prise en compte de la diversité du salariat doit avoir pour conséquence la sortie d'un système d'organisation uniforme pour l'entreprise et l'individualisation du rapport au travail pour le salarié (CJD, 1995). Cela nécessite la mise en place d'une organisation du travail davantage personnalisée qui permette un équilibre entre les besoins de l'entreprise et ceux des salariés.

L'évolution de la gestion des ressources humaines vers une individualisation croissante répond à une transformation de nos sociétés occidentales et des individus qui les composent. Cette évolution vers une prise en compte des attentes de chaque individu (« markets of one ») selon Gilmore et Pine II (2001) existait en marketing avant qu'elle ne soit prise en compte en GRH. Certains auteurs ont proposé de transposer à la gestion des ressources humaines certains outils de marketing appliqués jusque-là aux seuls clients. On parle de « marketing des ressources humaines » (Liger, 2004), défini comme « l'ensemble des méthodes et des moyens dont dispose une entreprise pour créer, délivrer et communiquer de la valeur, auprès de ses salariés actuels et/ou potentiels et pour gérer la relation avec eux d'une manière qui soit profitable à l'organisation » (Colle et Merle, 2005).

L'« entreprise à la carte » s'inscrit dans cette logique de marketing des ressources humaines en favorisant une approche de la gestion des ressources humaines davantage personnalisée.

2. Du prêt-à-porter au sur mesure

Avec l'entreprise à la carte, l'organisation se rapproche du projet personnel de chaque salarié en lui offrant divers espaces de choix dans son emploi. Ces espaces de choix sont proposés de façon croissante par les entreprises. Il peut s'agir des choix offerts au sein de dispositifs de GRH (rémunération, aménagement des temps de travail, mobilité, formation), mais aussi des choix relatifs à l'organisation du travail (autonomie dans le travail).

Ces espaces de choix sont diversement utilisés par les différentes catégories de salarié. Par exemple, la possibilité de passer à temps partiel est principalement adoptée par les femmes. Les offres d'expatriation séduisent davantage les jeunes célibataires que les ménages avec enfants en âge scolaire. Les activités sportives proposées par le comité d'entreprise ont un succès différent selon les caractéristiques du salarié.

Les espaces de choix relatifs à l'organisation du travail

La possibilité de prendre part aux décisions stratégiques et d'intervenir sur l'organisation du travail est un élément essentiel pour expliquer les performances d'une entreprise (Aoki, 1991). Cela pose la question de l'autonomie dans le travail pour les salariés. L'autonomie permet une plus grande responsabilisation des individus. Les salariés souhaitent aujourd'hui être de plus en plus impliqués dans les décisions et les orientations à donner à leur travail. Il semblerait que la présence de choix offerts en matière d'organisation du travail puisse être liée à une satisfaction plus importante des salariés dans leur travail (Crandall et Parnell, 1994).

Les espaces de choix relatifs à la rémunération

Certaines entreprises laissent aux salariés la possibilité de choisir leur propre « package » de rémunération en fonction de leurs besoins personnels et des arbitrages qui correspondent à leur fonction d'utilité : on parle de « systèmes de rémunération cafétéria » que l'on peut définir ainsi : « Les systèmes de rémunération "cafétéria" donnent aux salariés la possibilité de choisir, pour une période déterminée, parmi un certain nombre d'options et à l'intérieur de certaines limites, les compléments de la rémunération directe les mieux adaptés à leur situation personnelles » (Soulie, 1997, p. 24).

En France, c'est en matière de prévoyance complémentaire que les systèmes de rémunération cafétéria se sont développés depuis les années 1990. Le développement de l'épargne salariale a ouvert de nouvelles possibilités de choix. Le salarié peut décider ou non d'ouvrir un PEE (Plan d'épargne entreprise) ou un PERCO (Plan d'épargne retraite collectif), de faire des versements volontaires de son intéressement ou de son épargne personnelle, de choisir les types de placement...

Les espaces de choix relatifs aux temps de travail

Les entreprises peuvent offrir à leurs salariés différents espaces de choix concernant l'aménagement des temps de travail : horaires, dates de congé, travail à temps partiel, compte épargne temps...

Les horaires à la carte proposent un dispositif qui permet au salarié de composer son emploi du temps en fonction de ses besoins, en choisissant chaque jour ses heures d'arrivée et de départ dans le cadre de plages mobiles (Peretti, 2006). Dans ce cadre, le salarié a ainsi pu modifier sa durée de travail hebdomadaire à travers le report d'excédents ou de déficits hebdomadaires. Les choix se sont élargis dans le cadre de l'annualisation. Enfin, en 1994, la création du compte épargne temps (CET) ouvre de nouveaux choix sur des périodes pluriannuelles.

Les espaces de choix relatifs à la mobilité géographique

La question des espaces de choix relatifs à la mobilité géographique amène à s'intéresser au processus décisionnel du salarié envers la mobilité géographique. Celui-ci est parfois laissé libre d'accepter ou de refuser un tel changement. Il semblerait que le fait d'offrir un tel choix au salarié peut avoir une influence sur l'adaptation de ce salarié à son nouveau travail ou à sa nouvelle organisation (Feldman, Thomas, 1992).

Toutefois, il apparaîtrait que cette liberté de choix soit assez restreinte dans les entreprises : le salarié serait le plus souvent contraint d'accepter une proposition de mobilité sous peine de voir sa progression de carrière freinée. Cerdin (1999, p. 129) considère ainsi que « pour un cadre qui privilégie la progression hiérarchique, le dilemme pourrait alors se résumer dans une optique shakespearienne vis-à-vis de sa carrière : être mobile ou ne pas être ».

Les espaces de choix relatifs à la formation

Les salariés se voient offrir divers espaces de choix en matière de formation. La loi a créé le droit de choisir une formation à son initiative dans le cadre du CIF (congé individuel de formation) ou du DIF (droit individuel à la formation), le droit au bilan de compétence ou à la VAE (validation des acquis de l'expérience). Il peut s'agir également dans le cadre du plan de formation de la possibilité de demander à suivre une formation, de choisir le contenu de celle-ci, ou de participer à l'élaboration du plan de formation. Une formation à la carte est également parfois rendue possible par la présence d'un intranet dans l'entreprise. Le développement de l'e-learning crée des possibilités nouvelles de choix. Il apparaît que les salariés qui bénéficient d'un important degré de liberté dans leur formation ont des réactions plus favorables suite à celle-ci (Hicks, Klimoski, 1987).

Des choix pour chacun

Pour prendre en compte la diversité de ses salariés et de leurs attentes, l'entreprise s'interroge sur les dispositifs à mettre en place pour identifier les besoins et souhaits, et créer des espaces de choix. En effet, la possibilité de choisir accroît le sentiment d'équité. Une fois déterminé le « combien », permettre à chacun de choisir le « comment » le conduit à valoriser davantage la rétribution reçue.

3. Vers l'entreprise à la carte

La mise en place d'une « entreprise à la carte » paraît avoir des conséquences sur les attitudes et comportements des salariés dans l'entreprise (Cerdin *et al.*, 2005). Ainsi, un salarié qui se verra offrir des marges de choix dans son emploi montrera une motivation au travail, une implication et une fidélité accrue vis-à-vis de son entreprise. Par ailleurs, la possibilité de s'autodéterminer (Deci et Ryan, 1985) par la réalisation de choix peut améliorer le bien-être des salariés, notamment en contribuant à une meilleure articulation vie privée / vie professionnelle.

L'évolution vers l'entreprise à la carte contribue ainsi à accroître l'efficacité du management de la relation avec chaque salarié. Celle-ci est essentielle pour une bonne performance de l'entreprise. L'efficacité des pratiques de GRH peut se mesurer à leur propension à répondre aux diverses attentes des salariés tout en respectant les exigences de l'entreprise : une GRH performante sera celle qui proposera des solutions optimisées en accommodant les attentes de chaque salarié avec les objectifs et les contraintes de l'entreprise. La prise en compte de la diversité des besoins individuels des salariés rendra alors possible la conciliation de la performance économique et de la performance sociale.

Chapitre 24

Cadre dirigeant, manager : pourquoi pas eux ?

Thierry SIBIEUDE
Chantal DARDELET

La question de l'égalité des chances est aujourd'hui au cœur des préoccupations des pouvoirs publics et de l'actualité médiatique. Comme pour toute question ultra médiatisée, les effets de mode sont inévitables. Les réactions émotionnelles et les initiatives permettant à leur porteur (individu et/ou institution) d'obtenir un bénéfice à court terme de communication peuvent faire perdre de vue l'essentiel du débat. Il s'agit en effet d'une question cruciale pour l'évolution de notre société.

C'est la diversité et les discriminations au sein des entreprises qui sont en jeu. Cette question est d'autant plus délicate que les discriminations ne sont pas toutes intentionnelles et ouvertement racistes. Il en est de nombreuses qui sont mises en place par le système et « parce que c'est comme ça », « ça ne viendrait pas à l'idée d'embaucher un Noir dans le métier, parce que les clients n'aimeraient pas ». Ces discriminations structurelles ou systémiques ne peuvent être corrigées que par des mesures profondes propres à faire évoluer les mentalités.

1. Le système éducatif en question

Le système éducatif, troisième pied du triangle de la réussite professionnelle (la famille, le quartier et l'école)[1], est donc directement concerné, et c'est sur cette dimension là que ce chapitre propose une réflexion. En effet, cette évolution des mentalités commence dès l'école. Il faut non seulement convaincre les acteurs de l'éducation (élèves, familles, professeurs des écoles, collèges et lycées des quartiers) mais aussi les futurs employeurs que sont les étudiants des grandes écoles[2] de la réalité de cet enjeu.

En France, les classes préparatoires et les grandes écoles constituent une voie d'excellence internationalement reconnue. Elles sont la voie royale pour accéder aux plus hautes responsabilités au sein de l'entreprise. Et, depuis des années, elles sont régulièrement montrées du doigt[3] comme des vecteurs de reproduction immuable des clivages et inégalités sociales. Cette mise en cause s'inscrit dans un contexte marqué, ces quinze dernières années, par l'apparition de quartiers cumulant tous les handicaps sociaux, culturels, économiques et naturellement scolaires et éducatifs[4].

La question n'est pas nouvelle. Dès 1963, Bourdieu et Passeron mettaient en évidence qu'un enfant de cadre supérieur avait 2 fois plus de chances d'accéder à l'université qu'un enfant de cadre moyen, 40 fois plus qu'un enfant d'employé et 80 fois plus qu'un enfant d'ouvrier. Quarante ans plus tard, le Haut Conseil de l'évaluation de l'école confirme la décevante actualité de cette analyse en constatant que 87 % des enfants de cadres supérieurs obtiennent le baccalauréat (dont 82 % en filière générale) contre 45 % des enfants d'ouvriers non qualifiés (dont les deux tiers en filière technologique ou professionnelle).

---

1. Voir les ouvrages de J.-M. Petitclerc, prêtre salésien, éducateur, directeur de l'association Valdocco à Argenteuil (Val-d'Oise), notamment *La Violence et les jeunes*, Salvator, 1999, et *Enfermer ou éduquer*, Dunod, 2004.
2. Selon les statistiques de la Conférence des grandes écoles (CGE), les enfants de cadres, chefs d'entreprise et enseignants du second degré et du supérieur représentent 62 % des étudiants des GE (67,5 % dans les écoles de gestion et 59,4 % dans les écoles d'ingénieur. Pour mémoire, ils représentent 45,7 % des étudiants de 3e cycle universitaire.
3. Fauconnier P., *La Fabrique des meilleurs, enquête sur une culture d'exclusion*, Le Seuil, 2005.
4. Une enquête réalisée sous forme de testing en juillet 2004 par J.-F. Amadieu pour l'Observatoire des discriminations de Paris I a montré que, toutes choses égales par ailleurs, un habitant blanc de peau du Val Fourré à Mantes a deux fois moins de chances d'être convoqué à un entretien qu'un homme blanc de peau habitant Paris, et, s'il a en outre un nom à consonance maghrébine, il a cinq fois moins de chances. Voir aussi Amadieu J.-F., *Les Clés du destin*, Odile Jacob, 2004, et Maurin E., *Le Ghetto français, enquête sur le séparatisme social*, Le Seuil, 2006.

Un projet de diversification de recrutement a été mis en place en 2001 par l'IEP Paris, avec la création d'un concours spécifique et différent de celui passé, à niveau académique et scolaire égal, par les autres participants, constituant ainsi une voie réservée sur la base de critères sociaux[1]. Cette approche avait aussi pour objectif de faire connaître Sciences Po dans des milieux et des établissements scolaires où cette école était inconnue[2].

2. La démarche innovante de l'ESSEC

À l'ESSEC, nous avons choisi une autre voie. En tant que pédagogues, nous mesurons chaque jour que le « capital social » des étudiants issus des catégories cultivées est le facteur qui détermine en grande partie la réussite professionnelle future des jeunes gens, tout autant que les capacités intellectuelles réelles de chacun. Soutenir le contraire, c'est affirmer que les enfants issus de familles cultivées sont tous plus intelligents que ceux issus des familles moins favorisées, et que le contexte social dans lequel évolue l'enfant ne joue aucun rôle dans sa construction intellectuelle. Telle n'est évidemment pas, et de loin, notre opinion. Nous sommes en revanche convaincus de la nécessité :

- d'éviter de reproduire un système de recrutement qui prive les grandes écoles de talents qui tardent à s'épanouir du fait de blocages sociaux ; la diversité sociale de notre société est une ressource formidable et nécessaire ;

- de permettre aux futurs diplômés des grandes écoles une confrontation directe avec une réalité plus large de la société dans laquelle ils évolueront demain en tant que managers ;

- de réhabiliter la valeur du travail et de l'effort auprès de jeunes issus de quartiers dits en difficulté en offrant autant que possible un développement personnel à chaque élève lui permettant d'accéder à des études post-bac. Il est d'usage de s'interroger sur la notion d'ascenseur social. Nous préférons la logique d'ascension sociale, qui traduit mieux la réalité de l'effort à réaliser pour progresser à l'école d'abord puis dans la vie professionnelle ensuite. Car comme le dit joliment Aziz Senni[3], par le

---

1. Ce dispositif est assez proche de la politique des quotas et d'*affirmative action* développée aux États Unis et qui a montré aujourd'hui de nombreuses limites. Voir Weil P., *La République et sa diversité*, Le Seuil, 2005.
2. Déclaration du directeur de l'IEP Paris lors de son audition conjointe avec les auteurs par le Conseil de l'analyse de la société (présidé par Luc Ferry), le 11 janvier 2005.
3. Senni A., *L'ascenseur social est en panne : j'ai pris l'escalier*, Archipel, 2005.

titre de son livre, si l'ascenseur est en panne, rien n'empêche de prendre l'escalier. Il mène toujours au même point, et parfois même plus haut car il est des endroits où seul l'escalier permet d'accéder ?

▸ de revaloriser l'image de l'entreprise, fortement dégradée dans ces milieux pour des raisons objectives, réelles et souvent fondées (emplois fatigants, à qualification, intérêt et revenus faibles, licenciements collectifs…) ;

▸ de maintenir le principe de la sélection par le concours, sans préjuger des origines socioculturelles, raciales, géographiques ou religieuses des étudiants.

Nous avons donc engagé dès 2002 une démarche baptisée « Une prépa, une grande école : pourquoi pas moi ? » Celle-ci vise à mettre en place, au bénéfice des jeunes lycéens scolairement prometteurs et issus de milieux modestes ou défavorisés, un dispositif d'accompagnement et de soutien en enrichissant dès la classe de seconde leur environnement socioculturel.

L'objectif est de contribuer à surmonter les barrières culturelles, financières et/ou psychologiques qui empêchent des jeunes à fort potentiel de se projeter dans certaines formes d'avenir. Ces jeunes souffrent d'un triple immobilisme : géographique, social et culturel. Il s'agit de leur proposer des modèles d'identification qu'ils ne peuvent pas trouver dans leur environnement immédiat, tout en leur apportant une information qui n'est pas disponible dans leur entourage et en leur offrant la possibilité de sortir, au sens physique du terme, de leur quartier. L'objectif est d'accroître leurs chances de poursuivre des études supérieures longues, en classe préparatoire, en vue d'intégrer une grande école de commerce ou d'ingénieur, ou toute autre filière d'excellence, en les accompagnant pendant 3 ans[1]. Il s'agit de faire en sorte que chacun ait un projet, aille au maximum de ses possibilités pour l'orientation la meilleure possible.

Pour réussir ce pari, nous avons mis en place à la rentrée 2002-2003 un programme constitué de sept modules s'étalant sur 140 heures par an et dispensés dans les locaux de l'ESSEC, à l'intention de 23 élèves la première année, sélectionnés par leur lycée en fonction de leurs bons résultats scolaires, de leur origine familiale et de leur motivation. Depuis, trois autres pro-

---

1. Nous avons lancé ce programme avec le soutien de Franck Vallerugo, professeur à l'ESSEC, Philippe Yvin et Adil Jazouli, respectivement directeur du cabinet et conseiller technique du ministre de la Ville Claude Bartolone en avril 2002, puis repris et activement soutenu par la Délégation interministérielle à la Ville, à l'instigation de Jean-Louis Borloo, ministre délégué à la Ville. Le Premier ministre, Jean-Pierre Raffarin, est venu à l'ESSEC le 9 juin 2004 pour en rencontrer les acteurs. Aujourd'hui, ce sont 8 lycées qui ont signé une convention avec l'ESSEC.

motions les ont rejoints, faisant passer à 120 par an le nombre de lycéens accompagnés. Sous notre direction, des étudiants volontaires, formés et soutenus par des professeurs ESSEC, sont devenus les « tuteurs » de ces lycéens issus de quatre, puis six et aujourd'hui huit établissements du nord-ouest de l'Île-de-France. Cette démarche est complétée par un tutorat assuré par des professeurs du lycée d'origine, afin de garantir la complémentarité entre le programme de l'ESSEC et le parcours scolaire des lycéens. Pendant trois ans, ces élèves assistent à raison d'une demi-journée par semaine à des visites culturelles, participent à des discussions de groupe sur des sujets d'actualité, découvrent le monde de l'entreprise, font l'apprentissage de la prise de notes ou de la prise de parole en public. Pendant les « petites vacances », ils suivent un cadre supérieur de l'entreprise pendant une demi-journée (*shadowing*), participent à un stage d'expression théâtrale, ou encore un atelier de sensibilisation aux règles de comportement en société.

Progressivement, les élèves voient s'ouvrir de nouvelles perspectives d'avenir, se créent un premier réseau de relations (avec les tuteurs, les cadres d'entreprises rencontrés) : ils ne devront leur succès qu'à leurs seules qualités personnelles de curiosité et d'habileté, de goût du savoir et d'ouverture au monde, mais aussi et surtout de rigueur et de constance, de sérieux et de volonté dans le travail. Plus confiants dans leurs propres capacités, bénéficiant d'un bagage culturel renforcé, ayant appris la plupart des « codes sociaux » facteurs de discrimination scolaire puis professionnelle, une classe préparatoire et une grande école ne leur apparaissent plus comme un cursus « pour les autres ». Plutôt que d'abaisser les critères de sélection de ces étudiants, nous avons choisi de les accompagner pour leur permettre d'y satisfaire. Nous ne sommes pas dans une démarche de pré-recrutement. Notre objectif est de porter les lycéens « au plus loin dans la voie qui est la leur », dans une logique d'exigence bienveillante.

Après 4 ans d'expérience, nous constatons des progrès spectaculaires sur tous les lycéens et ce dès leur entrée dans le programme : développement de la confiance en soi, de l'esprit critique, de la curiosité vis-à-vis du monde qui nous entoure, détermination à prendre en main leur avenir…

L'impact sur l'ESSEC et ses étudiants est lui aussi important : cette année il y a eu 80 étudiants volontaires pour le tutorat, preuve que les tuteurs antérieurs ont fait partager leur enthousiasme pour cette expérience humaine, pédagogique et d'engagement personnel au service de la société.

Enfin, les lycées partenaires tirent eux aussi un bilan très positif de l'opération, qui distille petit à petit dans les établissements le sens du travail et de l'effort, et crée des ponts enrichissants entre l'école, l'enseignement supérieur et le milieu de l'entreprise. Les indicateurs sont très encourageants : au sein des lycées, les jeunes du programme font des émules parmi leurs pairs : quatre nouveaux lycées se sont joints aux quatre premiers ; des actions de découverte de l'enseignement supérieur ont été mises en place pour élargir la portée du programme sur l'ensemble des lycéens.

Les 19 et 23 lycéens des deux premières promotions sont maintenant dans l'enseignement supérieur. Tous ont trouvé leur voie : à côté de Marie-Claire qui est désormais sur les bancs de la fac de médecine, ou de trois autres lycéennes qui se lancent sur les voies artistiques d'excellence, la plupart des lycéens visent une grande école d'ingénieurs ou de management, soit directement sur concours post-bac, ou après un premier diplôme à bac + 2 en admission parallèle, soit le plus souvent en passant par les classes préparatoires aux grandes écoles, dont les plus prestigieuses. Ainsi Sockna et Amine intégreront Sainte-Geneviève à Versailles en internat pour leur Maths' Sup, tandis que Jérémy fera la sienne à Henri-IV, à Paris.

Nous continuerons à les suivre tous, à les soutenir et à faire en sorte que ceux qui iront en prépa puissent passer, comme les autres, le concours de leur choix. S'ils réussissent celui de l'ESSEC, tant mieux, et tant mieux aussi s'ils sont sélectionnés pour intégrer une autre grande école.

Aujourd'hui, cette initiative qui emprunte un chemin long et difficile commence à porter des fruits. Elle a beaucoup d'atouts pour réussir car elle s'inscrit dans la durée en travaillant sur les causes et non sur les conséquences, même si elle frappe moins les esprits qu'un quota ou un concours d'entrée aménagé.

3. Une quadruple dynamique

La démarche de l'ESSEC se fonde sur une dynamique de partenariat, de professionnalisme, d'engagement et de démultiplication.

- Partenariat, car nous travaillons en lien étroit avec les équipes éducatives des lycées, des acteurs institutionnels compétents comme le ministère de la Ville, celui de l'Éducation nationale et des entreprises (Veolia Environnement, Rencarts[1] et SFR soutiennent le programme financièrement et accueillent des lycéens pour des visites ou des shadowings), dans le cadre d'un partenariat institutionnel solide et durable. Ce partenariat

---

1. C'est par leur engagement personnel que les deux présidents, respectivement Henri Proglio et Thierry Falque Pierrotin, en signant la charte de la diversité, garantissent la réalité de l'implication de leurs entreprises.

avec les entreprises est essentiel car le *diplôme n'est pas une fin en soi :* c'est un outil pour permettre à celui qui l'a obtenu d'atteindre les objectifs professionnels et personnels qu'il se fixe tout au long de sa vie.

▶ Professionnalisme, car le programme qui compte maintenant plus de 200 acteurs directs a été conçu pour développer les qualités nécessaires pour intégrer une grande école, y réussir et *trouver ensuite une place, « sa place », au sein de l'entreprise.* Les tuteurs sont encadrés et suivis par une équipe de trois personnes à temps complet qui est intégrée à la chaire Entrepreneuriat Social de l'ESSEC.

▶ Engagement, parce que des étudiants, volontaires et bénévoles, sont étroitement associés à sa mise en œuvre et s'engagent au service d'autres jeunes moins chanceux qu'eux. Parce que des lycéens s'engagent à venir 3 heures toutes les semaines à l'ESSEC pendant 3 ans. Parce que la famille s'engage à veiller au respect par le lycéen de son engagement. Parce que les lycées s'engagent à accompagner et suivre le lycéen par l'intermédiaire de professeurs tuteurs. Parce que l'institution s'engage : elle est comptable des résultats et de la pérennité du dispositif.

▶ Démultiplication, parce qu'avec le soutien important des pouvoirs publics, nous travaillons à l'essaimage du programme auprès des autres grandes écoles de management ou d'ingénieurs de France, afin que, dans leur région, elles mettent à leur tour en place un système reposant sur des principes fondamentaux identiques à ceux de « Pourquoi pas moi ». Ainsi, à la suite de la signature de la Charte pour l'égalité des chances aux formations d'excellence le 17.1.05 par la Conférence des grandes écoles, *le Groupe d'ouverture sociale de la CGE[1] rassemble régulièrement la centaine d'écoles qui ont exprimé leur volonté de lancer des actions d'ouverture sociale.* Depuis janvier 2006, l'X a lancé une déclinaison du programme avec des lycées de l'Essonne. En janvier 2007, plus de 25 grandes écoles mettront en œuvre des programmes d'ouverture sociale, de Marseille à Lille, de Nancy à Rouen, écoles d'ingénieurs ou de management, après prépa ou avec prépa intégrée. Ce ne sont plus seulement 120 lycéens et 44 étudiants de Cergy et des environs qui sont impliqués, mais bientôt 30 ou 50 fois plus, et cette fois en tous points de France. C'est cette démultiplication qui permettra d'accueillir en nombre plus grand les élèves issus « des quartiers » à l'ESSEC et dans les autres Grandes Écoles, après le même concours que tous les autres.

---

1. Le président de la CGE, Christian Margaria, a créé le Groupe d'ouverture sociale dont il nous a confié l'animation ainsi qu'un centre ressources, basé à l'ESSEC, pour accompagner les nouvelles initiatives, promouvoir les échanges de bonnes pratiques et favoriser le retour d'expérience. Il ne s'agit pas de cloner un programme mais de mettre en synergie toutes les expériences et actions menées afin d'en maximiser l'efficacité au meilleur coût.

Ainsi l'idée selon laquelle la diversité de la société est finalement celle des marchés auxquels ses entreprises s'adressent, et celle de l'environnement dans lequel celles-ci évoluent, progresse indiscutablement[1]. Les entreprises découvrent qu'elles se privent de compétences et de nombreux talents.

Cette notion de talent est à nos yeux essentielle dans la mesure où le talent se différencie du don. « Le talent s'apparente à une puissance de créer. Il se conquiert davantage pendant l'enfance et l'adolescence : il touche à l'histoire, à la psychologie, à l'aventure d'être soi ou de le devenir. »[2] Le talent, c'est donc plus qu'un don et moins que du génie. On peut avoir du talent et être moyennement doué à la base. Le don est donné à la naissance et renvoie à la génétique. Le mot talent, comme chacun le sait, vient d'une métaphore de la parabole des talents. Jésus y compare les capacités que chacun a reçues à des pièces de monnaie, des « talents », qu'il doit faire fructifier. L'important, c'est à la fois le talent, condition nécessaire mais non suffisante, mais aussi, et peut-être surtout, ce qu'on en fait : œuvre ou gâchis.

C'est donc notre responsabilité collective mais aussi individuelle de faire en sorte que les talents de notre société fructifient, les nôtres mais aussi ceux des autres afin d'éviter le terrible gâchis qui nous menace. C'est convaincus de la pertinence de ce raisonnement que nous contribuons, à la place qui est la nôtre, à réduire la fracture scolaire de ce pays en ouvrant des perspectives et en tendant la main à ceux qui font l'effort de la saisir.

---

1. Sabeg Y., Méhaignerie L., *Les Oubliés de l'égalité des chances*, Institut Montaigne, 2004.
2. Comte-Sponville A., *Dictionnaire philosophique*, PUF, 2001.

Chapitre 25

Audit de la diversité

Jean-Marie PERETTI
Anne SAÜT

> « *Si tu diffères de moi, loin de me léser, tu m'enrichis.* »
> Antoine de Saint-Exupéry.

Le développement des politiques et pratiques de gestion de la diversité dans les entreprises, d'une part, des obligations et responsabilités légales et conventionnelles en ce domaine, d'autre part, et enfin le souhait d'être exemplaire, ont favorisé la demande d'audit social avec une grande variété de missions. La diversité des risques liés à l'absence d'un authentique management de la diversité élargit le champ des audits dans ce domaine.

1. Objectifs des audits de diversité

L'audit de la diversité dans l'entreprise peut répondre à trois objectifs :

▶ Identifier l'ensemble des risques liés aux carences en matière de respect de la réglementation de la diversité ou des engagements conventionnels. Il s'agit alors d'un audit de conformité. Les missions se développent aujourd'hui pour quatre raisons : la prise en compte d'exigences croissantes des parties prenantes, des risques accrus du fait d'une réglementation de plus en plus stricte et contraignante, des engagements volontaires pris par l'entreprise (charte de la diversité), le souhait d'obtenir un label.

▶ Vérifier l'existence effective et la mise en œuvre de politiques formalisées de gestion de la diversité, pertinentes et en ligne avec la stratégie. Il s'agit là d'audit stratégique. L'entreprise a-t-elle une réflexion stratégique intégrant les défis et la richesse de la diversité ? A-t-elle défini une politique de la diversité et les moyens de sa traduction en plans d'action concrètes.

▷ Évaluer les résultats obtenus par l'entreprise en matière de diversité par rapport aux objectifs fixés. Il s'agit de réaliser des audits d'efficacité. Au fur et à mesure que des engagements chiffrés sont pris, l'auditeur doit vérifier leur obtention. L'ensemble des objectifs ont-ils été atteints ? Quels sont les écarts entre objectifs et constats ?

Les missions d'audit en matière de diversité permettent d'identifier et de réduire les principaux risques. Les conclusions du rapport d'audit proposent des actions qui permettent de réduire l'ensemble des risques découlant d'un management insuffisant de la diversité.

2. Les principales missions

L'inventaire des risques en matière de gestion de la diversité fait ressortir une grande variété de sources, et donc une large palette de missions.

Audits stratégiques

Ces audits peuvent permettre de vérifier l'existence même d'une politique de gestion de la diversité. L'auditeur étudie l'existence de politiques explicites, la création de structure dédiée, les budgets alloués, mais aussi la diffusion et la communication des politiques au niveau opérationnel, et la traduction des politiques en pratiques RH.

L'auditeur utilise comme référentiel la « grappe de bonnes pratiques » regroupant les principales orientations, politiques et pratiques observées dans les entreprises reconnues comme socialement responsables. Cette grappe est évolutive. Les entreprises développent fortement depuis peu des stratégies diversité innovantes. Être et rester exemplaire nécessite des progrès permanents. Les champs des objectifs des politiques de diversité se multiplient dans deux directions : extension des facteurs de diversités pris en compte (longtemps centrée sur l'égalité homme-femme et sur le handicap, l'exigence de diversité concerne un nombre grandissant de paramètres : âge, orientation sexuelle, aspect physique, origine…) et élargissement des domaines RH (au-delà du recrutement et des rémunérations, tous les process sont concernés).

L'auditeur s'intéresse à la démarche ayant conduit à définir les orientations et les objectifs des politiques de diversité retenues lorsqu'elles existent.

Comment ont été définies les principales orientations ? Quelles sources de diversité a-t-on privilégié ? Pour quelles raisons (risques juridiques ou responsabilité sociale) ? Quel a été le rôle de la négociation et des partenaires sociaux ? Quel a été le niveau d'implication de la direction générale ?

L'auditeur examine si toutes les dimensions de la diversité sont prises en compte et que les populations à forts enjeux font l'objet d'une attention appropriée, et aussi qu'une approche globale reprend les principaux thèmes.

Il vérifie qu'un état des lieux a été préalablement réalisé pour retenir des objectifs réalistes et pertinents. Il s'intéresse de près au processus de démultiplication des objectifs globaux au niveau opérationnel. Ainsi, un objectif d'élever globalement de 3 à 4 % le nombre de handicapés, et donc d'en recruter un certain nombre, doit se traduire en objectifs détaillés par départements ou/et fonctions.

Audits d'efficacité

L'auditeur vérifie si les objectifs définis en matière de diversité ont été atteints. Le référentiel utilisé est donc l'engagement pris, notamment chiffré. L'auditeur identifie les écarts et les risques qui en découlent, les causes des insuffisances constatées, et il propose des mesures pour remédier aux carences.

Les missions d'audit d'efficacité portent sur les principaux process RH de l'entreprise :

- recrutement
- intégration
- formation et développement des compétences
- mobilité et évolution de carrière
- évaluation et détection des potentiels
- organisation du travail
- rémunérations.

Les investigations reposent d'une part sur des entretiens avec les acteurs concernés et d'autre part sur l'étude des données documentaires disponibles. L'exploitation des bases de données du SIRH permet d'identifier de nombreux écarts et d'en rechercher les causes. Par exemple, la comparaison entre la répartition des CV reçus et celle des candidats convoqués fait ressortir d'éventuelles discriminations sur des critères non acceptables.

Les comportements inappropriés des managers de proximité constituent l'une des principales sources de risque. Identifier ces comportements pour les corriger est essentiel pour atteindre des résultats pertinents.

Audits des discriminations

L'audit des discriminations interdites a pour objectif de garantir que l'entreprise ne viole pas, dans l'un ou l'autre de ses lieux de travail, les dispositions légales en vigueur.

L'auditeur contrôle les principaux process, notamment les plus sensibles, et donc le recrutement. Il utilise divers indicateurs tels que le ratio de cohérence entre les CV reçus dans leur diversité et les postulants convoqués, entre les candidats reçus en entretien et ceux retenus. Certaines entreprises ont choisi de pratiquer l'auto-testing, c'est-à-dire de vérifier l'absence de pratiques discriminantes en glissant dans les candidatures des dossiers pièges. Lorsque l'entreprise a choisi d'adopter le CV anonyme, l'auditeur vérifie son efficacité.

Les pratiques liées à l'individualisation des rémunérations et celles en matière de détection des potentiels, de promotion et de mobilité sont des objets d'audit privilégié. Les décideurs sont nombreux et garantir l'absence de discrimination est délicat.

3. Recommandations et suivi

Après analyse des résultats de l'audit, du constat des écarts et de la recherche des causes, l'auditeur présente ses résultats intermédiaires au donneur d'ordre, et éventuellement aux personnes interrogées, et les valide.

Principales recommandations

Les recommandations de l'auditeur peuvent être très variées. Elles comportent fréquemment des propositions sur trois points :

- la mise sous contrôle des principales sources de risque avec des batteries d'indicateurs, des tableaux de bord et des clignotants, au niveau global et dans chaque service ;
- la définition – ou la redéfinition – d'objectifs stratégiques de diversité, d'axes prioritaires, la mise en place d'un plan d'action et la création de structure dédiée ;
- la mise en œuvre d'une formation adéquate des équipes et des collaborateurs.

Former pour un management par la diversité

Les écarts constatés par l'auditeur le conduisent à recommander des actions en matière de formation des collaborateurs dans différents domaines. Au niveau du recrutement des formations au tri du CV, un travail sur les tests de personnalité, les schémas et les représentations, les critères de sélection, les freins, sont parfois nécessaires.

La formation des managers est essentielle (sensibilisation aux risques, à la diversité, aux différences, aux bonnes pratiques à mettre en œuvre) et permet de limiter les comportements à risque.

Outils de suivi

Les rapports d'audit peuvent proposer la mise en place des outils de suivi permettant de vérifier que les principales sources de risques sont sous contrôle. Dans la limite des règles édictées par la Cnil en matière d'informations personnelles, il est nécessaire de construire des indicateurs de mesure et des tableaux de bord. La sélection d'indicateurs présentant la validité, la stabilité et la fidélité d'un instrument fiable de mesure est délicate. Trop souvent, des moyennes (ou des ratios entre deux moyennes) sont utilisées et, loin de permettre d'en prendre la mesure, elles donnent une idée erronée de la situation.

4. Conclusion

La montée des risques en termes de diversité entraîne une demande croissante d'audit en matière de diversité. Ces audits sont d'une grande utilité pour définir les pratiques à développer et parvenir à un véritable management de la diversité. De ce point de vue, la rigueur de l'auditeur, notamment dans le choix d'indicateurs valides et de référentiels pertinents, s'avère essentielle.

Conclusion

Chapitre 26

Tous les mêmes ?

Maurice THEVENET

La différence est devenue un thème de débat public. Non pas parce qu'elle est soudainement apparue dans une société auparavant homogène, mais plutôt parce que l'on ne s'est pas encore habitué à des différences que les valeurs du moment ne supportent pas. Ainsi, l'approche de ce thème est-il immédiatement associé à celui de la discrimination puisque la différence serait immédiatement source d'inégalité de traitement et de droits. En France, les événements de l'automne 2005 ont mis en lumière les différences ethniques et la manière dont elles produiraient de l'inégalité dans l'accès au pouvoir, au travail et à tous les mécanismes d'« élitisation » qui sont le propre, explicitement ou implicitement, de toute société humaine.

Conséquemment, la question concerne aussi l'entreprise au premier chef puisqu'elle fonctionne dans et pour la société. Quand le thème des différences, quel que soit leur type, envahit le débat public, l'entreprise ne peut en effet éviter d'en mesurer les conséquences et de les prendre en compte, tant dans la manière d'aborder les clients, par l'adaptation des produits ou le mode de distribution ou de promotion, que dans la façon de considérer ses actionnaires et de gérer les personnes qui y travaillent. Comme client, la personne se verrait reconnaître sa différence alors que le salarié chercherait, d'une part, à la faire reconnaître et, d'autre part, à ne pas se faire discriminer.

Mais l'entreprise est aussi concernée parce que les mesures prises par le pouvoir politique pour traiter ces différences la concernent toujours en premier lieu. En France, des obligations lui ont été imposées en matière d'égalité professionnelle entre les femmes et les hommes, de facilitation de l'accès au travail des personnes handicapées, de non prise en compte des différences de race, d'opinions politiques ou de convictions religieuses. De nouvelles étapes sont maintenant franchies avec le CV anonyme censé éviter les conséquences fâcheuses, au moment du recrutement, d'un patronyme, d'un lieu de résidence, voire d'un âge ou d'un genre.

La question paraît nouvelle dans notre pays alors que les professionnels de la gestion des ressources humaines l'ont intégrée depuis des décennies dans des pays comme les États-Unis ou l'Afrique du Sud où il existe un chapitre sur le management de la diversité dans n'importe quel manuel de gestion des ressources humaines depuis des décennies.

Si l'on comprend bien cette dimension sociétale de la gestion des entreprises et en particulier de la gestion des personnes, on ne peut éviter d'interroger la question de la différence, de façon à l'aborder convenablement dans le respect de ce contexte et de la responsabilité sociétale de l'entreprise, mais aussi dans le cadre des caractéristiques et des objectifs de la gestion. Bien entendu, il existe des différences, elles sont multiples. L'actualité braque successivement ses projecteurs sur certaines d'entre elles mais la liste en est infinie. On pourrait même dire que, dans l'entreprise, on est tous les mêmes à se trouver différents. Mais force est également de constater, en parcourant les entreprises de la plupart des pays du monde et en rencontrant ceux qui y travaillent, qu'il existe aussi bien des similarités dans les modes de fonctionnement, dans les principes de travail, les modes de comportement et de gestion. On ne peut donc décemment considérer le thème de la différence, dans une bonne logique de partie double, qu'en considérant ce que les personnes ont aussi en commun, ce en quoi elles sont toutes les mêmes.

1. Tous les mêmes à être différents

En matière de personnel, chacun est différent. On peut se demander toutefois comment aborder ces différences au-delà de principes égalitaires avec lesquels personne ne peut être en désaccord. Mais puisque les problèmes humains sont toujours dynamiques et évolutifs on peut aussi imaginer quelles évolutions peuvent découler de cette stigmatisation universelle des différences.

Tous différents

Trois aspects majeurs de l'universalité sans fin des différences peuvent être soulignés.

En revendiquant une différence, on pointe généralement des risques de discrimination et des manques de reconnaissance. Un hebdomadaire relevait récemment toutes les sources de différences potentiellement discriminatoires. On sait que dans la société elles sont innombrables, cela semble être aussi le cas pour l'emploi. Après le genre, l'ethnie et l'âge, on a repéré également que d'autres traits personnels pouvaient s'avérer favorables ou non : l'apparence physique, le fait d'être l'aîné ou le cadet d'une fratrie, ou encore l'origine géographique. Mais on pourrait poursuivre la liste aisément.

D'une part, l'effectif d'une entreprise aujourd'hui est de plus en plus divers. On relève généralement les caractéristiques sociologiques apparentes mais, en termes d'opinions, de mode de vie, de convictions, de lien juridique à l'entreprise et de système de représentation lié au travail, le champ de cette diversité est sans fin. Ainsi, on voit émerger aujourd'hui la question religieuse dans l'entreprise[1], celle de l'équilibre entre vie de travail et vie personnelle qui tend à exiger de l'entreprise qu'elle tienne compte dans l'organisation du travail de la diversité des modes de vie à l'extérieur.

Il suffit d'autre part d'observer le sort d'une cohorte de diplômés entrés il y a une vingtaine d'années dans l'entreprise pour prendre la mesure de ces différences : on s'aperçoit alors que les carrières ne sont absolument pas aléatoires et que ceux qui ont le plus progressé ont généralement des traits distinctifs par rapport aux autres. Dans cette entreprise pétrolière, il était par exemple évident qu'un ingénieur ayant fait sa carrière à l'international dans l'exploration avait plus de chances d'occuper des postes plus élevés qu'un autre. De la même manière, on sait que les organisations développent des valeurs et qu'être en ligne avec celles-ci donne plus de chances sur le marché interne. Les recruteurs peuvent aussi avoir tendance à implicitement favoriser ceux dont les diplômes sont, sinon déjà mieux représentés, du moins mieux reconnus. C'est même un comportement général de se sentir plus à l'aise avec ceux que l'on considère comme étant semblables, ainsi que le montrent nombre d'expériences de psychologie sociale.

En effet, toutes les organisations développent leurs propres hiérarchies, c'est-à-dire des systèmes de différenciation permettant de fonder des différences de position, de responsabilité et de pouvoir. C'est l'établissement et

---

1. Banon P., *Dieu dans l'entreprise*, Paris, Éditions d'Organisation, 2006 ; Kouzes J.-M., Posner B. Z. Christian, *Reflections on Leadership Challenge*, Jossey-Bass, 2006 ; Beekun R. I., Badawi J., *Leadership, an Islamic Perspective*, Amana Publications, 1999.

la combinaison de ces différences qui font l'efficacité. Il serait naïf de penser que seule la compétence fonde ces différences, toutes les analyses de culture le montrent. Ces différences existent donc toujours, elles ont même une utilité, pour autant que l'arrangement en soit harmonieux. La solution au problème des différences n'est donc peut-être pas leur élimination mais leur harmonie.

Par ailleurs, l'universalité de ces différences constitue aussi une merveilleuse opportunité pour les chercheurs qui peuvent en traquer, avec leurs analyses statistiques, toutes les formes possibles. En effet, les logiciels d'analyse de données de tout ordinateur portable permettent aux chercheurs de relever des différences statistiquement significatives. L'exemple nous en a été donné avec le sujet inépuisable des différences culturelles. En prenant n'importe quel échantillon de citoyens de deux pays ou régions, on parvient aisément à repérer des différences. Le problème est de savoir ce qu'elles signifient mais souvent les recherches ne vont pas si loin : repérer les différences est sans doute la plus facile des problématiques de recherche...

Ensuite, il faut remarquer que les différences sont abordées sous deux angles pas toujours faciles à combiner. D'une part, elles sont souvent analysées en termes de discrimination : faire la différence conduirait inéluctablement à privilégier une catégorie plutôt qu'une autre. Le débat sur les personnes handicapées comme sur les caractéristiques ethniques est souvent abordé en ces termes et c'est bien compréhensible. Le problème, c'est celui du théorème du marteau : quand on a un marteau, tout problème devient un clou. Si les discriminations peuvent être attestées, la question du handicap se réduit-elle à cette dimension ?

Enfin, la différence est aussi revendiquée : on veut se voir reconnu dans cette différence qui constitue un facteur d'identité. Il existe donc une ligne de crête parfois étroite entre gommer des différences et les reconnaître, entre l'affirmation des différences et le souci de ne pas en tenir compte.

Les difficultés du « tous différents »

Première difficulté, la revendication de la différence est surtout un souci de reconnaissance personnelle. Ce besoin est universel, même s'il est toujours difficile d'imposer au monde extérieur qu'il le satisfasse. Chacun affirme sa différence plutôt qu'il ne veut se la voir imposer. Beaucoup d'entreprises soulignent les difficultés inattendues posées parfois par la question des personnes handicapées. L'entreprise peut vouloir satisfaire à l'obligation légale de compter dans son effectif un pourcentage de personnes avec un handicap, alors que certaines d'entre elles ne veulent surtout pas être considérées comme telles : plusieurs DRH nous ont fait part de ce problème de compter des handicapés dans leur effectif, tout en payant à l'État les pénalités parce que les personnes ne voulaient pas avoir cette étiquette. C'est un des problèmes que posent les quotas quand beaucoup ne veulent pas être considérés comme seulement le moyen de remplir les quotas grâce à leur différence.

La deuxième difficulté, c'est de donner trop d'importance à ces différences par rapport aux autres éléments de l'identité. L'identité renvoie à ce que l'on est et son identité ne se réduit pas à ce qui différencie des autres. Quand chacun se réduit à ses éléments distinctifs, quand la différence s'exprime en opposition à l'autre, l'affirmation des différences peut dégénérer en conflit ou du moins à une moindre importance donnée à ce que l'on est. Différencier peut conduire à se définir par rapport à l'autre, à s'opposer, et finalement conduire à des combats. On connaît les conflits de générations qui sont une constante anthropologique : ne se définir qu'en opposition aux vieux ou aux jeunes est souvent le meilleur carburant d'un conflit sans solution.

La troisième difficulté concerne le souci de gommer ces différences ou du moins de les occulter comme dans le cas du CV anonyme. Les effets bénéfiques de telles mesures sont évidents mais, comme toujours, il faut imaginer les effets pervers. On n'a jamais fini de vouloir supprimer les marques de différence et il est à craindre qu'un CV ne sera jamais assez anonyme. Le problème, c'est de définir les informations qui devront rester sur le CV, et la manière de les présenter : la créativité humaine est suffisamment grande pour que les hérauts de l'anonymat n'aient jamais le sentiment d'avoir atteint leur but. Il est à craindre alors que l'on aura substitué à des CV explicites des formulations implicites encore plus dangereuses puisqu'elles requerront des codes que seuls les initiés connaîtront. Les formats nouveaux de CV donneront de l'importance à des éléments supposés « objectifs » qui réduiront la richesse d'un profil à quelques données encore plus génératrices d'injustice. Le problème avec l'anonymat, c'est qu'il n'est jamais atteint et génère d'autres codes maîtrisés par les seuls initiés. Si les CV deviennent trop insipides, ce sont d'autres modes de recrutement qui apparaîtront, qui ne seront pas forcément plus justes.

La quatrième difficulté à tout voir par le prisme des différences, c'est d'oublier que la relation (et le travail est expérience de relation) est avant tout un échange. Plutôt que le rêve technocratique de pouvoir mettre chacun dans une case, celle du poste ou de la compétence par exemple, la réalité de la relation est un échange entre des personnes qui ne se réduit pas à la confrontation de différences. Sans doute, la question des différences mériterait aussi d'être abordée en termes de leur légitimité plutôt qu'en termes d'affirmation ou d'élimination. Des organisations ne font que combiner des différences de personnalité, de talents, de position ou de représentations : la vraie question, c'est leur pertinence ou leur légitimité, pas leur existence. Un bon exemple de la question permanente de la légitimité des différences se retrouve dans l'entreprise familiale. De par la propriété du capital, il est évident qu'une organisation ne fonctionne pas seulement sur la logique de la compétence, mais aussi sur celle de l'équilibre des pouvoirs entre les membres de la famille, pour assurer la stabilité et la légitimité des décisions prises.

2. Tous les mêmes

À trop mettre en évidence les différences, on en arriverait à oublier les similarités, les proximités, les connivences qui ne manquent pas d'exister entre les humains. Nous examinerons donc ce point avant de pouvoir proposer quelques pistes pour aborder la question des différences de manière à en éviter les effets pervers.

Reconnaître les similarités

L'expérience de l'enseignement du management à des publics très divers en termes de culture nationale, de génération, de genre, de secteur d'activité, voire de niveau hiérarchique, permet de sentir ces similarités, au moins quand il s'agit de traiter de problèmes de management, donc de problèmes humains. Dans l'analyse des situations, dans les difficultés à ne pas aborder ces problèmes de manière trop technique, dans les difficultés de l'écoute et de la compréhension de l'autre, les similitudes dépassent les différences. Face à des pratiques de gestion qui tendent à s'homogénéiser, des formations au management qui sont également assez proches de par le monde, l'entreprise révèle du commun tout autant que du divers. Des objectifs communs, des règles de marché communes, des conditions de travail, des objectifs qui sont voisins dans les entreprises du monde entier, modèlent des réactions et des comportements assez similaires. En matière d'évaluation des performances ou de gestion des personnes au quotidien, les différences culturelles d'expression des problèmes cachent mal des difficultés communes pour les managers.

Il en va ainsi, moins du fait d'une volonté maligne d'homogénéiser les pratiques et les comportements que du fait, dans l'entreprise, de modes de réaction individuels qui collent bien aux besoins, non seulement de la vie en collectivité mais de réponse aux exigences du fonctionnement de l'entreprise.

D'ailleurs, de nombreuses théories de la motivation[1] mettent maintenant en valeur les motivations de base des humains : besoin d'acquérir, d'être en sécurité, d'apprendre et d'être en relation, cela rapprocherait les humains plutôt que cela ne les différencierait. Il n'est même pas inutile de rappeler que quelles que soient les différences culturelles, les personnes se ressemblent quant à leurs émotions, même si elles ne s'expriment ni ne se contrôlent pas de la même manière.

L'existence de la culture de l'entreprise, comme de n'importe quelle société humaine d'ailleurs, montre également que, non seulement les sociétés se constituent des références communes, mais qu'en plus, celles-ci peuvent servir de base stable pour asseoir des évolutions et des changements importants. L'étude des succès montre également que, plus que des actions ou méthodes particulières, la cohérence des modes de fonctionnement et des pratiques compte plus que telle ou telle action[2]. D'ailleurs, il est parfois frappant de voir combien certaines entreprises réussissent à créer des références communes malgré un effectif qui frapperait les sociologues de l'entreprise par leur diversité et leurs différences.

Tous les mêmes avec leurs différences

Aborder les différences tout en n'oubliant pas les similarités requiert quelques principes d'action et d'approche des problèmes.

Le premier consiste sans doute, dans l'entreprise et le management, à savoir toujours garder ses distances avec la science politique ou la sociologie. Bien entendu, l'entreprise évolue dans la société mais elle n'en est pas la réduction homothétique. Elle ne peut rester aveugle aux évolutions externes et aux pressions mais elle doit prendre de la distance par rapport à ces mouvements. Les managers ont une différence avec les journalistes ou les sociologues, c'est qu'ils doivent agir et assumer les particularités d'une organisation par rapport à la société civile.

La deuxième piste d'action consiste à renforcer en permanence ce qui est commun et peut renforcer les liens. Avoir du commun et du stable, c'est la seule ressource pour affronter les changements. Deux niveaux d'action principaux permettent de le faire. Le premier consiste à utiliser la culture comme une ressource[3] : face aux problèmes que l'on rencontre, elle est source de solutions ou de modes d'approche. Ainsi, elle se renforce. Dans une culture commune, les différences ne s'estompent pas, elles se vivent

1. Lawrence P. R., Nohria N., *Driven*, Jossey-Bass, 2002.
2. Pfeffer J., *The Human Equation*, Harvard Business Press, 1999.
3. Thévenet M., *La Culture d'entreprise*, Paris, PUF, Que Sais-Je ? 1993.

sans risque. Un deuxième niveau d'action revient à ne jamais oublier que l'expérience de travail est surtout relationnelle. Malheureusement, une approche trop technocratique du management sous-estime cet aspect de la vie organisationnelle. C'est pourtant dans des relations humaines de qualité que les différences, là aussi, continuent à exister mais se dépassent.

La troisième piste exige de considérer que la différence n'est pas seulement la revendication de ce que chacun considère avoir de différent. La différence, c'est aussi ce qui fonde les relations entre les personnes pour éviter l'indifférenciation, comme dirait Girard. L'indifférenciation n'existe pas quand chacun est semblable dans la revendication de son identité en opposition aux autres, mais quand le respect et la distance s'établissent dans des relations entre des personnes. Ce respect et cette distance sont sans doute ce que le manager doit apprendre pour assumer sa mission. Ces notions concernent le management parce qu'il ne doit pas faire preuve de science politique dans son action, mais s'assurer qu'une équipe ou un groupe assume ses objectifs. C'est la particularité de l'entreprise.

Bibliographie

ACHIN C., MEDA C., WIERINK M. (2005), « Mixité professionnelle et performance des entreprises, le levier de l'égalité », *Document d'étude de la DARES*, n° 91, janvier.

ALBERT E., BOURNOIS F., DUVAL-HAMEL J., ROJOT J., ROUSSILLON S. et SAINSAULIEU R. (2003), *Pourquoi j'irais travailler*, Eyrolles.

AMADIEU J.-F. (2002), *Le Poids des apparences*, Odile Jacob.

AMADIEU J.-F. (2005) (dir.), « 1 950 CV, accompagnés de lettres de candidature, ont été envoyés pour répondre à 325 offres d'emploi de commerciaux de niveau bac + 2 ».

AMADIEU J.-F. (2006) « Olivier, Gérard et Mohammed ont-ils les mêmes chances de faire carrière ? Une analyse des enquêtes emploi de l'Insee », *Observatoire des discriminations*, avril.

AMADIEU J.-F. (2004), *Enquête testing sur CV*, ADIA/Paris 1/Observatoire des discriminations, mai (http://cergors.univ-paris1.fr/).

AMADIEU J.-F. (2006), *Beauté, amour, gloire*, Paris, Odile Jacob.

AMBROSINI M., LODIGIANI R., MANDRINI S., (2001), *La Fatica di integrarsi. Immigrati e lavoro in Italia*, Il Mulino, Bologne.

ANDRÉ C. (2006), *Imparfaits, libres et heureux. Pratique de l'estime de soi*, Odile Jacob.

AOKI, M. (1991), « Le management japonais : le modèle J d'Aoki », *Problèmes économiques*, 2225, 1-14.

ARKOUN M. (2004), « Réinventer l'espace méditerranéen », *Courrier de la planète* n° 73.

ASSISES DE LA VENTE (2006), « Le management de la diversité, au-delà du discours, un pari gagnant ? », Lyon, 30 mars 2006.

ATTIAS-DONFUT C. (1988), *Sociologie des générations : L'empreinte du temps*, PUF.

AUBERT P. (2003), « Salaire, productivité et demande de travailleurs âgés », in colloque Âge et emploi) Dares, Paris, 5 mars 2003, http://www.ptolemee.com/dares/Textes5mars/ Aubert.pdf.

AUER P., FORTUNY M., (2000), *Ageing of the Labour Force in OECD Countries: Economic and Social Consequences*, International Labour Office, Employment paper n.2, Genève.

AUSTER E. R., (1993), « Demystifying the Glass Ceiling: Organizational and Interpersonal Dynamics of Gender Bias », Business and the Contemporary World 5, 47-68.

BALICCO C. (2002), *Les Méthodes d'évaluation en ressources humaines, la fin des marchands de certitude*, 2e édition, Éditions d'Organisation, Paris.

BALLET J., DE BRY F. (2001), *L'Entreprise et l'éthique*, Paris, Le Seuil.

BARTEL-RADIC A. (2003), « Le véritable voyage de découverte : la dynamique des apprentissages interculturels dans un groupe international », 12ᵉ conférence de l'Association internationale de management stratégique. Tunis.

BARTH I. (2006), « La diversité à l'épreuve de l'interface organisation/marché. Cas des forces de vente et de leur management », actes des 2ᵉˢ rencontres internationales de la diversité, IAE, Corte.

BASSETT-JONES N. (2005), « The paradox of diversity management, creativity and motivation » in *Creativity & innovation management*, 5 (2), 149-180.

BATAILLE P. (1997), *Le Racisme au travail*, La Découverte.

BAUDELOT C., ESTABLET R. (2000), *Avoir 30 ans en 1968 et en 1998*, Le Seuil.

BAUDELOT C., GOLLAC M. (1997), « Le salaire du trentenaire : question d'âge ou de génération ? » *Économie et statistique*, n° 304-305, avril-mai, 17-36.

BAUMAN Z., (2006), *La Société assiégée*, Rodez, Le Rouergue/ Chambon.

BEBEAR C., (2004), *Rapport au Premier ministre : des entreprises aux couleurs de la France. Minorités visibles : relever le défi de l'accès à l'emploi et de l'intégration dans l'entreprise*.

BELGHITI S. (2002), « Les femmes cadres et le plafond de verre », colloque AGRH Nantes.

BELLARD E. (2005), « La diversité, une pratique à l'affût des entreprises », *HR Today*.

BERNARD P. (2006), « Gestion de la diversité dans l'emploi : 10 pistes pour lutter contre les discriminations », in revue *Personnel*, n° 469, mai, 41-42.

BESCHERELLE H. (1885), *Dictionnaire classique de la langue française*, Paris, Blou et Barral.

BINDE J. (2004), *Où vont les valeurs ?*, Éditions Unesco.

BLIVET L. (2004), « Ni quotas, ni indifférence : l'entreprise et l'égalité positive », *Note de l'Institut Montaigne*, octobre.

BLOCH-LAINE F., (1969), *Étude du problème général de l'inadaptation des personnes handicapées*, rapport au Premier ministre, La Documentation française.

BOMBELLI M. C., (2000), *Soffitto di vetro e dintorni*, Etas, Milan.

BOMBELLI M. C., CUOMO S., (2003), *Il Tempo al femminile*, Etas, Milan.

BOMBELLI M. C., FINZI E. (ed.), (2006), *Over 45*, Guerini e Associati, Milan.

BOUDABOUS S. (2005), « Approche culturelle des apports entre Tunisiens et Occidentaux dans le cadre des activités d'une entreprise en joint venture », *La Revue des sciences de gestion*, n° 213.

BOYER A., SCOTTO M.-J. (2006), « La mixité du genre est-elle un nouvel enjeu managérial dans l'entreprise française ? », in *Richesses de la diversité*, actes des « 2ᵉˢ rencontres internationales de la diversité », IAE, Corte.

BROUARD C. (2004), « Le Handicap en chiffres », Unité des études, des recherches et du développement, CTNERHI.

BRUNHES J. (1999), « Le rapport Brunhes sur "les emplois du secteur privé fermés aux étrangers" », novembre 1999.

BRY (de) F., BALLET J. (2004), *La Place des femmes dans l'entreprise*, Paris, Le Seuil.

BRY (de) F., BALLET J. (2004), « Responsabilité sociale de l'entreprise et gestion des ressources humaines : la parité femmes-hommes et le plafond de verre », colloque AGRH, Montréal.

BRY (de) F. (2005), « La persistance des inégalités professionnelles : du "plafond de verre" aux bonnes pratiques », *Entreprise Éthique*, octobre, p. 15-24.

CADRES CFDT (2004), « Inégalités professionnelles », revue n° 408, janvier.

CARADEC Vincent (2001), *Sociologie de la vieillesse et du vieillissement*, Nathan, collection Sociologie, 128.

CARDOT F. (2006), *L'Éthique d'entreprise*, Que sais-je ? n° 3755, Paris, PUF.

CASSEL C., WALSH S. (1994), « Falling back or fitting in: cultural barriers to women's progression in management », paper presented to British Academy of Management Conference, 14-16 September.

CASTEL (2006) (in le Monde 29.4.06, Paris, « Et maintenant, le précariat ».

CATALA N. (2005), *L'Emploi des seniors. Enquête d'entreprises*, La Documentation française.

CATALYST (2001), *Women in financial services : the word on the street.*

CATALYST (2004), *Connecting corporate performance and gender diversity.*

Centre des jeunes dirigeants d'entreprise (CJD) (1995). « Vers l'entreprise à la carte : une entreprise flexible, économiquement performante, qui redonne à chacun une place dans l'emploi », *Rapport du CJD d'octobre 1995.*

CERDIN J.-L., COLLE R. et PERETTI J.-M. (2005), « La fidélisation des salariés par l'entreprise à la carte », *Revue de gestion des ressources humaines*, 55, 2-21.

CERDIN J.-L. (1999), *La Mobilité internationale*, Éditions d'Organisation, Paris.

CERDIN J.-L. (2002), *L'Expatriation*, Éditions d'Organisation.

CEREQ (2006), « Jeunes issus de l'immigration : une pénalité qui perdure », *Bref*, Cereq, n° 226, janvier 2006.

CHAUVEL L. (1998), *Le Destin des générations. Structure sociale et cohortes en France au XXe siècle*, PUF.

CHEVRIER S. (2003), *Le Management interculturel*, PUF.

COHEN D. (2006), « Banlieues, chômage et communautés », *Le Monde*, 11 janvier.

COLLE R., MERLE A. (2005), L'appropriation des outils marketing en GRH : enjeux et exemple d'application, actes de la Journée de recherche sur la gestion de l'appropriation des outils de gestion (JRAO), Saint-Étienne.

COMBEMALE M., IGALENS J. (2006), *L'Audit social*, Que sais-je n° 2399, Paris, PUF.

COMEGNA D., BAGNOLI R., (2004), *Le Nuove Pensioni*, Etas, Milan.

COMMISSION EUROPÉENNE, Emploi et affaires sociales (2005), *Égalité et non-discrimination, rapport annuel 2005*, Bruxelles.

CORNET A., DELHAYE C. (2005), « Gestion de la diversité : un mariage forcé entre éthique et efficacité » in actes des 1res Rencontres internationales sur la diversité, IAE de Corse.

CORNET A., RONDEAUX G. (1998), « Les programmes de gestion de la diversité : l'idéologie de la différence en GRH. Une opportunité pour les femmes ?, Actes du congrès de l'AGRH, Saint-Quentin-en-Yvelines, p. 414-422.

COSTA G., GIANECCHINI M., (2005), *Risorse Umane. Persone, relazioni e valore*, McGraw-Hill, Milan.

COSTA-LASCOUX J. (2005), « L'ethnicisation du lien social dans les banlieues françaises », *Revue européenne des migrations internationales*, vol. 17, n° 2, p. 123-138.

COULATY B. (2002), « Du DRH au Business Partner, quel chemin à parcourir ? », *Ressources humaines & Management*.

COX T., BLAKE S. (1991), « Managing cultural diversity: implications for organizational competitiveness », in Academy of Management executive, 5(3), 45-56.

COX T. (1994), *Cultural diversity in organizations: Theory, research and practice*, Berret-Koehler.

CRANDALL W. R., PARNELL J.A. (1994), « On the relationship between propensity for participative management and intentions to leave: re-opening the case for participation », *The Mid-Atlantic Journal of Business*, 30(2), 197-209.

CROZIER M., FRIEDBERG E. (1992), *L'Acteur et le système*, Paris, Le Seuil.

CUOMO S., MAPELLI A. (2006), « Diversità e differenze retributive. Le donne valgono meno ? », *Economia & Management*, 2.

D'IRIBARNE P. (2003), *Le Tiers Monde qui réussit : nouveaux modèles*, Paris, Odile Jacob.

DARES (2004), ministère de l'Emploi et de la Cohésion sociale, « La lutte contre les discriminations : initiatives publiques et pratiques d'entreprises », colloque du 9 décembre 2004 organisé par J.-F. Amadieu et H. Garner.

DECI E. L., RYAN R. M. (1985), *Intrinsic Motivation and Self-Determination in Human Behavior*, New York, Plenum Press.

DI PIETRO P., PICCARDO C., SIMEONE F. (2000), *Oltre la parità*, Franco Angeli, Milan.

DORIGUZZI P. (1994), *L'Histoire politique du handicap : de l'infirme au travailleur handicapé*, Paris, L'Harmattan.

DRUMOND A., GUITEL V. (2003), « Essai sur le processus interculturel d'intégration professionnelle des cadres brésiliens en France », mémoire de DEA, CREPA, Université Paris-IX Dauphine.

DUBAR Cl. (2000), *La Crise des identités. L'interprétation d'une mutation*, PUF, « Le lien social ».

DUBET F. (2006), « Redoutable égalité des chances », *Libération*, 12 janvier.

DUCHENAUT B., ORHAN M. (2000), *Les Femmes entrepreneurs en France*, Paris, Seli Arslan.

EBGUY R. (2002), *La France en culottes courtes. Pièges et délices de la société de consolation*, J.-C. Lattès.

EDDAKI A, MAGHNI A. (2005), « Pratiques de management et performances de l'entreprise marocaine : études de cas », actes de la 7e université de printemps de l'IAS, Marrakech.

ENTREPRISE & CARRIÈRES (2006), « Limiter l'exclusion du travail des personnes handicapées », entretien avec Jacques Baudez, n° 793, 10-16 janvier 2006, p. 28-29.

ENTREPRISE ÉTHIQUE (1997), « Le pouvoir éthique du dirigeant », n° 6, avril 1997, Cercle éthique des affaires, 1997.

ENTREPRISE ÉTHIQUE (1998), « Le profit est-il éthique ? », n° 9, octobre 1998, Cercle éthique des affaires, 1998.

ENTREPRISE ÉTHIQUE (2005), dossier « Quelle éthique pour l'égalité professionnelle femmes-hommes », octobre.

ETIENNE B. (2004), « Méditerranée du Sud et Europe : quelle convergence ? », Symposium Euromed Marseille, École de Management et AGRH, Marseille.

FAUROUX R. (2005), « La lutte contre les discriminations ethniques dans le domaine de l'emploi », rapport au ministre de l'Emploi.

FELDMAN D. C., THOMAS D. C., (1992), « Career management issues facing expatriates », *Journal of International Business Studies*, 23, 271-293.

FENN D. (1995), « The unexpected advantage », *Inc*, 17, 18, p. 119.

FERON M. (2005), « La diversité des politiques et pratiques orientées RSE : entre universalité et contingence », actes des 1 [res] Rencontres internationales sur les défis de la diversité, Corte.

FERRY L. (2006), *Apprendre à vivre*, Paris, Plon.

FOLLETT M. P. (1951), *Creative Experience*, New York, Peter Smith.

FONDATION EUROPEENNE POUR L'AMÉLIORATION DES CONDITIONS DE TRAVAIL, (2005), rapport « Ageing and work in Europe », Dublin.

FONTANA R., (2002), *Il Lavoro di genere*, Carocci, Rome.

FRIEDBERG E. (2005), « La culture "nationale" n'est pas tout le social », *Revue française de sociologie*, 46.

FRIMOUSSE S., PERETTI J.-M. (2005), « Apprentissage stratégique des pratiques de GRH, internationalisation des firmes et espace maghrébin », revue *Management et avenir*, n° 5.

FRIMOUSSE S., PERETTI J.-M. (2006), « Le fonds culturel commun : le socle de l'émergence d'une gestion des ressources humaines hybride au Maghreb, colloque EMMA, Istanbul.

GADREY N. (1992), *Hommes et femmes au travail. Inégalités, différences, identités*, Paris, L'Harmattan.

GARF, (2000), *Enquête sur l'emploi des personnes handicapées et le point de vue des employeurs*, Paris, Garf.

GARNIER-MOYER H. (2003), « Discrimination et emploi : revue de la littérature », *Document d'études*, n° 69, DARES.

GARNIER-MOYER H. (2006), « Gestion de la diversité et enjeux de GRH », revue *Management et Avenir*, n° 7.

GAUVIN A. et JACOT H. (1999), « Temps de travail, temps sociaux, pour une approche globale. Enjeux et modalités de nouveaux compromis », Éditions Liaisons.

GAVAND A. (2002), *Le Recrutement dans tous ses états*, LPM.

GAVAND A. (2005), *Recrutement : les meilleures pratiques*, Éditions d'Organisation, Paris.

GAVAND A. (2006), *Prévenir la discrimination à l'embauche, pourquoi et comment agir ?*, Éditions d'Organisation.

GENDRON B. (1994), *Handicap et emploi : un pari pour l'entreprise*, Centre technique national d'études et de recherches sur les handicaps et les inadaptations (CTNE-RHI), Paris.

GHIULAMILA J., LEVET P. (2006), *De l'égalité à la diversité : les hommes, les femmes et les entreprises*, Éd. Lab'Ho.

GIDDENS A. (1994), *Les Conséquences de la modernité*, L'Harmattan.

GILLIGAN C. (1982), *In a Different Voice*, Harvard University Press, Cambridge, MA.

GILMORE J. H., PINE II, B. J. (2001), *Markets of one. Creating customer-unique value through mass customization*, Harvard Business Review Book.

GIRODET J. (1981), Dictionnaire *Pièges et difficultés de la langue française*, Paris, Bordas.

GOND J.-P. (2001), *L'éthique est-elle profitable ?*, *Revue française de gestion*, n° 136, p. 76-85.

GUILLEBAUD J.-C. (2005), *La Force de conviction*. Paris, Le Seuil.

HABIB J. (2006), « Diversité(s) & Innovation », actes des 2es Rencontres internationales de la diversité, IAE, Corte.

HALDE (Haute Autorité de lutte contre les discriminations et pour l'égalité) (2005), *Rapport annuel*, Paris.

HALDE (Haute Autorité de lutte contre les discriminations et pour l'égalité) (2006), « Premier bilan de l'action, 3 mai 2006 ».

HENNEQUIN E., KARAKAS S. (2006), « La réalité des discriminations au travail », actes des 2es Rencontres de la diversité, IAE, Corte.

HERNANDEZ E. M. (2000), « Afrique : l'actualité du modèle paternaliste », *Revue française de gestion*, mars-avril-mai, n° 128.

HISLAIRE D. (2006), « Discrimination et diversité » in *RH & M*, n° 21.

HOCKING J. B., BROWN M., HARZING A-W. (2004), « A knowledge transfer perspective of strategic assignment purposes and their path-dependent outcomes », *The International Journal of Human Resource Management*, 15(3), 565-586.

HOROVITZ J. (1980), *Top Management Control in Europe*, London, The Mac Millan Press. Ltd.

HUAULT I., SCHMIDT G. (2003), *MARY PARKER FOLLETT, les fondements de l'autorité, Encyclopédie des Ressources humaines*, Vuibert.

HUNTINGTON S. (1996), *The Clash of Civilizations and the Remaking of World Order*, New York, Simon and Schuster.

HVINDEN B. (2004), « Nordic disability policies in a changing Europe: is there still a distinct nordic model ? » *Social Policy & Administration*, April, p. 170-189.

IBARRA H. (1993), « Personal networks of women and minorities in management: a conceptual framework », Academy of Management Review, Vol. 18, n° 1, p. 56-87.

IGALENS J., JORAS M. (2002), *La Responsabilité sociale de l'entreprise. Comprendre, rédiger le rapport annuel*, Éditions d'Organisation, Paris, p. 49.

IGALENS J. (1991), « Le marketing social », in J.-P. Helfer et J. Orsoni (ed.), *Encyclopédie du management*, Paris, Vuibert, 62-77.

INSEE (2004), *Femmes et hommes. Regards sur la parité*, coll. Références.

INSEE (2006), Données sociales 2006, Insee.

IRES (2002), Lettre trimestrielle de l'Institut de Recherches économiques et sociales, n° 52, juillet 2002.

ISFOL (2005), *Lavoratori anziani e mercato del lavoro europeo*, Monografie, n.9/2005.

JAYNE M., DIPBOYE R. (2004), « Leveraging diversity to improve business performance: research findings and recommendations for organizations », *Human Resource Management*, Winter, 43, 4, p. 409-424.

JONAS H. (2000), *Le Principe de responsabilité*, Paris, Champs, Flammarion.

JORAS M., LEPAGE J. (2005), *La Responsabilité sociale des acheteurs*, Paris, Éditions d'Organisation.

JORAS M. (1990), *Réussir la qualité de vie au travail. Guide d'ergologie*. Paris-EME.

KANTER R. (1977), *Men and Women of the Corporation*, Harper.

KASTRISSIANAKIS A., DUBAR C. (dir.) (2003), « La mobilité professionnelle : enjeux, risques, opportunités » in http://www.anpe.fr/observatoire/actes/emploi_19_28.html, Les troisièmes entretiens de l'emploi des 19 et 20 mars 2003, ANPE, collection Les Cahiers, 161-193.

KERROUMI B. (2001), Déficience du management face au handicap. Du jeu d'acteur aux réponses managériales, CNAM, thèse.

KESLASSY E. (2004), *De la discrimination positive*, Éditions Bréal, Paris.

KOCHAN T. *et alii* (2003), « The effect of diversity on business performance: report of the diversity research network », Human Resource Management, spring, vol. 42, n° 1, p. 3-21.

KOSELLECK R. (1990), *Le Futur passé. Contribution à la sémantique des temps historiques*, Éditions de l'EHESS.

KREGEL J., UNGER D. (1993), « Employer perceptions of the work potential of individuals with disabilities », *Journal of Vocational Rehabilitation*, 3, 4, p. 17-25.

LA REVUE PARLEMENTAIRE (2006), « Égalité des chances : quelles solutions », dossier spécial.

LANDIER H., LABBE D. (2005), *Le Management du risque social*, Paris, Éditions d'Organisation.

LANDRIEUX-KARTOCHIAN S. (2002), « Gérer la diversité des ressources humaines, un enjeu stratégique : l'intégration des femmes dans le management », colloque AGRH Nantes.

LANDRIEUX-KARTOCHIAN S. (2004), Des femmes à la performance : une revue de la littérature », *Document d'étude de la DARES*, n° 83.

LANQUETIN M. T., GREVY M. (2006), « Bilan de la mise en œuvre de la loi du 16 novembre 2001 en matière de lutte contre les discriminations », rapport au ministre du Travail.

LATOUCHE S. (2005), *L'Occidentalisation du monde*, La Découverte.

LATOURNERIE J.-D. (2006), « Les quinquas rapportent », in *Personnel*, n° 468, p. 39.

LE QUEAU (2000), « Le consommateur sensible à la parité des droits hommes-femmes au travail », *Consommation et modes de vie*, CREDOC, n° 142, mars.

LE SAOUT E., LE MAUX J. (2004), « La performance des indices socialement responsables : mirage ou réalité ? », revue *Sciences de gestion*, n° 44.

LEONARDI S., MOTTURA G. (2002), « Immigrazione e sindacato: lavoro, rappresentanza, contrattazione », Ediesse, Rome.

LEVY J., JESSOP D., RIMMERMAN A., LEVY P. (1993), « Determinants of attitudes of New York state employers towards the employment of persons with severe handicaps », *Journal of Rehabilitation*, 59, 1, p. 49-54.

LEVY-LEBOYER C. (2002), *Évaluation du personnel, quels objectifs ? Quelles méthodes ?*, 4ᵉ édition, Éditions d'Organisation, Paris.

LEVY-LEBOYER C., HUTEAU M., LOUCHE C., ROLLAND J.-P. (dir.) (2001), *RH, les apports de la psychologie du travail*, Éditions d'Organisation, Paris.

LIAISONS SOCIALES QUOTIDIEN (2004), « Vers un accord unanime sur l'égalité professionnelle », n° 14 087, 3 mars, p. 1-2.

LIEN SOCIAL (revue du) n° 492, juin 1999.

LIFF S. (1997), « Two routes to managing diversity: individual differences or social group characteristics », *Employee Relations,* Bradford, Vol. 19, n°. 1, p. 11.

LIGER P. (2004), *Le Marketing des ressources humaines*, Dunod, Paris.

LOTH D. (2006), « La diversité culturelle comme ressource », actes des deuxièmes rencontres internationales de la diversité, IAE, Corte.

LUBLIN J. S. (1996), « Women at Top Still are Distant from CEO Jobs », Wall Street Journal (Feb. 28).

MAFFESOLI M. (1979), *La Conquête du présent. Pour une sociologie de la vie quotidienne*, Desclée de Brouwer.

MANGAN P. (1994), *The collapse of the conventional career*, Nursing Times, Vol. 90 n°. 16.

MARBOT E. (2005), *Les DRH face au choc démographique 20, 40, 60... Comment les faire travailler ensemble*, collection Éditions d'Organisation.

MARBOT É., PERETTI J.-M. (2004), *Les Seniors dans l'entreprise*, Village mondial.

MATH A., SPIRE A. (1999), « Des emplois réservés aux nationaux ? Dispositions légales et discriminations dans l'accès à l'emploi », revue *Informations sociales*, « Droits des étrangers », n°78, 1999.

MC CABE M. (2005), « Fin de la femme alibi... », *Entreprise Éthique*, octobre, p. 79-89.

MEHAIGNERIE L., SABEG Y. (2006), *Les Oubliés de l'égalité des chances*, Hachette Pluriel.

MELIS J.-C. (1997), « Mémoire sur l'analyse de la loi du 10 juillet 1987 » (diplôme universitaire des professionnels de l'insertion des travailleurs handicapés, dupith), septembre 1997.

MERCIER S. (2004), *L'Éthique dans les entreprises*, collection Repères, La Découverte.

METCALFE A. B. (1989), « What motivates managers: an investigation by gender and sector of employment », Public Administration, Vol. 67, n°. 1.

MEZOUAR A., SEMERIVA J. P. (1998), *Managers et changements au Maroc*, Éditions CRD.

MILEWSKI F., PERIVIER H. (2004), « Travail des femmes et inégalités », *Revue de l'OFCE*, juillet, n° 90.

MOINET J.-P. (2005), « Attention au dénombrement ethnique », *Libération*, 14 septembre.

MONACI M., (1997), *Genere e organizzazione*, Franco Angeli, Milan.

MOR BARAK M. E. (2005), *Managing Diversity*, Sage publications.

MORRISON A. M., WHITE R. P, VAN VELSOR E. & THE CENTER FOR CREATIVE LEADERSHIP (1987), *Breaking the Glass Ceiling* (Addison-Wesley, Reading, MA).

MORTVIK R., SPANT R (2005), « Does Gender Equality Spur Growth ? », *OECD Observer*, octobre.

MUTABAZI E. (2005), « La diversité des cultures et des modèles : un défi majeur pour les entreprises africaines », actes des Premières rencontres internationales sur les défis de la diversité, Corte.

NOIRIEL G. (2000), *État, nation et immigration. Vers une histoire du pouvoir*, Belin.

NOVETHIC (2004), *Le Handicap dans le reporting développement durable des entreprises du CAC 40*, rapport Novethic études, en collaboration avec l'AGEFIPH, septembre 2004.

OGLIASTRI E., RUIZ J., MARTINEZ I. (2004), *La Gestion Humana en Colombia*, Symposium au 15e congrès annuel de l'AGRH, Montréal.

ORLANDO C. R. (2000), « Racial Diversity, Business Strategy and Firm Performance: A Resource-Based View », *Academy of Management Journal*, 43.

ORSE (2003), *Les Stratégies de développement durable nourrissent-elles la performance économique des entreprises ?*, synthèse des réunions du groupe de travail, ORSE, juin 2002-mars 2003.

ORSE (2004), *L'accès des femmes aux postes de décisions dans les entreprises : entre nécessité et opportunité, une problématique dans la perspective de la RSE*, étude ORSE n° 5, février.

PERETTI J.-M. *et alii* (2005), *Tous reconnus*, Éditions d'Organisation, Paris.

PERETTI J.-M. (2004), *Les Clés de l'équité*, Éditions d'Organisation, Paris.

PERETTI J.-M. (2006), *Ressources humaines*, Vuibert, 10e édition, Paris.

PERETTI J.-M. (2006), *Tous DRH*, Éditions d'Organisation, 3e édition, Paris.

PETIT C. (1934), *Dictionnaire anglais-français*, Paris, Hachette.

POINT S., SINGH V. (2003), « Defining and Dimensionalising Diversity: Evidence from Corporate Websites across Europe », *European Management Journal*, 21 (6), 750-761.

POINT S., SINGH V. (2005), « Promouvoir la gestion de la diversité : radioscopie des sites internet des grands groupes européens », *Revue de gestion des ressources humaines*, 58, 14-30.

POINT S. (2006), « La Charte de la diversité : regards sur le discours des entreprises signataires », *Management & Avenir*, n° 8, avril 2006.

PUTNAM R. D. (2000), *Bowling Alone. The Collapse and Revival of American Community*, New York, Simon and Schuster.

RAGI T. (2003), « La galère des jeunes blacks et beurs face à l'emploi », revue *Agora, Débats/Jeunesse* du 15 mai 2003.

RAVAUD J.-F., (1994), « L'insertion professionnelle des personnes handicapées. Évaluation : la place de l'approche expérimentale », *in* Fardeau M. et Ravaud J.-M.., *Insertion sociale des personnes handicapées : méthodologie d'évaluation*, Paris, publications du CTNERHI.

REDMAN T., WILKINSON A. (2006), *Contemporary Human Resource Management*, Prentice-Hall, London.

REISMAN S., REISMAN J. (1993), « Supervision of employees with moderate special needs », *Journal of Learning Disabilities*, 26, 3, p. 199-206.

RICARD F., (1992), *La Génération lyrique : essai sur la vie et l'oeuvre des premiers-nés du baby-boom*, Éditions Boréal.

RIMMERMAN A. (1998), « Factors relating to attitudes of Israeli corporate executives toward the employability of persons with intellectual disability », *Journal of Intellectual and Developmental Disability*, 23, 3, p. 245-254.

ROBERT-DEMONTROND P., JOYEAU A. (2006), « La diversité ethnoculturelle dans une perspective managériale : entre vices et vertus », actes du colloque des IAE, Montpellier.

ROBERT-DEMONTROND P., JOYEAU A. (2005), « Vices et vertus de la diversité ethnoculturelle », *actes des 1res Rencontres internationales sur la diversité*, 6 au 8 octobre, Corte.

ROBERT-DEMONTROND P. (2006), *La Gestion des droits de l'homme*, Rennes, Apogée.

ROBINSON G., DECHANT K. (1997), « Building a Business Case for Diversity », *Academy of Management Executive*, 11 (3), p. 21-31.

ROSENTAL Paul-André (2002), « Pour une analyse mésoscopique des migrations », « Les migrations au scalpel », *Annales de démographie historique*, n° 2, 2002.

ROSENZWEIG P. M. (2005), « Stratégies pour la gestion de la diversité », *Les Échos*, http://www.lesechos.fr.

ROTHSCHILD J., DAVIES C. (1994), « Organizations Through the Lens of Gender: Introduction to the Special Issue », Human Relations 47(6), 583-590.

RUFIN J. C. (2001), *L'Empire et les nouveaux barbares*, J.-C. Lattès.

SABEG Y. (2004), *Les Oubliés de l'égalité des chances*, Institut Montaigne.

SABEG Y., MEHAIGNERIE L. (2004), *Les Oubliés de l'égalité des chances*, rapport de l'Institut Montaigne, janvier.

SAINSAULIEU R. (1998), « L'entreprise et l'insertion : un enjeu de société », *in* Blanc A. et Sticker H.-J., *L'Insertion professionnelle des personnes handicapées en France*, Paris, Desclée de Brouwer.

SALERNO R., BERNARDO D., (2004), La Riforma delle pensioni: il superbonus e il punto sulla situazione, *Finanziamenti su misura News*, Ipsoa Editore, Milan.

SCHAFER, HILL J., SEYFARTH J., WEHMAN P. (1987), « Competitive employment and workers with mental retardation: analysis of employers' perceptions and experiences », *American Journal of Mental Retardation*, 92, 3, p. 304-311.

SCHWARZ F. (1992), « Women as a business imperative », *Harvard Business Review*, vol. mars-avril, p. 105-113.

SCORTEGAGNA R. (ed.) (2006), *Age Management*, Franco Angeli, Milan.

SHAYEGAN D. (2001), *La lumière vient de l'Occident*, L'Aube.

SINCLAIR A. (2000), « Women within diversity: risks and possibilities », *Women in Management Review* Volume 15 Number 5/6, p. 237-246.

SMITH G., SHINKFIELD A., POLZIN U. (1998), *Making it work: employer outcomes when employing a person with a disability*, Institute of Disability, Deaklin University, 118 p.

SONDAGE CSA pour la CNCDH (2006), dans le cadre du rapport remis par la Commission au gouvernement le 21 mars 2006.

SOULIE J. (1997), « Contribution à l'étude de l'influence des rémunérations cafétéria sur la satisfaction des salariés : l'exemple des plans de prévoyance flexibles », thèse de doctorat, Université de Toulouse I.

STOCKDALE M., CROSBY F. J. (2003), *The Psychology and Management of Workplace Diversity*, Blackwell Publishing.

TAQUET F. (2001), « La loi relative à l'égalité professionnelle entre les hommes et les femmes », *La Semaine juridique*, Édition Générale, n° 24, juin, p. 1145-1147.

TAYLOR-CARTER M. A. (1996), « Doverspike, D., Cook, K. D., The effects of affirmative action on the female beneficiary », *Human Resource Development Quarterly*, San Francisco: Spring 1996. Vol. 7, n°. 1, p. 31.

THEVENET M. (1993), *Culture d'entreprise*, Que sais-je ?, n° 2756, Paris, PUF.

THOMAS D. A., ELY R. J. (1996), « Making different matter: a new paradigm for managing diversity », *Harvard Business review*, vol. sept-oct, n° 3, p. 79-90.

THOMAS R. R. (1992), « Managing Diversity: a Conceptual Framework », in Jackson S. E. and Associates (eds), *Diversity in the Workplace: Human Resource Initiatives*, New York, Guildford.

TODOROU Z. (2006), *L'Esprit des lumières*, Paris, Robert Laffont.

TROMPENAARS F. (1993), *L'Entreprise multiculturelle*, Éditions Maxima.

TROSA S., PERRET R. (2005), « Vers une nouvelle gouvernance publique », *Revue d'esprit*, février, Paris.

TSE J. (1994), « Employers' expectations and evaluation of job performance of employees with intellectual disability », *Australia and New Zealand Journal of Developmental Disabilities*, 19, 2, p. 139-147.

ULRICH D., BROCKBANK W. (2005), *The HR value proposition*, Harvard Business Press.

VENTURINI A. (2001), *Le Migrazioni nei paesi del Sud Europa*, UTET Libreria, Turin.

VERSINI D. (2004), *Rapport sur la diversité dans la fonction publique*, rapport présenté à Monsieur Renaud Dutreil, ministre de la Fonction publique et de la réforme de l'État, décembre, Paris.

VIPREY M. (2002), *Rapport sur l'insertion des jeunes d'origine étrangère*, rapport du Conseil économique social de juillet 2002.

WARNER M. (2000), « Introduction: the Asia-Pacific HRM model revisited », *International Journal of Human Resource Management*, vol.11.

WATSON W. E., KUMAR K. (1993), « Cultural diversity's impact on interaction process and performance : comparing homogeneous and divers task groups », *Academy of Management Journal*, vol. 36, n° 3, p. 590-602.

WATZLAWICK P. (1974), *Une logique de la communication*, Paris, Le Seuil.

WEBER G. *et al.* (ed.) (2005), *Health, Ageing and Retirement in Europe. First results from the survey*, Mannheim Research Institute for Economics of Aging, Mannheim.

WEBER M. (1965), *Essai sur la théorie de la science*, Paris, Plon.

WELBOURNE T. M. (1999), « Wall Street likes its women : an examination of women in the top management teams of initial public offerings », *Working papers series*, CAHRS Cornell University, n° 7.

WIERVIORKA M. (2001), *Les Différences*, Balland.

WITTGENSTEIN L. (1921), *Tractatus logico-philosophicus*, Paris, Gallimard.

WITZEL M. (2005), « Ce que nous devons à la Chine ancienne », *L'Expansion Management Review*, juin.

WRIGHT P., FERRIS S. P., SI HILLER J., KROLL (1995), « Competitiveness through management of diversity : effects on strock price valuation », *Academy of Management Journal*, vol. 38, n° 1, p. 272-287.

YAKURA E. K. (1995), « EEO Law and Managing Diversity », in Kossek E.E. & Lobel S.A. (eds.), *Managing Diversity: Human Resource Strategies for Transforming the Workplace*, Cambridge, MA: Blackwell.

YANAT Z. (1999), « Quel management des ressources humaines pour les entreprises au Maghreb ? », *in* actes de la 1re Université de printemps, Tunisie, IAS, Paris.

YANAT Z. (2005), « Responsabilité sociale et invariants en gestion des ressources humaines au Maghreb », *in* YANAT Z., SCOUARNEC A. (2006), *Perspectives sur la GRH au Maghreb*, Vuibert.

Sites Internet

AFPA-CNRRFPTH (Centre national de recherche et de ressources pour la formation professionnelle des travailleurs handicapés) :
http://www.stop-discrimination.info
http://ec.europa.eu/comm/employment_social/gender_equality

Service public.fr-Emploi service public. Page du site service public.fr consacré à l'emploi et l'accès des travailleurs handicapés à la fonction publique :
http://vosdroits.service-public.fr/particuliers/ARBO/NX12.html

CAP Emploi du Rhône-A.D.I.P.S.H. (Association départementale pour l'insertion professionnelle et sociale des personnes handicapées) :
http://www.adipsh.asso.fr/
http://www.afij.org/

AGEFIPH (Association de gestion du fonds pour l'insertion professionnelle des personnes handicapées) :
http://www.agefiph.asso.fr
http://www.cercle-ethique.net
http://www.cnth-roiffe.afpa.fr/
http://www.cohesion-sociale.gouv.fr
http://www.communautarisme.net
http://www.ctnerhi.com.fr/
http://www.europa.eu.int
http://www.halde.fr
http://www.handica.com/

Site du secrétariat d'État aux personnes handicapées :
http://www.handicap.gouv.fr/

CRDI (Centre des ressources documentaires et d'informations) :
http://www.handiplace.org/
http://www.ilo.org
http://www.inegalites.fr
http://www.institumontaigne.org
http://www.institutmontaigne.fr
http://www.iso.ch
http://www.lesechos.fr.
http://www.oedc.org

Ohé Prométhée (Réseau d'associations pour l'insertion et le reclassement professionnel des travailleurs handicapés) : http://www.ope.org/

DRTEFP Rhône-Alpes (Direction régionale du travail et de la formation professionnelle) : http://www.sdtefp-rhone-alpes.travail.gouv.fr/

CGT Rhône-Alpes Themas. Ce site est destiné aux personnes handicapées, aux élus et représentants des salariés, et à tous ceux qui sont concernés par l'emploi des travailleurs handicapés, ainsi qu'au maintien dans l'emploi des salariés en situation d'inaptitude au travail :
http://www.themas.org/
http://www.travail.gouv.fr
http://www.unep.org
http://www.unglobalcompact.org
http://www2.agefiph.fr

Table des matières

Partie 3
Les politiques de diversité

Conclusion

www.ingramcontent.com/pod-product-compliance
Lightning Source LLC
Chambersburg PA
CBHW061136220326
41599CB00025B/4257